Samuel Salzborn

Angriff der Antidemokraten

Die völkische Rebellion
der Neuen Rechten

BELTZ JUVENTA

Der Autor

Samuel Salzborn, geb. 1977 in Hannover, Dr., ist apl. Professor am Institut für Politikwissenschaft der Universität Gießen. Studium der Politikwissenschaft, Soziologie, Psychologie und Rechtswissenschaft an der Universität Hannover, Promotion (Köln) und Habilitation (Gießen) im Fach Politikwissenschaft. Lehr- und Forschungstätigkeit an den Universitäten Göttingen, Marburg, Bielefeld, Prag (VSE), Jerusalem und der Hessischen Hochschule für Polizei und Verwaltung.

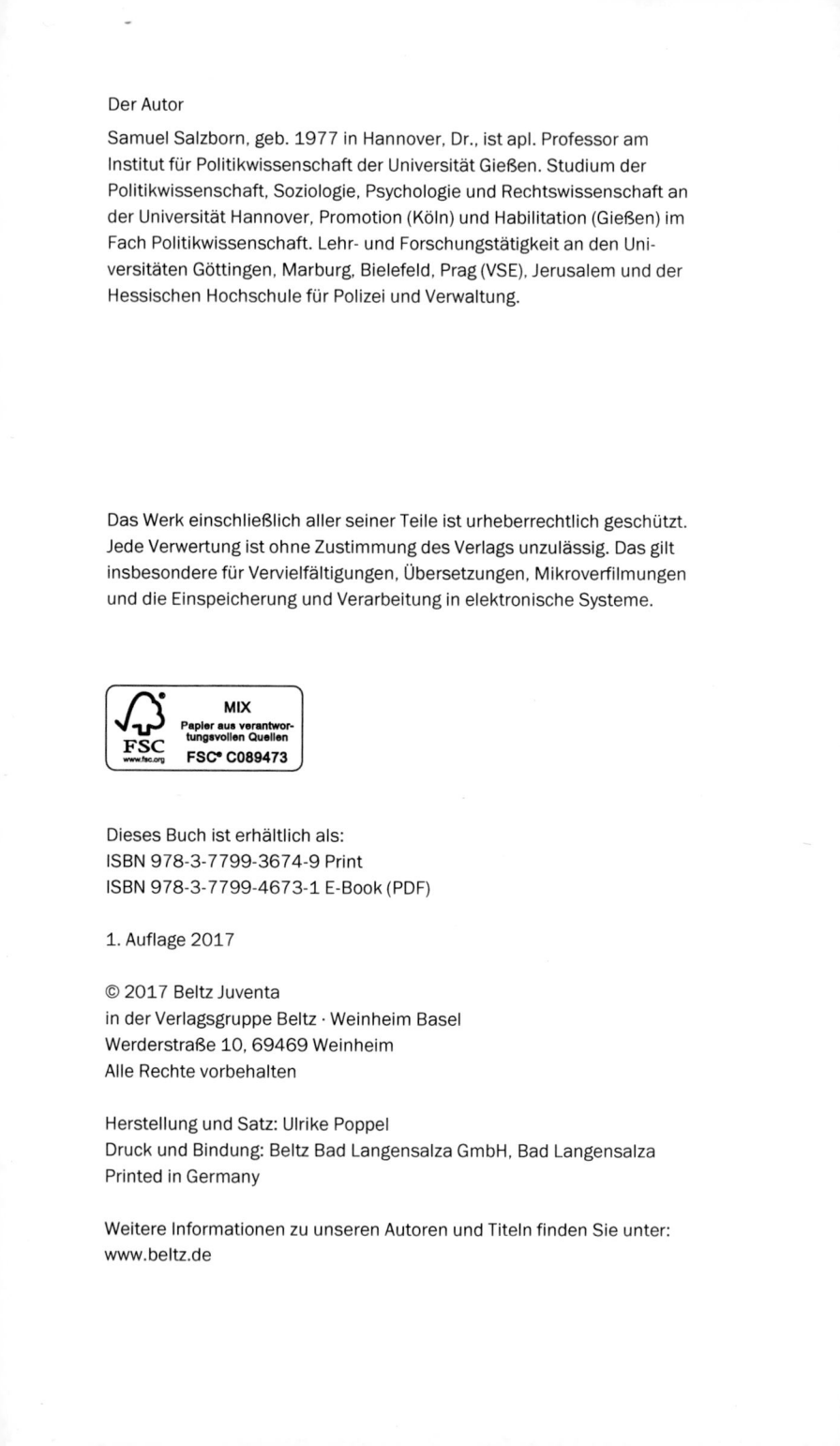

Dieses Buch ist erhältlich als:
ISBN 978-3-7799-3674-9 Print
ISBN 978-3-7799-4673-1 E-Book (PDF)

1. Auflage 2017

© 2017 Beltz Juventa
in der Verlagsgruppe Beltz · Weinheim Basel
Werderstraße 10, 69469 Weinheim
Alle Rechte vorbehalten

Herstellung und Satz: Ulrike Poppel
Druck und Bindung: Beltz Bad Langensalza GmbH, Bad Langensalza
Printed in Germany

Weitere Informationen zu unseren Autoren und Titeln finden Sie unter:
www.beltz.de

Inhalt

Zur besten Sendezeit hetzen?
Die Verrohung der Öffentlichkeit

Einleitung

Wer in den letzten Monaten abends den Fernseher einschaltete und eines der Talkshowformate zur besten Sendezeit wählte, rieb sich oft verdutzt die Augen, war doch Knall auf Fall ein unausgesprochener Konsens der bundesdeutschen TV-Landschaft gebrochen: die Talker(inne)n zur Primetime diskutierten Woche für Woche mit Vertreter(inne)n der extremen Rechten (vgl. Gensing/ Reisin 2016). Man kann fraglos darüber streiten, ob antidemokratische Positionen innerhalb einer Demokratie überhaupt unter Einbezug ihrer Verfechter/innen medial diskutiert werden sollten – vieles spricht dagegen – aber den Demokratiefeinden ohne Not in epischer Breite eine Bühne für ihre Parolen zu schaffen, irritierte. Mehr noch: es war ein wesentlicher Garant dafür, dass sich Menschen, die rassistische, antisemitische und völkische Einstellungen haben, Abend für Abend darin ermutigt fühlen mussten, nun bei der nächsten Wahl ihre rassistischen Einstellungen auch in rassistische (Wahl-)Handlungen umzusetzen.

Es nutzt wenig, wenn Tages- und Wochenzeitungen in oft umfangreichen Recherchen die Weltbilder, Vernetzungen und Ziele rechter Gruppierungen herausarbeiten und aufzeigen, warum sich die neu etablierte Partei Alternative für Deutschland (AfD) als parlamentarischer Arm der rechten Bewegung mit wesentlichen Forderungen gegen die Kernelemente der bundesdeutschen Demokratie stellt, wenn die Fernsehsender diese Erkenntnisse fortlaufend konterkarieren. Nämlich dadurch, dass sie so tun, als seien Rassismus und völkischer Nationalismus einfach Meinungen, die in einer Demokratie gleichberechtigt neben anderen medial diskutiert werden sollten. Schuld und Verantwortung für den Aufstieg der AfD allein bei den TV-Talkshows zu suchen, wäre sicher verfehlt – ohne die umfangreichen Möglichkeiten zur personellen Selbstdarstellung und inhaltlichen Werbung wäre die AfD aber weder kontinuierlich in Landtage eingezogen, noch hätte sie es geschafft, irgendwo (außer vielleicht in einigen Regionen Ostdeutschlands) zweistellige Ergebnisse zu erzielen.

Eine Gesellschaft, die meint, rassistische und völkische Positionen – die gegen basale Grundnormen der Verfassung wie Art. 1 – „Die Würde des Menschen ist unantastbar" – und Art. 3 des Grundgesetzes – „Alle Menschen sind vor dem Gesetz gleich"[1] – verstoßen und damit außerhalb des demokratischen Pluralismus stehen – seien diskutierbar, läuft Gefahr, ihren demokratischen Kern selbst zu zerstören. Dass man das wissen kann, will dieses Buch zeigen: Es geht darum kenntlich zu machen, wie der Angriff der Antidemokrat(inn)en erfolgt, warum ihre Ziele antidemokratisch und demokratiefeindlich sind, wie die Bezugnahmen auf völkische Bewegungen erfolgen, wer zentrale Referenzautoren sind und warum die bundesdeutsche Demokratie als wehrhafte Demokratie endlich aufhören muss, Rassist(inn)en öffentliche Foren zu bieten. Wir müssen dringend *über* Rassismus diskutieren – und ebenso dringend wieder aufhören, dies *mit* Rassist(inn)en zu tun.

Die Geschichte des Rechtsextremismus in der Bundesrepublik zeigt, dass schon einmal eine Partei ähnlich erfolgreich war, wie die AfD – aber dann, bei der Bundestagwahl 1969, knapp an der Fünf-Prozent-Sperrklausel gescheitert ist: die Nationaldemokratische Partei Deutschlands (NPD). Da eine Politikwissenschaft, die sich als Aufklärungswissenschaft versteht, nicht nur klar Stellung nehmen muss für Aufklärung und Demokratie, Freiheit und Gleichheit, sondern ebenso deutlich Stellung beziehen muss gegen alle Angriffe, die diese Fundamente, die es den Menschen

---

1 „Alle Menschen sind vor dem Gesetz gleich. […] Männer und Frauen sind gleichberechtigt. […] Niemand darf wegen seines Geschlechtes, seiner Abstammung, seiner Rasse, seiner Sprache, seiner Heimat und Herkunft, seines Glaubens, seiner religiösen oder politischen Anschauungen benachteiligt oder bevorzugt werden. Niemand darf wegen seiner Behinderung benachteiligt werden." (Art. 3 GG)

ermöglichen, in Sicherheit miteinander im pluralistischen Sinne uneins sein zu dürfen, versteht sich dieses Buch als dezidiertes Plädoyer: als an alle Bürger/innen gerichtetes Plädoyer – egal welcher Parteipräferenz, egal aus welchen Berufsgruppen und egal mit welchen religiösen, kulturellen, sexuellen oder sonstigen Präferenzen – alles dafür zu tun, um weitere Erfolge der völkischen Rebellen am rechten Rand der Gesellschaft zu verhindern. Denn sie zerstören die Grundlage eben dieses Pluralismus.

Als die NPD 1969 scheiterte, zerfiel die extreme Rechte in zwei Flügel: einen, der begann den Kampf gegen den Parlamentarismus als terroristischen Kampf zu führen und einen, der meinte, man müsse nicht primär um die Parlamente, sondern um die Köpfe kämpfen. Ziel war eine rechte kulturelle Hegemonie. Auch wenn die AfD weit davon entfernt ist, dem intellektuellen Anspruch dieser damals entstandenen „Neuen Rechten" zu genügen, folgt sie ihren Strategien und ist Ausdruck und Ergebnis dieses rechten Kulturkampfes: Begriffe völkisch umzudeuten, antiaufklärerische Forderungen öffentlich zu verankern und so Affekte gegen den Verstand zu mobilisieren mit dem Ziel, die Demokratie von innen heraus zu zerstören. Es geht nicht um den gewaltsamen Umsturz, wie ihn Nazi-Terrorist(inn)en durch Anschläge und Morde herbeiführen wollen, es geht darum, die Demokratie in ihrem Kern von Freiheit und Gleichheit zu zerstören, die offene Gesellschaft zu segmentieren und in eine feindselige, unsolidarische und kampfbereite Gemeinschaft zu verwandeln, aus der alles, was als „fremd" und „abweichend" verstanden wird, ausgegrenzt werden soll. Dass dabei jede/r zur/m „Fremden" werden kann, weil es nicht um rationale Kriterien geht, sondern um irrationale, völkische Fantasien, sollten all jene nicht vergessen, die glauben, Parteien wie die AfD könnten auch nur punktuell wählbar sein: in den völkischen Vorstellungen und ihrem zwanghaften Wahn nach Identität und Homogenität gibt es keinen rationalen Kern, da die rechte Vorstellung einer gemeinsamen Kollektivabstammung durch keine wissenschaftlichen Erkenntnisse gedeckt ist, sondern auf der Erfindung von rassebiologischen Konstrukten basiert (vgl. Zuber 2015) – insofern kann, wer heute noch glaubt, zum „deutschen Volk" zu gehören, schon morgen ausgeschlossen werden, weil die völkischen Rebell(inn)en ihre willkürlichen Kriterien einfach ändern.

Wesentlich an den Strategien rechter Hegemoniegewinnung ist, die öffentliche Sagbarkeitsgrenze zu verschieben. Und diese Strategie funktioniert so: es gibt in einer demokratischen Gesellschaft zwei Ebenen, auf denen definiert ist, was Teil des politischen und des gesellschaftlichen Pluralismus ist – und auch, was von diesem ausgeschlossen wird. Die harte Regelung dessen ist die gesetzliche: das Strafrecht limitiert die freie Meinungsäußerung und stellt bestimmte Formen von diskriminierenden Aussagen unter Strafe. Juristisch spricht man hier von der Norm; mit Blick auf das Grundgesetz sind wesentliche Aspekte der Verfassungsnorm in den Grundrechten fixiert, die ihrerseits wiederum den Rahmen für einfachgesetzliche Regelungen – wie das Strafrecht – bilden. Neben der Verfassungsnorm existiert aber auch, als weiches Kriterium, die Verfassungswirklichkeit – die sozialwissenschaftlich oft als politische Kultur bezeichnet wird und die nicht immer im Einklang mit der Verfassungsnorm stehen muss.

Als politische Kultur versteht man, angelehnt an die Begründer der politischen Kulturforschung Gabriel A. Almond und Sidney Verba (1963) formuliert, die subjektive Dimension des Politischen, also letztlich die Frage, wie die rechtlichen und politischen Strukturen, in der Gesellschaft in und durch die Individuen verstanden, getragen und akzeptiert werden – oder eben auch nicht (vgl. hierzu ausführlich Salzborn 2012a). Die politische Kultur eines Landes, die immer nur im Plural gedacht werden kann, formuliert ein Setting von ungeschriebenen Regeln, die für das Handeln der Akteurinnen und Akteure zentral sind. Wollte man es metaphorisch ausdrücken, ist die politische Kultur so etwas wie der überindividuell konstituierte Mentalitätsbestand eines Teiles der Gesellschaft. Die ungeschriebenen Regeln, die den politischen Kulturen zugrunde liegen, können dabei in drei Verhältnissen zu den normativen Vorgaben des politischen Systems, also zur Verfassungsnorm stehen. Erstens können die ungeschriebenen Regeln des Politischen innerhalb einer Gesellschaft (weitgehend) identisch mit den formalen Regeln und Institutionen sein oder zumindest nicht im Konflikt mit ihnen stehen. In

12

diesem Fall stützt die Verfassungswirklichkeit die Verfassungsnorm, und die ungeschriebenen Regeln führen zu einer stabilen Verfassungsordnung. Zweitens besteht die Möglichkeit, dass die ungeschriebenen Regeln im Widerspruch zur geschriebenen Verfassung stehen und insofern ein Spannungsverhältnis zwischen Verfassungsnorm und Verfassungswirklichkeit formulieren. Sie wollen die geltenden Normen verändern, wobei es gleichermaßen um konstruktive wie destruktive Veränderungen im Sinne von (zunehmender) Demokratisierung und (zunehmender) Autokratisierung gehen kann. Und drittens schließlich können die ungeschriebenen Regeln des Politischen politische Apathie begründen und damit ebenfalls zu Stabilität führen, da ihre Akteurinnen und Akteure weder gesellschaftlich noch politisch in irgendeiner Weise aktiv werden.

Während an der Verfassungsnorm von der extremen Rechten aufgrund der demokratischen Mehrheitsverhältnisse – immerhin sind nach aktuellem Stand mindestens 85 Prozent der deutschen Bevölkerung gegen die AfD – keine Änderungen möglich sind, versuchen sie durch ihre Kämpfe um kulturelle Hegemonie die Grenzen des Sagbaren aufzuweichen und die politische Kultur der Bundesrepublik auf diese Weise schleichend nach Rechts zu verschieben. Wenn es gelingt, so die rechte Hoffnung, die Verfassungswirklichkeit zu entdemokratisieren, dann kann in einem zweiten Schritt auch die Verfassungsnorm entsprechend geändert bzw. abgeschafft werden. Wie diese Strategie funktioniert, zeigen exemplarisch zwei Äußerungen der AfD-Politikerinnen Frauke Petry und Beatrix Storch sowie ihr vor allem strategischer Umgang mit der gegen sie formulierten Kritik.

Petry gab der Tageszeitung *Mannheimer Morgen* am 30. Januar 2016 ein Interview, das in Auszügen im Wortlaut lesenswert ist, illustriert es doch sehr anschaulich die Strategie der rechten Hegemoniegewinnung in der Öffentlichkeit:

Frage: „Was passiert, wenn ein Flüchtling über den Zaun klettert?"

Petry: „Dann muss die Polizei den Flüchtling daran hindern, dass er deutschen Boden betritt."

[…]

Frage: „Noch mal: Wie soll ein Grenzpolizist in diesem Fall reagieren?"

Petry: „Er muss den illegalen Grenzübertritt verhindern, notfalls auch von der Schusswaffe Gebrauch machen. So steht es im Gesetz."

Frage: „Es gibt in Deutschland ein Gesetz, das einen Schießbefehl an den Grenzen enthält?"

Petry: „Ich habe das Wort Schießbefehl nicht benutzt. Kein Polizist will auf einen Flüchtling schießen. Ich will das auch nicht. Aber zur Ultima Ratio gehört der Einsatz von Waffengewalt. Entscheidend ist, dass wir es so weit nicht kommen lassen und über Abkommen mit Österreich und Kontrollen an EU-Außengrenzen den Flüchtlingszustrom bremsen."

Was man an den Antworten von Petry sehen kann, ist, dass hier eine sprachliche Normalisierung von Rassismus und Gewalt vorgenommen wird, wobei Petry etwas sagt, um anschließend so zu tun, als hätte sie es nicht gesagt. Damit dieses Faktum im Interview nicht überlesen wird, ist der Hinweis wichtig, dass die Journalisten Petry – im Übrigen: sehr höflich – darauf ansprechen, dass ihre Auffassung im Widerspruch zu geltendem Recht steht und ihre Überzeugung gegen die bundesdeutsche Rechts- und Verfassungsordnung gerichtet ist. Statt darauf zu reagieren, umschifft sie die Antwort mit einer Flucht vor der Wahrheit, indem sie leugnet, ein Wort verwendet zu haben, das sie zwar tatsächlich wörtlich nicht gebraucht hat, der Substanz nach aber schon. Auf diese Weise bleibt ihre rassistische und einen willkürlichen, weil nicht durch Gesetze gedeckten Waffeneinsatz befürwortende Aussage im Raum stehen. Und genau darin besteht die Strategie: auf diese Weise soll die Gesellschaft verroht werden und Themen, die zurecht aus der Demokratie ausgegrenzt sind, wieder in der Mitte der Gesellschaft platziert werden.

Die Positionierungen erfolgen, wie in dem Beispiel, jeweils lautstark und medienwirksam und werden – wenn sie dann als rassistisch oder menschenfeindlich charakterisiert werden – nicht zurückgenommen, sondern nur relativiert und so im Diskurs gehalten. Das Ziel dabei ist: die Erringung einer kulturellen Hegemonie über das, was als diskutabel in einer Demokratie erscheint – mit der Hoffnung, dies in einem späteren Schritt dann auch umsetzen zu können. Genau dasselbe zeigte sich an dem Verhalten von Beatrix Storch. Diese bejahte die Frage, ob man notfalls an den bundesdeutschen Grenzen auch auf Kinder schießen solle und behauptete dann, sie sei mit der Maus ausgerutscht. Auf Facebook war Storch gefragt worden: „Wollt ihr etwa Frauen mit Kindern an der grünen Wiese den Zutritt mit Waffengewalt verhindern?" Sie antwortete: „Ja." (Vgl. o. V. 2016) Dass die Behauptung, mit der Maus ausgerutscht zu sein, völliger Quatsch und ohne Frage eine Lüge ist, ist jedem klar, der jemals in seinem Leben einen Computer bedient hat. Insofern bekam Storch, Enkelin des NS-Reichsfinanzministers Johann Krosigk, auch reichlich Spott in den sozialen Netzwerken, aber mit Blick auf die medienpolitische Strategie blieb der Kern der ungeheuerlichen Aussage stehen: es schien so, als könnte man darüber diskutieren, dass an Grenzen auf Frauen und Kinder geschossen wird. Denn Storch hat die Zustimmung nicht zurückgenommen (sondern nur vage relativiert, dass man wohl doch nicht auf Kinder schießen solle), sich nicht entschuldigt, nicht gesagt, dass sie etwas Menschen verachtendes gesagt hat – sie hat eine alberne Ausrede gewählt, über deren Absurdität diskutiert wurde, womit von dem gewaltverherrlichenden Rassismus abgelenkt wurde.

Hannes Stein hat mit Blick auf die amerikanische Debatte nach dem Wahlsieg von Donald Trump sehr präzise auf den Punkt gebracht, wie die von der AfD in Deutschland adaptierte neurechte Medienstrategie funktioniert. Stein nennt diese Strategie *Gaslighting* – mit Bezug auf den Film *Gaslight* von 1944, bei dem die Hauptfigur in ein Szenario gerät, bei dem sie selbst irgendwann nicht mehr weiß, was „Realität und was Einbildung ist":

„Amerikanischen Psychologen verwenden ‚gaslighting' mittlerweile als klinischen Fachausdruck: Es handelt sich um eine Form des Missbrauchs, die für Psychopathen und Narzissten sehr typisch ist. Wenn man sie trifft, sind solche Menschen charmant, ja liebenswürdig. Es ist schwer, nicht auf sie hereinzufallen. Allerdings lügen sie ohne die geringsten Gewissensbisse. Sie lügen eigentlich unaufhörlich. Hinterher leugnen sie, dass sie gesagt haben, was sie gesagt haben. […]

Das ‚gaslighting‘, das Donald Trump betreibt, wurde in Russland perfektioniert – von Wladislaw Surkow, einem der wichtigsten Berater des neuen Zaren Wladimir Putin. Die ‚Methode Surkow‘ funktioniert so: Man inszeniert einen gewaltigen Zirkus und generiert viel bunten Rauch. Es geht dabei gar nicht darum, ob die einzelnen Lügen geglaubt werden. Es geht vielmehr darum, die Wahrheit im Lärm der Lügen untergehen zu lassen. Die Journalisten dürfen nicht mehr wissen, in welche Richtung sie schauen sollen. […] Vor allem aber müssen Journalisten ganz altmodisch darauf beharren, dass es auch im Zeitalter von Twitter und Facebook eine handfeste, nachprüfbare Wahrheit gibt. Nur so kann das ‚gaslighting‘ beendet werden.“ (Stein 2016)

Auf der einen Seite ist es neurechte Medienstrategie im Kampf für eine rechte „kulturelle Hegemonie“, auf der anderen Seite das Prinzip des *Gaslighting*, das die AfD öffentlichkeitswirksam praktiziert. Es geht darum, wie es in einem Strategiepapier des AfD-Bundesvorstandes aus dem Dezember 2016 heißt, „sorgfältig geplante Provokationen“ zu platzieren (zit. n. Kamann 2016), man müsse „ganz bewusst und ganz gezielt immer wieder politisch inkorrekt sein“, „harte und provokante Slogans“ seien „wichtiger als lange, um Differenzierung bemühte Sätze“ (zit. n. Leif/Gensing 2017). Zentrales Ziel der AfD ist dabei die „Eskalation der Konflikte“ und die „Verschärfung der inhaltlichen Positionierung“, denn: „Je klarer und kontroverser die AfD sich positioniert desto weniger können die Medien sie ignorieren.“ (AfD (2016a, S. 19). Das offensichtliche Ziel dieser Hoffnung auf Kaperung der demokratischen Medien besteht darin, möglichst viele Lügen und Halbwahrheiten zu streuen und dabei um jeden Preis zu provozieren. Es soll das aggressive Gefühl geschürt und der irrationale Glaube verbreitet werden es gebe keine Wahrheit, sondern nur noch „postfaktische“ Emotionen – umso in einem dichten Nebel der Gerüchte die eigene völkische, rassistische und antisemitische Weltsicht schleichend zu verankern und dabei die demokratischen Medien zu instrumentalisieren.

Die Wahrheit ist, dass die bundesdeutsche Demokratie gut daran täte, Aussagen wie den exemplarisch von Petry und Storch zitierten überhaupt keine öffentliche Bühne zu bieten, da ihr Anliegen einzig in der Verschiebung des Sagbaren besteht und sich gegen die bundesdeutsche Verfassungsnorm richtet. Es gibt keinen Anspruch, nach dem eine Verrohung der Gesellschaft oder einer Barbarisierung der Sprache öffentlich Raum bekommen müsste – im Gegenteil. Denn die bundesdeutsche Demokratie ist eine pluralistische Demokratie. Und zum Konzept des Pluralismus gehört, klar zu sagen, was nicht demokratisch, was antidemokratisch und was demokratiefeindlich ist. In Konsequenz auf den Nationalsozialismus hat die bundesdeutsche Verfassung eine Reihe von Regelungen geschaffen, die Demokratiefeinde hindern soll, die Demokratie – wieder – auf legalem Weg abzuschaffen.

Dass von rechter Seite diese wehrhafte Demokratie stets aufs Neue angegriffen wird und man sich hierbei gern plakativ auf Meinungsfreiheit beruft, wendet die Verfassungsnorm in der rechten Öffentlichkeitsstrategie diametral gegen ihren eigentlichen Kern. Denn beim rechten Rekurs auf die Meinungsfreiheit handelt es sich nicht nur um ein verkürztes, sondern letztlich ein falsches Verständnis von Meinungsfreiheit – was den rechten Akteur(inn)en in einem doppelten Sinn gleichgültig ist: zum einen, weil sie die Meinungsfreiheit, hinter der sich schon in den 1950er Jahren aus strategischen Gründen die Holocaust-Leugner verschanzen wollten, ausschließlich instrumentell verstehen und es ihnen nur darum geht, Positionen, die mit gutem Grund aus dem demokratischen Diskurs ausgegrenzt werden, (wieder) salonfähig zu machen; zum anderen, weil sie aufgrund dieses instrumentellen Verhältnisses zur Meinungsfreiheit vorsätzlich oder unbewusst nicht wahrnehmen, dass es gerade auch Kern dieser demokratischen Meinungsfreiheit sein kann, zu fordern, dass rechtsextreme Positionen eben nicht Teil des demokratischen Pluralismus sein sollen, weil, wie schon Umberto Eco (1993) sagte, um tolerant zu sein die Grenzen der Toleranz bestimmt werden müssen – um nicht von den Feinden der Toleranz selbst zum Opfer von deren (in letzter Konsequenz oft gewalttätiger) Intoleranz gemacht zu werden. Auf eine Kurzformel gebracht, die im Prinzip den Fundamentalkonsens der bundesdeutschen Verfassungsordnung widerspiegelt: keine bedingungslose Freiheit für die Feinde der Freiheit – denn die Nationalsozialisten waren es, die die Freiheiten der Weimarer Verfassung genutzt haben, um diese auf legalem Weg abzuschaffen und damit ein totalitäres Regime zu errichten.

Einen Erfolg im Ringen um die Verschiebung des öffentlichen Meinungsklimas in antidemokratischer Intention können die völkischen Rebell(inn)en allerdings schon lange verbuchen – und er ist eine Grundlage dafür, dass man Rechten so exorbitant viel TV-Raum einräumt: Heute wird von vielen Menschen der Terminus *Political Correctness* (PC) verwandt – aus völlig unterschiedlichen politischen Spektren. Dass dieser rechte Kampfbegriff in die öffentliche Debatte eingesickert ist, ist dabei ein Erfolg neurechter Strategien (vgl. Gießelmann 2016): in den 1990er Jahren startete die Wochenzeitung *Junge Freiheit* eine Imagekampagne, bei der Anti-PC-Aufkleber verteilt wurden. Man hat dazu eine intentional gänzlich anders gelagerte amerikanische Debatte, die auf Antidiskriminierung zielte, instrumentalisiert, den Begriff übernommen und dafür genutzt, um zu suggerieren, dass es nicht gute, berechtigte und für eine Demokratie richtige Gründe sind, rechte Positionen auszugrenzen, sondern dass es eine Haltung der *Political Correctness* gebe, dies zu tun.

Wenn man den Begriff etwas genauer unter die Lupe nimmt, fällt auf, dass er mit einer völkischen Phantasie arbeitet – nämlich der Unterstellung, dass es jenseits des (Straf-)Rechtes irgendwelche Menschen oder Gruppen geben würde, die die Macht darüber hätten zu definieren, was nun politisch korrekt sei und was nicht. Insofern liegt hinter dem Begriff ein Verschwörungsglaube an unfassbare Mächte im Hintergrund, die Menschen kontrollieren und ihnen Vorschriften machen würden. Die Geschichte der Bundesrepublik zeigt, dass das schlichtweg gelogen ist – aber es spielt mit der Phantasie von Menschen, die selbst glauben, bestimmte Dinge nicht sagen zu können und verschafft denen, die an die Existenz einer *Political Correctness* glauben, einen selbstgefälligen und arroganten Opferstatus, bei dem man jede noch so menschenverachtende und antidemokratische Gesinnung stets im Gestus vorbringen kann, man selbst werde ja unterdrückt in seiner Meinungsfreiheit. Dass in einer Demokratie die systematische Diskriminierung von Menschen aus rassistischen, antisemitischen und völkischen Gründen rechtlich und politisch unterbunden werden muss, soll die Freiheit und Gleichheit der Menschen garantiert werden, wird mit der Phantasie der Existenz einer *Political Correctness* vom Tisch gewischt – und dass der Begriff in den Mehrheitsdiskurs eingesickert ist, zeigt, wie wirkmächtig neurechte Strategien sein können: Denn wenn man erstmal den Begriff verwendet, dann kauft man unter der Hand damit auch seine Assoziationen ein und beteiligt sich – oftmals, ohne dies zu wollen oder gar nur zu wissen – an einem schleichenden Prozess der Entdemokratisierung. Dies geschieht auch in den Fernsehtalkshows, wenn man dort bei der Programmplanung glaubt, man können offen über „alles" reden, sich besonders plural und unbeeinflusst von der (erfundenen) *Political Correctness* wähnt, dabei aber mit jeder Einladung an eine/n rechte/n Politiker/in ein Stück demokratischer Freiheit herschenkt, statt sie gegen die neurechten Agitator(inn)en zu verteidigen, für die demokratische Medien sowieso nur als – so der vom Nationalsozialismus übernommene Kampfbegriff – „Lügenpresse" gelten.[2]

1 Von der Konservativen Revolution zur Neuen Rechten: Die Volkisierung des Politischen und die Rebellion gegen die Demokratie

Es geht beim Angriff der Antidemokrat(inn)en um eine völkische Rebellion: ein Aufbegehren gegen die demokratischen Strukturen in Politik und Gesellschaft, das sich autoritär gegen Gleichheit und Universalismus richtet. Die Rebellion will beides: Aufbegeh-

---

2 Das Manuskript wurde Ende Februar 2017 abgeschlossen, so dass faktische Änderungen, die sich nach diesem Termin ergeben haben, nicht berücksichtigt werden konnten.

ren und sich zugleich Unterordnen, sie ist unterwürfig wie unterdrückend, das Gegenteil von Emanzipation, Individualität und Subjekthaftigkeit. Sie rebelliert nicht für, sondern gegen die Freiheit – das aber unerbittlich und bedingungslos. Diese völkische Rebellion geht von einem zentralen Narrativ aus, das um den Begriff „Volk" kreist: das „Volk" werde von „denen da oben" belogen, der „Volkswille" komme nicht zum Ausdruck, das „Volk" drohe „überfremdet" zu werden, die „Volkssubstanz" sei gefährdet, das „Volk" sterbe gar aus. Gemeinsam ist sämtlichen dieser Unterstellungen ein antidemokratisches Verständnis des Begriffes „Volk", denn im Zentrum antidemokratischen und rechtsextremen Denkens steht die positive Bezugnahme auf die Kategorie „Volk" in einem essentialistischen, kollektiven und homogenisierenden Sinn.

Denn „Volk" wird eben nicht im Sinne des vormodernen Volksbegriffes verwandt, der in etwa so viel meinte wie „einfaches Volk", und auch nicht im Sinne von Staatsvolk, also als „unter Rechtsgesetzen" (Kant 1797, S. 313) zusammenlebenden bürgerlichen Subjekten (unterschiedlicher Kultur, Religion usw.) innerhalb einer Staatsnation. Das antidemokratische Verständnis fokussiert auf ein Verständnis von „Volk", das in expliziter Abgrenzung vom westlichen Terminus Nation formuliert wird und hat zwei Stoßrichtungen: eine, die darauf zielt, das demokratische Subjekt zu zerstören und durch ein völkisches Volk zu ersetzen und eine, die zur Rebellion gegen die repräsentative und parlamentarische Demokratie aufruft. Beide Stoßrichtungen haben historisch denselben Ursprung und die identischen Vorbilder: den Weimarer Kampf der sogenannten Konservativen Revolution gegen die Demokratie.

Gemeinsam ist den völkischen Vorstellungen der Kampf gegen das Subjekt und der Vorzug des Kollektivs vor dem Individuum. Ethnische Identität fungiert dabei im rechtsextremen Denken nicht als individuelles Identitätsangebot, sondern als kollektiver Identitätszwang – wobei der Zwang eine intern bindende und eine extern segmentierende Komponente umfasst (vgl. Luhmann 1998): den Zwang zum Einschluss und den Zwang zum Ausschluss, wobei „das Volk" in den Worten von Grit Straßenberger dabei als eine „leere', beliebig zu füllende Kollektivformel als nach außen abgrenzende und tatsächlich darin zugleich nach innen homogenisierende politische Unterscheidung" (2016, S. 54) fungiert.

Damit ist rechtsextremes Denken in seinen Grundzügen immer antidemokratisch und strukturell antiliberal wie antiindividuell ausgerichtet. Die Variationsbreite rechter Positionierungen reicht dabei von rassistischen Positionen, die auf einem biologistischen Differenzmodell auffußen und in der Tradition des Nationalsozialismus stehen, über völkisch-homogenisierende Vorstellungen, die einem regionalistisch-ethnisch segmentierten Europa unter dem Primat einer Volksgruppenpolitik das Wort reden bis hin zu den vor allem aus dem Spektrum der französischen Nouvelle Droite entwickelten Vorstellungen eines primär auf kulturellen Differenzannahmen basierenden Ethnopluralismus (vgl. Müller 1994; Salzborn 2005a; Terkessidis 1995).

Diese rechte Ideologie der Ungleichheit zielt im Innern auf völkische Homogenität, nach Außen auf ethnische Separation. Wichtig ist: Rechtsextremismus basiert immer auf geopolitischen und raumordnenden Elementen, weil Volk und Raum zusammengedacht werden – und zwar nicht in einem demokratischen Sinn als *Demos*, der eben zufällig, wandelbar und wechselhaft als Sammlung von Individuen auf einem staatlichen Hoheitsgebiet lebt, sondern als *Ethnos*, der essentiell, statisch und homogen als Kollektiv an einen existenzialistisch verstandenen (Siedlungs-) Raum fixiert ist. In dieser Ideologie der Ungleichheit fungiert das Volk, die „Volksgemeinschaft der Unfreien und Ungleichen" (Adorno 1959, S. 562), als historisches Subjekt und politisches Objekt, da es die Identität von Lebenszusammenhängen verbürgt und als höchste Autorität gilt. Der einzelne Mensch ist im rechtsextremen Verständnis „Diener seines Volkes", mit dem er ethnisch-völkisch und kulturell unaufhebbar verbunden ist (vgl. Jaschke 1994, S. 56) – individuelle Freiheit gibt es nicht.

Der Rechtsextremismus bezieht sich in seinem Weltbild auf den wesentlich von Johann Gottfried Herder geprägten romantischen Volksbegriff und politisiert diesen, da eine raumordnerische Konsequenz aus der kulturellen Teilung der Menschheit in

Völker und Volksgruppen gezogen werden soll. Soziale und politische Konflikte werden naturalisiert und in einen ethnischen Entstehungszusammenhang gerückt. Indem Ethnizität als essentielle Kategorie gedacht wird und zum höchsten Gut des menschlichen „Wesens" avanciert, besteht das politische Ziel in einer kompletten sozialen und politischen Segregation von Menschen entlang ethnischer Kriterien:

„Betont wird die ethnisch-kulturelle Homogenität der Bevölkerung, oder zumindest ihre kulturelle-mentalitätsmäßige Ähnlichkeit bis hin zur gemeinsamen Betroffenheit durch negative Einwirkungen von außen. Davon ausgehend wird die Gleichartigkeit der Interessen der Betroffenen gegenüber anderen Regionen oder dem übergeordneten System behauptet." (Pallaver 2000, S. 247)

Zuwanderung und Migration werden kategorisch abgelehnt – zur Sicherung des als natürlich stilisierten Charakters der völkisch-exklusiven „Heimatregionen". Die „ethnozentrische Rahmenideologie" stellt somit keinen Hinderungsgrund für eine kulturalistisch geprägte Definition von In- und Out-Groups dar, die sich auf eine fundamentalistische Annahme von menschlicher Ungleichheit stützt (Swyngedouw/Ivaldi 2001, S. 5 f.). Diese Phantasie der menschlichen Ungleichheit umfasst dabei homogenisierende wie hierarchisierende Vorstellungen: in dem naturalistisch-kulturalistischen Weltbild wird auf allen sozialen und politischen Ebenen in Hierarchien gedacht, was Über- und Unterordnungsparadigmen bedingt, aus denen sich gleichermaßen ein patriarchales Geschlechterverständnis ergibt, wie rassistisch und eugenisch begründete Vorstellungen über den höheren oder niederen Wert von menschlichem Leben.

1.1 Die Erfindung des „Volkes" und die Konservative Revolution

Die neurechten Rebellen der Gegenwart schließen mit diesem Weltbild bewusst, explizit und umfangreich proklamiert an die

sogenannte Konservative Revolution an. Diese von Armin Mohler (1950) so etikettierte Denkströmung war faktisch die intellektuelle Wegbereitung des Nationalsozialismus – und wurde von
Mohler, dem Privatsekretär von Ernst Jünger und engen Wegge-
fährten von Carl Schmitt, wohl nur deshalb so tituliert, um sie
begrifflich von dieser Vordenker- und Wegbereiterfunktion zu
exkulpieren (wobei der Begriff in den 1920er Jahren auch schon
vereinzelt Verwendung gefunden hatte, aber eben noch nicht als
Kategorisierungs- bzw. Systematisierungsversuch):

„In seiner 1949 erschienenen Dissertation *Die Konservative Revolution in
Deutschland 1918–1932* versuchte er, aus den unterschiedlichsten Autoren des deutschen Radikalnationalismus eine eigenständige Denkschule
zu konstruieren, die er vom ‚Dritten Reich‘ geschieden wissen wollte.
Dafür begab er sich auf eine Gratwanderung ‚zwischen Wissenschaft und
Mythos‘. Mit der Erfindung einer ‚Konservativen Revolution‘ sollte der
durch Nationalsozialismus, Shoah und Kriegsniederlage belasteten deutschen Rechten wieder zu einer positiven Tradition verholfen werden.“
(Weiß 2017, S. 44)

Konservativ klang in der Nachkriegszeit eben deutlich anschluss-
fähiger als pränazistisch und der Begriff der Revolution verschlei-
erte zugleich den genuin antiemanzipatorischen Charakter dieser
Denkströmung, die genau genommen das Ziel einer „Revolution“
von den Werten der Französischen Revolution und der Aufklärung verfolgte, also tatsächlich eine gegenaufklärerische Konterrevolution war. Die Konservative Revolution insofern treffender
als Pränazistische Konterrevolution zu bezeichnen, wäre zwar die
Wahrheit gewesen, von einem Ideologen wie Mohler, der die
völkischen Ideale in die Nachkriegszeit retten wollte, freilich
nicht erwartbar, weil auch er schon in den Modus des Kampfes
um Begriffe als eines Kampfes um kulturelle Weltdeutung einge-
treten war (vgl. zur Konservativen Revolution ausführlich: Breuer
1993, 2001, 2010; Greiffenhagen 1971; Lenk 1989, 1997; Weiß
2011).

Der Blick in das Argumentationsarsenal der Konservativen
Revolution, an die die Neue Rechte umfangreich anschließt und

deren Denker zu neurechten Ikonen stilisiert werden, offenbart dabei sehr deutlich nicht nur den antidemokratischen, sondern auch den aggressiven Gehalt des völkischen Denkens, das sich infolge der deutschen Kriegsniederlage im Ersten Weltkrieg zu sammeln und zu formieren begann. Getragen wurde die deutschnationale Bewegung in den 1920er Jahren zunächst von einer im rechten Milieu konsensualen Kritik am Versailler Vertrag. Neben anderen Ansätzen, etwa dem explizit imperialistischen und expansionistischen Konzept der Alldeutschen, begann sich im intellektuelleren Teil dieser Bewegung eine völkische Strömung herauszubilden, die sich gegen die liberal-demokratischen Bestimmungen der Minderheitenschutzverträge wie insgesamt die Pariser Vorortverträge wandte und eine explizit völkische Gegenkonzeption gegen diese entwickeln wollte (vgl. Boehm 1959, S. 9 ff.). Kern dieses Ansinnens war die Annahme vom „eigenständigen Volk", wie Max Hildebert Boehm (1932) es formuliert hat.

Boehm, der „Vordenker der Ethnopolitik" (Haar 2000b, S. 27) und einer der wichtigsten Volkstumstheoretiker der Weimarer Republik, des Nationalsozialismus und auch der frühen Bundesrepublik, versuchte in seinem „radikalen Ordnungsdenken" (Prehn 2013) als erster das „Volk" als Begriff und Konzept systematisch von *allen* anderen politischen und sozialen Kategorien abzugrenzen (vgl. Boehm 1932, S. 17 ff. u. 265 ff.). Zentral war ihm insbesondere die konzeptionelle Abgrenzung des „Volkes" von den Kategorien Staat/Nation und somit eine Lösung vom zivilisatorischen (westlichen) Nationsbegriff, der auch die Basis für die Minderheitenschutzverträge darstellte (vgl. ebd., S. 37 ff.). So sollte vor allem die „Eigenständigkeit" des deutschen Volkes bestimmt und ihm zu einer Vormachtstellung in Europa verholfen werden (vgl. ebd., S. 315.). Ausgangspunkt für dieses „europäisch' gewendete deutsche Sendungsbewußtsein" ist, wie Ulrich Prehn (2001, S. 57 f.) treffend herausgearbeitet hat, der fortwährende Bezug auf die Aspekte des Volkstumskampfes und der Heimatpflege in den deutschen Grenzgebieten als „Parallelmotiv zu seiner massiven Kritik an der angeblichen ‚Verwestlichung' Mittel- und Osteuropas", für die „insbesondere Frankreich, England und die Wilsonsche Völkerbund- und Minderheitenpolitik verantwortlich" zu machen seien. Boehms ethnopolitischen und volkstheoretischen Arbeiten lieferten

„‚magische Formeln' zur Stiftung einer deutschen Kollektividentität, die, wie das emotional besonders aufgeladene Projekt der zu verwirklichenden Volksgemeinschaft, darauf angelegt waren, die internationale Ordnung der Nationen und ‚Volksgruppen' in Europa nach Beendigung des Ersten Weltkriegs aufzusprengen." (Ebd., S. 58 f.)

Auf der Theorie der Volkseigenständigkeit aufbauend, die zwar das deutsche Volk in den Mittelpunkt rückte, anderen „Völkern" ihre Eigenständigkeit jedoch keinesfalls absprach, sondern vielmehr von der zeitgenössisch ubiquitär verwandten Formel des „Volkes unter Völkern" (Loesch 1925) ausging, gelangte man zur Theorie der „umstrittenen Grenzstriche", wie Boehm (1923) formulierte, zum „Europa Irredenta". Im Kampf gegen den Völkerbund und für den „Sturz der französischen Kontinentalherrschaft" sollte die „Loslösung der Volkstümer aus jahrhundertelanger staatlicher Umklammerung" durch Abbau der westlichen, das heißt demokratisch-republikanisch orientierten „Staatsallmacht" zum Anwachsen des „völkischen Freiheitsbereichs" führen (ebd., S. 316 u. 320):

„Gesunde politische Abrundungen im gegenwärtigen Staatenbild werden sich auf die Dauer behaupten, andrerseits aber ist die Aufhebung der gröblichsten Verzwängungen und Zerstückelungen der unterdrückten Völker eine erste Voraussetzung der politischen wie auch der wirtschaftlichen Sanierung Europas. Alsdann aber wird der Versuch gemacht werden müssen, die umfassenderen raumpolitischen Gebietseinheiten des Kontinents herauszuarbeiten und in Form zu bringen." (Ebd., S. 314)

Den Ausgangspunkt hierfür sollte die „Anerkennung der Völker als Volkspersönlichkeiten und damit als der natürlichen Grundlage des neuen Europas" (Loesch 1926, S. 50) bilden. Um diesem Modell auf überstaatlicher Ebene entsprechende Weihen zu verleihen, wurde der liberal-demokratischen Staatsbürgerschaft die völkische Volksbürgerschaft entgegengestellt, der grenzübergreifende Gültigkeit unterstellt wurde. Gemäß der Auffassung von der „Eigenständigkeit des Volkstums und der Zugehörigkeit aller Deutschen zu *einem* Volk", schreibt Kurt Sontheimer mit Blick auf die Bedeutung des völkischen Anteils am antidemokratischen Denken in der Weimarer Republik, wurden die durch die Friedensverträge

„entstandenen völkischen Minderheitenprobleme, ja die neuen Staatsgründungen überhaupt, in ein kritisches Licht gerückt. Aus dem ‚Europa Irredenta', das Versailles hinterlassen hatte, sollte die Neuordnung im Sinne des völkischen Prinzips entstehen, d.h. die Staatsgrenzen sollten mit Volksgrenzen gleichlaufen. Dies und nicht allein die Wiederherstellung der alten Grenzen war das Ziel, welches die völkische Ideologie den außerordentlich regen Bemühungen der nationalen Gruppen um das Deutschtum im Ausland vorschrieb." (Sontheimer 1994, S. 247)

Die politische Perspektive verlagerte sich mit der völkischen Politik in der Weimarer Republik hin zum völkischen Subjekt Volk und weg vom bürgerlich-demokratischen Subjekt Nation (vgl. Hoffmann 1991). In der Begriffsanwendung begann parallel zum Ersetzen des Wortes Nation im allgemeinen und wissenschaftlichen Sprachgebrauch durch „Volk" auch die Ergänzung des Begriffs der Nationalitäten durch den der Volksgruppen, was – wie Martin Broszat treffend analysiert hat – eine „innere Abwendung" vom „westlichen, durch die Französische Revolution geprägten demokratisch-liberalen Begriff ‚Nation'" bekundete (1958, S. 58). Die antidemokratische Dynamik dieser Volkisierung des Politischen bestand schon im Ansinnen der Konservativen Revolution darin, die völkische Destruktion demokratischer Ordnung als „Sendungsberuf" zu verstehen, den Edgar Julius Jung bereits in der Weimarer Republik als das „Ziel aller Politik" beschworen hatte (1930, S. 627).

In der völkischen Ideologie wurden hierarchische Prinzipien des Militärs auf die herrschaftliche Ordnung übertragen und der Herrschaftsverband als organische Einheit gedacht. Der Vordenker des Austrofaschismus, Othmar Spann, etwa proklamierte eine organische Ganzheitlichkeit als Grundlage für einen autoritären

Ständestaat, der durch die Ablehnung jedweder Form von demokratischer Partizipation gekennzeichnet sein sollte. In seiner autoritären Ständestaatstheorie wird nicht nur ein Vorrang der Gemeinschaft vor dem Individuum betont, sondern die gesellschaftliche Relevanz von Individuen überhaupt infrage gestellt und der Individualismus einer scharfen Kritik unterzogen. Die als Gemeinschaft verstandene Gesellschaft galt Spann (1931, S. 9) als Organismus mit „eigener Wesenheit", die für ihn nicht aus Individuen zusammengesetzt ist, sondern *nur* als „Ganzheit" existiert, deren „Teile nicht eigentlich selbstständig, sondern gewissermaßen nur Organe dieser Ganzheit sind". Für Spanns Ständestaatstheorie hatte insofern das als geistig-kulturell homogen unterstellte Kollektiv unbedingten Vorrang, wobei er von einer „inneren Gleichartigkeit der Gemeinschaft" (ebd., S. 153) ausging. Ordnendes Prinzip sollte ein Stufenbau mit der „Unterordnung des Niederen unter das Höhere" (ebd., S. 176) auf der Basis einer organischen Gemeinschaftsvorstellung sein.

Interessengegensätze innerhalb einer politischen Ordnung wurden negiert, die liberale Trennung von Politik und Gesellschaft aufgehoben und durch eine Identität von Herrschern und Beherrschten ersetzt. Die völkische Ideologie strebte dabei eine totale Ordnung an, in der alle Lebensbereiche erfasst, organisiert und kontrolliert wurden – ohne private Räume und Freiheiten. Innergesellschaftliche Widersprüche wurden in der Ideologie der „Volksgemeinschaft" negiert und eine völkische Identität aller Staatsangehörigen angestrebt. Das Konzept der Gemeinschaft gab dabei vor, die konkurrierenden Interessen aufzuheben und suspendierte sie damit faktisch. Auf diese Weise wurden reale Konflikte negiert und – da ihr Potenzial nicht wirklich aufgehoben werden konnten – alternative, d.h. symbolische und mythische Formen zur Ausagierung vor allem im antisemitischen Weltbild institutionalisiert und in der praktizierten antisemitischen Vernichtungspolitik praktisch umgesetzt.

Die Freiheit innerhalb einer Gemeinschaft bestand nicht mehr darin, sich für oder gegen sie entscheiden zu können, sondern wurde kollektiviert: die negative Freiheit als Abwesenheit von Zwang wurde ersetzt durch eine positiv definierte, homogene Zielvorstellung bzw. Utopie des völkischen Kollektivs. Diese kollektive Unfreiheit bedeutete auch die kategorische Auflösung negativer Freiheit: denn das Kollektiv erkämpfte sich sein positives Ideal – die völkische Homogenität – gerade gegen das Individuum. Daraus resultierten starre Vorstellungen der Identifizierung, die nicht reversibel waren: es ging nicht mehr um individuelle Identitätsangebote, sondern um kollektiven Identitätszwang. Gesellschaftliche und politische Konflikte wurden damit essentialisiert, was den Wesenskern von Demokratie aufhob. Der völkische „Unstaat" (Franz L. Neumann) wurde im Nationalsozialismus zur totalen Einheitserscheinung, in dem eine bedingungslose Vorzugsstellung des Einheits-, Ordnungs- und Gemeinschaftsgedankens galt, deren Alltag im Sinne einer „totalen Mobilmachung" (Ernst Jünger) militarisiert und durch starre, ethnisierte Freund-Feind-Vorstellungen homogenisiert wurde. Entscheidungen über (Nicht-)Zugehörigkeit lagen nicht mehr beim Individuum, sondern beim völkischen Kollektiv: der „Volksgemeinschaft".

Denn dieses sei, wie Carl Schmitt formulierte, durch „existenzielles Teilhaben und Teilnehmen" (1963, S. 27) gekennzeichnet. Die unterstellte Identität von Staat und Gesellschaft wurde als Begründung dafür genommen, dass diese Identität ihrer Möglichkeit nach alles – zumindest prinzipiell – politisch mache, damit aber wiederum auch den Staat und sein spezifisches Unterscheidungsmerkmal des Politischen außer Kraft setze:

„Es ist eben der andere, der Fremde, und es genügt zu seinem Wesen, daß er in einem besonders intensiven Sinne existenziell etwas anderes und Fremdes ist, so daß im extremen Fall Konflikte mit ihm möglich sind, die weder durch eine im voraus getroffene generelle Normierung, noch durch den Spruch eines ‚unbeteiligten' und daher ‚unparteiischen' Dritten entschieden werden können." (Schmitt 1963, S. 27)

1.2 Das „völkische Volk" im Kampf gegen die demokratische Nation

Der heutige Begriffskampf der Neuen Rechten folgt dabei einem ähnlichen strategischen Ziel, wie schon die Erfindung des Terminus „Konservative Revolution" für die völkischen Vordenker des Nationalsozialismus: völkische Terminologie so erscheinen zu lassen, als sei sie nicht genuin antidemokratisch. Denn wenn es den völkischen Rebellen gelingt, den Nationalsozialismus zu entsorgen oder ihn zu bagatellisieren, sein in Begriffen geronnenes Weltbild zu verharmlosen, seine raum- und volkspolitischen Konzepte aus dem NS-Kontext zu lösen, dann eröffnet sich damit die Möglichkeit, eben jene Begriffe in der Gegenwart zu verwenden und mit ihm verbundene Konzepte wie das der völkisch-repressiven „Volksgemeinschaft" zunächst wieder verbal zu reanimieren, um es dann auch umsetzen zu können: als totalitäres Zwangs- und Unterdrückungsinstrument.

Die hierfür charakteristische, fraglos inszenierte Naivität zeigte sich an zwei Versuchen der AfD, NS-Terminologie – die Begriffe „Volksgemeinschaft" und „völkisch" – zu rehabilitieren und sie aus ihrem antidemokratischen Kontext herauszulösen.[3] Am 24. Dezember 2015 hatte die AfD Sachsen-Anhalt auf ihrer Facebook-Präsenz ein „besinnliches, friedvolles Weihnachten" gewünscht und dieses mit dem Appell verbunden, sich Gedanken „über gemeinsame Werte, Verantwortung für die Volksgemeinschaft" zu machen (zit. n. Gensing 2015). Auf einen kritischen Einwand bezüglich der Wortwahl antwortete der AfD-Landesvorsitzende von Sachsen-Anhalt, André Poggenburg, dass offenbar „einige völlig unproblematische und sogar äußerst positive Begriffe nicht benutzt werden" sollten (zit. n. ebd.). Und die AfD-Parteichefin Frauke Petry sekundierte mit mehreren Monaten Verspätung, als sie im September 2016 den Begriff „völkisch" rehabilitieren wollte und betonte, dass nun dieser NS-Terminus

---

3 Zum Begriffskampf um die Reetablierung anderer NS-Begriffe durch den AfD-Funktionär Björn Höcke siehe Kemper 2016.

wieder positiv aufgeladen werden müsse (vgl. Balzli/Kamann 2016).

Diese Bemühungen der AfD zeigen, dass man faktisch ignorieren möchte, dass der Begriff „Volksgemeinschaft" historisch eindeutig durch den Nationalsozialismus belegt ist (vgl. Brunner u.a. 2011; Reeken/Thießen 2013; Schmiechen-Ackermann 2012; Schyga 2015; Wildt 2012). Aber selbst wenn man sich auf den Standpunkt historischer Naivität zurückziehen würde, ist der Begriff in einer Demokratie unhaltbar: in Verbindung von „Volk" und „Gemeinschaft" liegt ein doppelter Ausschluss, der nur ethnisch, aber nie demokratisch gedacht werden kann (vgl. Salzborn 2005a). Das „Volk" als Gegenbegriff zur westlichen „Nation" wird nicht durch rationale, demokratische Kriterien wie beispielsweise den subjektiven Willen (dazugehören zu wollen – oder auch nicht) bestimmt, sondern durch vorpolitische Dimensionen wie die Phantasie einer gemeinsamen Abstammung als Kollektiv. Und die „Gemeinschaft" steht, wird sie so verwandt, in Gegnerschaft zur „Gesellschaft": der offenen und pluralen, widersprüchlichen und letztlich freiwilligen Form des Zusammenschlusses (vgl. Salzborn 2012a). In der „Volksgemeinschaft" geht es hingegen nur um Zwang, der nach innen wie außen repressiv und totalitär ist. Deshalb ist die Idee einer Volksgemeinschaft auch *generell* nicht mit den Vorstellungen von Demokratie vereinbar. Dass das Konzept der „Volksgemeinschaft" nicht nur aus politischen und historischen Gründen genuin antidemokratisch ist, sondern auch demokratiefeindlich im Sinne einer grundsätzlichen Unvereinbarkeit mit der bundesdeutschen Verfassung, hat auch das Bundesverfassungsgericht Anfang 2017 höchstrichterlich bestätigt:

„Dieses politische Konzept missachtet die Menschenwürde aller, die der ethnischen Volksgemeinschaft nicht angehören, und ist mit dem grundgesetzlichen Demokratieprinzip unvereinbar." (BVerfG 2017)

Wird von den neurechten Rebellen heute der Begriff „Volksgemeinschaft" ins Zentrum gerückt, dann korrespondiert das unmittelbar mit völkischem Denken (vgl. Puschner/Großmann

2009) – nicht zufällig hat Petry ja auch diesen im seismografischen Zentrum rechtsextremen Denkens lokalisierten Begriff in einem ersten Anlauf zu rehabilitieren versucht: völkisch. Das *völkische* Volk ist der Gegenentwurf zur demokratischen Nation, während in der demokratischen Nation alle Bürger/innen ungeachtet ihrer kulturellen, religiösen oder ethnischen Selbstzuschreibungen politische Subjekte sind, fordert das Konzept des *völkischen* Volkes den Ausschluss aller Menschen, die nach vorpolitischen Kriterien – also solchen, die rein zufällig und ohne bewusste Entscheidung des Menschen von Dritten als relevant unterstellt werden – nicht zu einem ethnisch homogen phantasierten Kollektiv gehören. Das Subjekt der demokratischen Nation ist der *Demos* (griech. dēmos: Staatsvolk/Gemeinde), während das *völkische* Volk den *Ethnos* (griech. éthnos: Volksstamm) als Grundlage seines Politikverständnisses erklärt. Dabei soll der realexistierende und tatsächlich vorhandene *Demos* gemäß des Primats der Ethnopolitik zum *Ethnos* transformiert werden, wobei die Verstetigung des Glaubens an eine völkischen Kollektividentität durch Einleitung eines Ethnisierungsprozesses erfolgt, „in dessen Verlauf zunächst konstitutiv belanglose Momente *schrittweise in konstitutiv relevante Eigenschaften transformiert* werden, um eine gesonderte soziale Gruppe zu erzeugen." (Bukow 1990, S. 423, Herv. i. Orig.)

In diesem Ethnisierungsprozess will das völkische Denken dann die Gesellschaft zur Gemeinschaft transformieren, den Pluralismus der Interessen zum Monismus der Identität, das Denken zum Handeln, den Konflikt zum Schicksal, den Gegner zum Feind und den Streit zum Kampf. Die begriffliche Annäherung an die Volksgemeinschaft und das völkische Denken geht somit einher mit einer Ablehnung des modernen (westlichen) Nationenbegriffs, der nicht vom politischen Prinzip des *Ethnos* geleitet ist, sondern von dem des *Demos* (vgl. Smith 1991, S. 8 ff. Siehe zum Überblick über den Forschungsstand Salzborn 2011a; Wehler 2001).

Die sich auf das *Demos*-Modell gründende Nationenkonzeption geht von dem Prinzip aus, dass sich die Bevölkerung ungeachtet anderer Kriterien wie etwa Sprache, Herkunft, Kultur und sozialem Status als Staatsnation aufgrund eines Souveränitätsgedankens konstituiert und dabei die staatliche Souveränität ausübt, d. h. qua festgelegter Repräsentanzmechanismen über sich selbst herrscht (vgl. Anderson 1983; Döhn 1996; Gellner 1983; Hobsbawm 1990). Angehöriger der Nation ist man in dieser Gesellschaftskonzeption nicht einfach bloß durch förmliche Staatsangehörigkeit, sondern im vollen Sinne des französischen *Citoyen* als Staatsbürger/in, der/die sich in freier Selbstbestimmung im gesetzlichen Rahmen zur Zugehörigkeit zur Nation bekennt und den diese konstituierenden Staat mitträgt:

„Angehöriger der Nation und gleich mit ihren anderen Mitgliedern ist man also, obwohl es faktisch in der Regel so ist, nicht durch Hineingeborenwerden. Dies sowie Rasse, Bekenntnis, Sprache, Sitten, Kultur, gemeinsame Geschichte und andere Merkmale machen somit nicht wie im Nationalismus des Ethnos die Zugehörigkeit zur Nation aus. Sie sind weder Wurzel noch Grundlage noch Ziel der Nation." (Döhn 1996, S. 425)

Im Gegensatz hierzu sind die auf das Theorem des *Ethnos* aufbauenden Einstellungen, Konzeptionen und politischen Bewegungen zu sehen, die der Nation eine ethnische/völkische Interpretation zu Grunde legen. In dieser wird eine Identität von Angehörigen der ethnischen/völkischen Gruppe, des von ihr besiedelten Territoriums und formaler Zugehörigkeit zu der jeweiligen (regional)staatlichen Organisation angestrebt. Das Moment der Ethnizität bildet in diesem Konzept den Dreh- und Angelpunkt, und zwar besonders als konstitutive Grundlage des Volkes, das als homogenes Kollektiv verstanden wird.

Wie auch bei den auf dem Prinzip des *Demos* basierenden Konzeptionen wird auch hier das Prinzip des Selbstbestimmungsrechts eingefordert, das sich jedoch in diesem Fall nicht ausschließlich auf das Individuum und somit die einzelnen Angehörigen der Nation als Subjekte bezieht, sondern auf das als geschlossene Gemeinschaft verstandene Volk:

„Anders als im Nationalismus des Demos ist Volkssouveränität als Selbstbestimmung im Nationalismus des Ethnos nicht angelegt. Er kann sie sich inkorporieren oder fallweise, aber als Äußerliches und nicht genuin Dazugehöriges angliedern." (Döhn 1996, S. 429)

Obwohl dem Prinzip des *Ethnos* eine Identität und Homogenität der Volksangehörigen, des von diesen besiedelten Gebietes und der formalen Zugehörigkeit zu dieser politischen Ordnung als Ziel vorschwebt, zeigt die Praxis, dass auch in Staaten, deren Selbstverständnis und Staatsbürgerschaftskonzeption vom Prinzip des *Ethnos* ausgeht, nicht alle Staatsangehörigen auch zum Volk gerechnet werden, sondern diesen aus völkischen Motiven die Zugehörigkeit zum Kollektiv verweigert wird. Damit ist der Begriff der Staatsangehörigkeit, wie Lutz Hoffmann es formuliert hat, vom staatsrechtlichen Bereich in die „vor- und außerstaatlichen Gefilde des Ethnischen und Kulturellen" gewandert, wobei der Staat zugleich seine Souveränität an das „mythische Gebilde eines Volkes" abtritt, das vom „überlieferten Wir-Gefühl der geborenen Staatsangehörigen" definiert wird (Hoffmann 1994, S. 261). Denn das Gemeinschaftsbewusstsein, sei es nun real vorhanden oder nicht, wird als natürlich apostrophiert und ist damit dem Bereich der rationalen Nachprüfbarkeit ebenso entzogen, wie auch die völkische Implementierung des Nationalstaates als nicht hinterfragbar gilt. In der Idee des völkischen Volks sind sie zu letztinstanzlichen Totalitäten geworden – für oder gegen die sich das Individuum nicht mehr selbst entscheiden darf und damit als politisches Subjekt zerstört wird.

2 Die Neue Rechte
in der Bundesrepublik

Bisher wurde in der Darstellung nur angedeutet, was neurechte Positionen und Strategien sind, ohne detaillierter auf Geschichte und Weltbild der Neuen Rechten einzugehen. Der Begriff Neue Rechte ist einer derjenigen Termini in der Rechtsextremismusforschung, die sehr unterschiedlich und nicht selten diffus verwandt werden. Es existieren mindestens drei Begriffsverständnisse, die sich oft überlappen. Zum einen wird der Begriff – sehr weit gefasst – für rein zeitliche Veränderungen im Rechtsextremismus verwandt, zum anderen – sehr eng gefasst – mit Blick auf alle Strömungen der extremen Rechten, die sich selbst als neurechts verstehen und schließlich – vor allem in analytischer Intention – als Kategorie, die nicht nur die Selbstbeschreibung einzelner Akteurinnen und Akteure umfasst, sondern darüber hinaus auch funktional danach fragt, was oder wer als Neue Rechte im Rechtsextremismus beschrieben werden kann bzw. sollte. Gemeinsam ist allen Differenzierungsansätzen, dass sie die Neue Rechte von einer – wie auch immer konkret gefassten – alten Rechten abgrenzen: zeitlich, phänomenologisch oder systematisch.

Rein phänomenologisch betrachtet findet sich der Begriff Neue Rechte in Deutschland seit den 1970er Jahren, organisatorisch verbunden mit der Gründung der Aktion Neue Rechte im Jahr 1972, die ihrerseits an die französische Nouvelle Droîte anschloss. Mit Blick auf die Neue Rechte besteht dahingehend Übereinstimmung in der Selbstbeschreibung und der analytischen Fremdzuschreibung, dass die substanziellen Unterschiede zu anderen Strömungen des Rechtsextremismus in dem Wandel der politischen Strategie und deren weltanschaulichen Inhalte der Neuen Rechten liegen. Die Hochzeit der nationalen wie internationalen Diskussion über die Neue Rechte in der Bundesrepublik war in den 1990er Jahren. Viele Studien in Deutschland erschienen bereits etwas früher, wie die Studien von Iring Fetscher

(1983), Martina Koelschtzky (1986), Margret Feit (1987) und Thomas Assheuer/Hans Sarkowicz (1990), international haben sich vor allem die Arbeiten von Michael Minkenberg (1993), Michael O'Meara (2004), Roger Woods (2007) und Tamir Bar-On (2008; 2013) als grundlegend erwiesen.

Der Grund, aktuell wieder einen intensiveren Blick auf die Neue Rechte zu werfen, besteht darin, dass sich der bundesdeutsche Rechtsextremismus in jüngerer Vergangenheit nachhaltig gewandelt hat und dabei stark von den völkischen Rebellen der Neuen Rechten geprägt ist. Es spricht vieles dafür, dass die gegenwärtige Rechtsentwicklung in der bundesdeutschen Gesellschaft insofern viel mit einer Renaissance eben dieser Neuen Rechten zu tun hat (vgl. Speit 2016a; Weiß 2017).

2.1 Entstehung, Ideologie und Strategie der Neuen Rechten

Das politische Ziel der Neuen Rechten lässt sich im Wesentlichen unter zwei Schlagworten zusammenfassen: die Intellektualisierung des Rechtsextremismus durch die Formierung einer intellektuellen Metapolitik und die Erringung einer (rechten) „kulturellen Hegemonie" (vgl. Griffin 2000; Pfahl-Traughber 1998). Das metapolitische Anliegen der Neuen Rechten betont die intellektuellen Schwächen weiter Teile der rechtsextremen Szene und setzt gegen deren Theorie- und Kulturabstinenz die Forderung, eigene Politikansätze intellektuell begründen und damit rechtfertigen zu müssen. Diese Intellektualisierung fußt auf der Idee einer Metapolitik mit dem Ziel einer konservativen Kulturrevolution:

„[...] the New Right is prepared to ally with a ‚modernity' faithful to Europe's daring spirit – that is, to a modernity that frees Europeans from what is dead in their culture. At the same time, though, it rejects everything seeking growth not in Europe's expansive spirit, but in its negation – specifically in the functional – and ethnocidal – culture fostered by liberal market societies." (O'Meara 2004, S. 51)

Insofern meint die metapolitische Intellektualisierung im Sinne der Neuen Rechten auch, dass die völkischen Positionen, die unter anderem von der Neuen Rechten vertreten werden, umfangreich begründet und mit Referenzen aus der Geistes- und Ideengeschichte fundiert werden sollen. Gleichzeitig betont Roger Griffin (2000, S. 35) zurecht, dass die metapolitischen Ideen der Neuen Rechten nach wie vor einen Überrest faschistischer Ideologie in ihrem Aufruf nach kultureller Erneuerung enthalten. Dabei geht es der Neuen Rechten um „kulturelle Hegemonie", d.h. sie ist eine lose Bewegung, die politische Macht gerade nicht durch Erringung von parteipolitischer Regierungsverantwortung erreichen will, sondern ihre Positionen gesellschaftlich als hegemonial durchsetzen möchte, wobei der Kampf um „kulturelle Hegemonie" stets kulturpessimistische Züge trägt (vgl. Woods 2007, S. 25). Das kann zwar auch bedeuten, dass eine Partei ihre Positionen offen und direkt oder schleichend übernimmt, orientiert aber mehr darauf, Einstellungen und Werthaltungen auf einer breiten gesellschaftlichen Ebene zu beeinflussen.

Der historische Entstehungszusammenhang der Neuen Rechten ist das Scheitern der neonazistischen NPD auf dem parlamentarischen Weg Ende der 1960er Jahre. Als die NPD bei der Bundestagswahl 1969 knapp an der Fünf-Prozent-Sperrklausel scheiterte und damit ihren vorherigen Höhenflug der erfolgreichen Einzüge in mehrere Länderparlamente nicht fortsetzen konnte, differenzierte sich wie bereits angerissen die rechtsextreme Szene zunächst in zwei Flügel, die sich vor allem in ihrer Problemanalyse für dieses Scheitern unterschieden: einen Flügel, der den Weg in außerparlamentarische, paramilitärische und terroristische Organisationen fand, vertrat die Auffassung, die NPD sei zu legalistisch gewesen, es sei für neonationalsozialistische Ansätze ein Fehler, sich überhaupt auf die Spielregeln des Parlamentarismus einzulassen, stattdessen müsse die Demokratie durch einen gewaltsamen Umsturz abgeschafft und ein diktatorisches Regime auf Basis von unmittelbarer Gewaltausübung errichtet werden. Der andere Flügel attestierte als Grund für das Scheitern der NPD deren mangelnde Intellektualität und orientierte sich strategisch nicht auf einen Kampf um die Straße, sondern einen Kampf um die Köpfe (vgl. Salzborn 2015c): die Menschen müssten von rechtsextremen Ansichten überzeugt werden, man müsse zunächst – so der von dem italienischen Marxisten Antonio Gramsci entlehnte Begriff – einen Kampf um die „kulturelle Hegemonie" führen und dabei, dies zeigte schon die Begriffsadaption, auch mit Strategien der politischen Mimikry arbeiten, also sich Begriffe und Strategien des politischen Gegners abschauen und selbst camouflagiert in den öffentlichen Diskurs einwirken (vgl. Gessenharter 1994; Greß u. a. 1990; Schmidt 2001a, 2001b).

Die Neue Rechte entstand in Deutschland also auch als bewusster Gegenpol zur in den späten 1960er Jahren entstehenden Neuen Linken der Anti-Vietnamkriegs- und Studierendenprotestgeneration, die von dieser bestimmte strategische Ansätze übernimmt, man könnte auch sagen: plagiiert (vgl. Wamper u. a. 2010). Dazu zählt auf der einen Seite die Strategie, losen Zirkeln und Gruppen den Vorzug vor einer großen, einheitlichen Organisation zu geben, zum anderen die starke Orientierung auf die intellektuelle Auseinandersetzung im medialen Raum und schließlich auch der fluide Charakter von vorhandenen Organisationen, an die sich im Spektrum der Neuen Rechten weniger geklammert wurde, als beispielsweise im Parteienspektrum. So nimmt es auch wenig Wunder, dass nicht nur die als Abspaltung von der NPD 1972 gegründete Aktion Neue Rechte schnell in der Bedeutungslosigkeit verschwand, die neurechten Wertvorstellungen allerdings an anderen Orten weiter diskutiert und lanciert wurden und werden.

Die 1970er Jahre waren auch das Jahrzehnt der Gründung zahlreicher Publikationsorgane, die sich teilweise zu wesentlichen Organen der neurechten Szene entwickelten, wie z. B. das bieder aufgemachte Magazin *Criticón*. Andere gingen, nachdem in ihnen einflussreiche Debatten geführt wurden, sie aber an Verbreitung verloren hatten, sang- und klanglos unter, wie die nationalrevolutionäre Zeitschrift *wir selbst*, deren Chefideologe Henning Eichberg in der Frühphase der neurechten Bewegung maßgeblichen Einfluss auf die Ideologieproduktion, aber auch die Brückenbildung bis in die grün-alternative Szene hatte (vgl. Heni

2007). Ebenfalls nicht zu unterschätzen, wenngleich auch erst in den späten 1980er, frühen 1990er Jahren wirklich einflussreich in der bundesdeutschen Szene, war die französische Nouvelle Droite mit ihrem organisatorischen Kern des Thinktanks GRECE um den Chefdenker Alain de Benoist (vgl. Bar-On 2013). Benoist war im Bereich der Begriffspolitik vor allem durch sein Konzept des *Ethno-Différencialisme* prägend (vgl. Camus/Lebourg 2015; Taguieff 1994; Spektorowski 2003, S. 111 ff.) – eine Variation der völkischen Ungleichheitsideologie des Rechtsextremismus, die allerdings kulturalistisch und nicht rassistisch argumentiert und an die das Konzept des „Ethnopluralismus" anknüpft, dessen Formulierung in Deutschland wesentlich Henning Eichberg zugeschrieben wird.

Die politische Strategie der Neuen Rechten ist, in Erweiterung der Aspekte einer (weitgehenden) Organisationslosigkeit und der Adaption linker Kulturtechniken, gekennzeichnet durch eine politische Mimikry und den Versuch, eine intellektuelle Metapolitik mit dem Ziel einer konservativen Kulturrevolution zu betreiben. Auch hier sind die terminologischen Adaptionen an die politische Linke, insbesondere an Gramsci unübersehbar; das strategische Ziel besteht darin, durch Mimikry – also durch äußerliche terminologische Anpassung an die jeweilige politische und mediale Umgebung – die eigenen Ziele zu verschleiern und so in den gesellschaftlichen Mainstream hineinzuwirken, diesen nicht einfach nur in Detailfragen zu verändern, sondern im Sinne einer Metapolitik grundlegende Denkrichtungen einer Gesellschaft zu prägen und zu bestimmen, um so den Bereich der (politischen) Kultur zu besetzen, der dann – mittel- oder langfristig – auch zu einer politischen Neuordnung im Sinne der Neuen Rechten führen soll. Es ist also ein Umweg, der auch scheinbar vor- und unpolitische Felder wie Kunst und Musik einschließt, als Teil der strategischen Erwägungen jenseits der Parteiförmigkeit des Rechtsextremismus.

Mit Blick auf die weltanschaulichen Ankerpunkte der Neuen Rechten muss zunächst betont werden, dass das Adjektiv „neu" tendenziell auf eine falsche Fährte lockt – denn, mit Ausnahme des Terminus des „Ethnopluralismus", ist nichts an der Weltanschauung der Neuen Rechten wirklich neu (vgl. Bötticher 2008).Vielmehr nimmt sie ausdrücklich und explizit Anleihe bei der Konservativen Revolution der Weimarer Republik, deren Protagonisten, wie bereits erwähnt, weltanschauliche Vordenker und Wegbreiter des Nationalsozialismus waren, zugleich diesem aber intellektuell überlegen waren. Insofern sind die ideengeschichtlichen Referenzen innerhalb der Neuen Rechten auch jene Intellektuelle der Weimarer Zeit, die das weltanschauliche Grundgerüst des Nationalsozialismus – direkt oder indirekt – geprägt haben, wie Max Hildebert Boehm, Arthur Moeller van den Bruck, Oswald Spengler, Othmar Spann, Martin Heidegger, Georges Sorel, Edgar Julius Jung, Ernst Niekisch und Ernst Jünger (vgl. Herf 1984; Woods 1996). Und ganz besonders Carl Schmitt.

Die Neue Rechte geht dabei, wie alle Teilsegmente des Rechtsextremismus, von einer Ungleichheit der Menschen aus, die nach wie vor ethnisch, aber nicht mehr explizit rassistisch zu begründen versucht wird und deren Antiuniversalismus nicht, wie in der NS-Ideologie, in der Vernichtungs-, sondern einer Segmentierungsvorstellung mündet, der konsequenten räumlichen Separierung und geopolitischen Trennung von Menschen nach ethnisch-kulturalistischen Kriterien („Ethnopluralismus"). Diese ethnische Kategorialtrennung basiert auf einem homogenisierenden und soziobiologischen Differenzdenken, in dem einerseits Menschen nur in ihrer ethnisch-kulturellen Identität – und nicht in ihrer Subjektivität und Individualität – gedacht werden, immer nur als Teil eines (unabänderlichen) Kollektivs, das anderen Kollektiven gegenüber- und entgegensteht, im Sinne einer auch kämpferisch und kriegerisch gedachten Freund-Feind-Dichotomie, die sich mit einem heroischen Männlichkeitsideal zur „männlichen Nation" (Kämper 2005) amalgamiert. Mit Blick auf den Gesellschaftsaufbau dominiert innenpolitisch ein völkischer Nationalismus in Verbindung mit einem autoritären Etatismus, der sich außenpolitisch in ethnopluralistische Konzepte übersetzt. Ein gewichtiger Faktor in der neurechten Diskussion ist zudem die Spiritualität und das Ganzheitlichkeitsdenken, was nicht nur eine organische und hierarchische Staatsorganisation umfasst, sondern auch eine starke Hinwendung zu religiösen Vorstellungen, neben christlich-fundamentalistischen Programmatiken besonders zu neuheidnischen, naturreligiösen oder germanischen Vielgötterglauben. Bar-On bezeichnet dies als Suche nach einer neuen Religion des Politischen (Bar-On 2013, S. 110).

2.2 Aufstieg und Niedergang der Neuen Rechten

Die Hochzeit der Neuen Rechten in Deutschland sind zweifelsfrei die frühen 1990er Jahre, was nicht zuletzt aus dem Kontext der sogenannten geistig-moralischen Wende resultiert, die die konservativ-liberale Bundesregierung unter Bundeskanzler Helmut Kohl (CDU) seit 1982 proklamiert und die sich, nicht nur weltanschaulich, sondern auch personell, in den 1990er Jahren nachhaltig verfangen hatte: denn das Programm, ein völkisches Nationenselbstverständnis (wieder) salonfähig zu machen, die offizielle Geschichtsschreibung mit Blick auf den Nationalsozialismus zu revidieren und sich selbst zu Opfern zu stilisieren, waren während der der Regierung Kohl wesentliche Politikinhalte nicht nur der extremen Rechten, sondern der staatsoffiziellen bundesdeutschen Politik. Insofern waren die Gelegenheitsstrukturen für die Neue Rechte günstig: Das grundsätzliche Klima in der Bundesrepublik war staatsoffiziell rechtskonservativ, das Asylrecht 1993 mit den Stimmen fast aller Parteien so nachhaltig eingeschränkt, dass zeitgenössisch oft von dessen faktischer Abschaffung gesprochen wurde, die rassistischen Morde und Anschläge auf Unterkünfte von Asylbewerber(inne)n über lange Zeiträume von der Staatsgewalt toleriert und oft nur mit der Sorge bedacht, sie könnten dem Ansehen Deutschlands in der Welt schaden. In diesem politischen Klima konnten neurechte Positionen auch außerhalb der rechtsextremen Szene Fuß fassen (vgl. Minkenberg 1992, 2001; Schönwälder 1995).

So hatten es auch einige neurechte Intellektuelle geschafft, in den Medien ein Netzwerk der gegenseitigen und wechselseitigen Rezeption zu etablieren, die die eigenen Thesen einer größeren Öffentlichkeit bekannt machten (vgl. Junge u.a. 1997; Butterwegge/

Hentges 1999). Im Fahrwasser des Historikerstreits war es dem wichtigsten Vordenker der Neuen Rechten in Deutschland, Karlheinz Weißmann gelungen, seine Sicht über den Nationalsozialismus 1995 in der renommierten Reihe *Propyläen Geschichte Deutschlands* unterzubringen. Kurz nach Erscheinen wurde der Band wegen seiner geschichtsrevisionistischen Positionen wieder vom Markt genommen.[4] Neurechte und rechtsextreme Intellektuelle lancierten weit verbreitete Aufrufe wie den zum 50. Jahrestag der Befreiung vom Nationalsozialismus unter dem Titel „8. Mai 1945 – Gegen das Vergessen" (FAZ, 7. April 1995), dessen Intention es war, die Deutschen zu Opfern zu stilisieren und die deutsche Verantwortung für den Nationalsozialismus klein zu reden – an sich nichts ungewöhnliches in der rechtsextremen Szene, nur dass dieser Aufruf nicht einfach in rechten Postillen erschien, sondern in der meinungsführenden *Frankfurter Allgemeinen Zeitung* – und hier, was auf die Strategie der Verwischung der Grenzen zwischen Rechtsextremismus und politischer Mitte verwies, auch gemeinsam mit zahlreichen Unterschriften von Politikern des rechtskonservativen Flügels der CDU/CSU und des nationalliberalen Flügels der FDP (vgl. Braunthal 2009, S. 152 f.).

Zugleich war die in den 1990er Jahren als Flaggschiff der Neuen Rechten geltende Wochenzeitung *Junge Freiheit* (vgl. Braun/Vogt 2007; Kellershohn 1994, 2013) um intensive, intellektuell anspruchsvolle Debattenführung und Lancierung von Themen bemüht, und die im neurechten Spektrum anzusiedelnden Monatsmagazine wie *Criticón* und *Mut* schafften es nicht nur, immer wieder auch Autor(inn)en außerhalb des rechten Spektrums zu gewinnen, sondern auch, neben politischen und historischen Themen, ästhetisch-kulturelle Fragen intensiv zu thematisieren. Mitte/Ende der 1990er Jahre wurden aber die Differenzen innerhalb des Konservatismus wieder stärker – das mag zum einen damit zu tun haben, dass eine der wenigen in Sachen Rechtsextremismus aufmerksamen Verfassungsschutzbehörden (die von Nordrhein-Westfalen) begann, sich intensiv mit der

---

4 Zu Weißmanns Geschichtsrevisionismus siehe Renner 2016.

Neuen Rechten als Teil des Rechtsextremismus zu befassen, zum anderen damit, dass die Detailstudien zu Teilaspekten der rechtsintellektuellen Bewegung deutlich zunahmen und in der deutschsprachigen Rechtsextremismusforschung intensive Reflexionen sowohl über die (neu-)heidnischen und esoterischen (vgl. Heller/ Maegerle 2001), die ökologisch-lebensschützenden (vgl. Geden 1996; Wölk 1992), die männerbündischen (vgl. Heither u.a. 1997; Kurth 2004) oder auch die geschichtsrevisionistischen Aspekte (vgl. Salzborn 2000; Wiegel 2001) stattfanden. Zentral dürfte schließlich aber auch gewesen sein, dass die „geistig-moralische" Vorherrschaft des rechten Konservatismus in den Unionsparteien nicht nur durch den rot-grünen Regierungswechsel 1998 politisch gebrochen wurde, sondern dass der offen rassistische Flügel in der CDU/CSU zunehmend von erneut stärker transatlantisch orientierten Kräften dominiert wurde und insofern auch innerparteilich an Einfluss verlor.

Außerdem sollte auch nicht vernachlässigt werden, dass gerade im Bereich der neurechten Medien selbst das intellektuelle Potenzial geradezu dramatisch zusammenbrach, es etwa bei der *Jungen Freiheit* eine massive Entintellektualisierung gegeben hat und die bundesdeutsche Rechte an ihr intellektuelles Potenzial der 1990er Jahre über längere Zeiträume hinweg zunächst nicht mehr anknüpfen konnte, schlichtweg weil das (Diskussions-) Niveau (wieder) deutlich einfältiger und primitiver geworden ist. Eines der großen, einflussreich intendierten Werke der Neuen Rechten, das vom *Criticón*-Chef Caspar von Schrenck-Notzing herausgegebene *Lexikon des Konservatismus* (1996), das sich vor allem dadurch auszeichnete, dass es um nachhaltige Differenzverwischungen zwischen Konservatismus und Rechtsextremismus bemüht war und zugleich auf ästhetisch-kulturellem Gebiet Dominanz entwickeln wollte, erschien nicht nur in einem abseitigen österreichischen Verlag, sondern verpuffte in der Szene weitgehend, die *Frankfurter Allgemeinen Zeitung* (5. Mai 1997) – wenige Jahre zuvor noch ein wichtiger Hebel neurechter Intellektueller, um ihre Positionen zu platzieren – verriss es in wenigen Zeilen wegen seiner einseitigen Ausrichtung sogar als „schwachbeinig".

Seit den späten 1990er Jahren hat sich insofern der Einfluss der Neuen Rechten gewandelt, was auch an der sozialwissenschaftlichen Diskussion abzulesen ist: die von Wolfgang Gessenharter und Hartmut Fröchling bzw. Wolfgang Gessenharter und Thomas Pfeiffer herausgegebenen Bände *Rechtsextremismus und Neue Reche in Deutschland. Neuvermessung eines politisch-ideologischen Raumes?* (1998) und *Die Neue Rechte – eine Gefahr für die Demokratie?* (2004) diskutierten nun vor allem funktionale Aspekte der Neuen Rechten: War sie ein Scharnier, war sie eine Brücke, war sie ein Bindeglied zum Konservatismus? Sollte man also die Neue Rechte als rechtsextremen Teil des Konservatismus begreifen – oder als vom Konservatismus zunächst unabhängige Strömung des Rechtextremismus? Oder zielte sie möglicherweise, fluktuierend zwischen allen Szenen, vor allem darauf, ihre kulturalistisch-völkische Sichtweise in möglichst vielen politischen Spektren zu lancieren und platzieren, war sie also, wie ein Begriff in der Debatte lautete, möglicherweise ein politisches Chamäleon?

Damit führte die Diskussion zurück in einen Bereich, der in der bundesdeutschen Rechtsextremismusforschung immer wieder diskutiert worden war – die sogenannte Grauzone bzw. das sogenannte Brückenspektrum. Also dasjenige Spektrum von Organisationen, die sich selbst nicht als Teil des Rechtsextremismus sehen, aber weltanschaulich in wesentlichen Punkten mit rechtsextremen Positionen übereinstimmen und durch personelle oder organisatorische Überschneidungen selbst immer wieder Brücken zwischen Konservatismus und Rechtsextremismus bauen. Der Begriff der Grauzone betont den stufenweisen weltanschaulichen Übergang vom Rechtsextremismus zur politischen Mitte, der des Brückenspektrums die Funktion bestimmter Gruppen für die Etablierung des Rechtsextremismus in der Mitte der Gesellschaft. Analytisch ist der Begriff schwach, weil eine Grauzone letztlich alles sein kann und damit faktisch nichts ist (vgl. Salzborn 2012b). Die zwei wichtigsten sozialen Milieus, die weltanschaulich wie organisatorisch über längere Traditionen verfügen und strukturell in dieses Spektrum fallen, sind die Vertriebenenverbände (vgl. Salzborn 2000, 2001) und die Studenten-

verbindungen, vor allem die Burschenschaften, die Gildenschaf-
ten und die VDSt-Verbindungen (vgl. Heither u.a. 1997; Projekt
„Konservatismus und Wissenschaft" 2000).

Beide verbindet eine starke völkische Traditionsorientierung,
ein reaktionäres Familien- und antifeministisches und homopho-
bes Geschlechterbild, ein Festhalten an organisatorischen und
gesellschaftlichen Hierarchien ebenso, wie eine rassistisch und/
oder ethnoplural begründete Ablehnung des Universalitätspostu-
lats und damit ein völkisches Menschen- und Gesellschaftsbild
sowie eine starke Tendenz zu geschichtsrevisionistischen Positionen, insbesondere mit Blick auf die Umkehr des Täter-Opfer-
Verhältnisses. Damit vertreten beide Milieus, die sich oft auch
personell mit dem organisierten Rechtsextremismus überlappen,
wesentliche Aspekte der neurechten Weltanschauung, die zwar
nicht aus dieser Tradition stammen, aber trotzdem dieselben
soziostrukturellen Funktionen erfüllen, wie die Neue Rechte sich
ihr programmatisch verschrieben hat. Insofern erweiterten sich
die Debatten der deutschen Rechtsextremismusforschung über
die Neue Rechte zunehmend (wieder) in Richtung eines intellektuellen Brückenspektrums, das selbstbeschreibend zwar nicht Teil
der Neuen Rechten ist, ihr weltanschaulich aber nahesteht (vgl.
Butterwegge u.a. 2002; Schmidt 2001a, 2001b; Weiß 2011).

2.3 Der Wiederaufstieg der Neuen Rechten: Strategien zwischen Metapolitik und kultureller Hegemoniegewinnung

Waren die späten 1990er und frühen 2000er Jahre die Zeit des
Niedergangs der Neuen Rechten in der Bundesrepublik und ihrer
öffentlichen Marginalisierung, so waren sie zugleich auch die Zeit
der internen Sammlung und Reorganisation neurechter Strukturen. Fernab der großen öffentlichen Bühne wurden neue Organisationen und Zeitschriften gegründet, neue Aktionsformen entwickelt und über die Frage diskutiert, in welcher Weise denn der
Anspruch auf eine rechte kulturelle Hegemonie durch eine intellektuelle Metapolitik mit dem Ziel einer konservativen Kulturre-

volution erreicht werden könnte. Diese Entwicklungen lassen sich in zwei Bereiche systematisieren: Einerseits die Gründung und Etablierung neuer Publikationsorgane und Organisationsstrukturen im neurechten Spektrum sowie die Entwicklung neuer Aktions- und Agitationsformen zur Reetablierung öffentlicher Wahrnehmung von neurechten Positionen, etwa durch eine grundlegend modifizierte Demonstrationspolitik; andererseits die Entstehung einer neuen, sich zunächst formal gegenüber dem Neonazismus abgrenzenden rechten Partei, der AfD.

In diesen beiden Feldern lagen und liegen aber auch substanzielle Differenzen in der neurechten Szene, denn es liegt auf der Hand, dass eine reine Kulturpolitik im Widerspruch zu der Idee einer Parteigründung steht. Anders gesagt: in der neurechten Szene der Bundesrepublik hat sich seit den 2000er Jahren zunehmend ein Widerspruch zwischen den beiden zentralen Paradigmen der Neuen Rechten zugespitzt: denn während das Paradigma der Intellektualisierung durch Metapolitik letztlich eine unbedingte Parlamentarismusabstinenz unterstellt, zielt das Paradigma der Erringung einer kulturellen Hegemonie im Gegenteil letztlich auf den unbedingten und wie auch immer herbeigeführten Einflussgewinn, so dass die Frage, ob eine rechte Partei Gegenstand neurechter Strategien sein kann, kontrovers diskutiert wird.

2.3.1 Intellektualisierung durch Metapolitik: Das Paradigma der unbedingten Parlamentarismusabstinenz

Im Umfeld der Wochenzeitung *Junge Freiheit*, die in den 1990er Jahren das Flaggschiff der Neuen Rechten und maßgeblich für die Verbreitung eines völkischen Nationalismus in der öffentlichen Debatte verantwortlich war, entwickelten sich – nach dem vorübergehenden intellektuellen Niedergang der Zeitung – in den beginnenden 2000er Jahren mehrere Projekte zur Reorganisation der Neuen Rechten. Der *Jungen Freiheit* selbst kommt dabei nach wie vor die Funktion der Strukturierung von Debatten und der Integration verschiedener rechter Strömungen zu, wobei sie mit einer aktuell verkauften Auflage von rund 28.000 Exemplaren wöchentlich (Stand: 6/2016; zum Vergleich: Anfang 2008 waren es noch etwas mehr als 15.000) die Rolle eines rechten Leitmediums erfüllt.

Die Entwicklung der Neuen Rechten seit der Jahrtausendwende vollzog sich in zwei unterschiedlichen Schritten: Der erste bestand in der Schaffung neuer Institutionen bzw. Organisationen, vor allem dem Institut für Staatspolitik (IfS) und der Bibliothek des Konservatismus, sowie der Gründung neuer Zeitungsprojekte, vor allem der *Sezession* und der *Blauen Narzisse*. Der zweite Schritt bestand in der Entwicklung und dem Einsatz neuer Formen sozialer Bewegung von rechts, vor allem in der Adaption der Identitären Bewegung in Deutschland und die Entstehung der rassistischen Pegida-Bewegung (Pegida steht für „Patriotische Europäer gegen die Islamisierung des Abendlandes"). Auf die Phase der Reorganisation der eigenen Strukturen als Ausweg aus der objektiven Marginalisierung der Neuen Rechten um die Jahrtausendwende folgte insofern die Transformation der weltanschaulichen und strategischen Reetablierung in die Form sozialer Bewegungen. In allen Fällen blieb das Paradigma der unbedingten Parlamentarismusabstinenz zunächst zentral, wobei Pegida durch die Kooperationen mit der AfD dieses Paradigma objektiv als erstes aufweicht und insofern Teil einer ambivalenten Strategie der Metapolitik darstellt.

Die beiden zentralen neurechten Strategieorte waren und sind das IfS und die Bibliothek des Konservatismus: Das IfS steht zwar in keiner Beziehung zu einer Universität, da der Terminus Institut in Deutschland aber fast ausschließlich von Universitäts-Instituten verwandt wird, jedoch kein geschützter Begriff ist, zeigt die Verwendung durch das IfS wieder die neurechte Mimikry-Strategie, bei dem man gerade gegenüber Unwissenden vortäuscht, wissenschaftlich auf universitärem Niveau zu arbeiten. Das IfS wurde im Mai 2000 unter maßgeblicher Führung von drei Gildenschaftern gegründet: Dieter Stein, Chefredakteur der *Jungen Freiheit* und Gildenschafter der Freiburger Hochschulgilde, Karlheinz Weißmann, Chefdenker der Neuen Rechten und Gildenschafter der Göttinger Hochschulgilde sowie Götz Kubitschek, langjähriger Aktivensprecher der Deutschen Gildenschaft und zeitweilig Ressortchef für den Bereich „Sicherheit und Militär" bei der *Jungen Freiheit* (vgl. Kellershohn 2001, S. 1). Kubitschek übernahm die Geschäftsführung des IfS, zusätzlich aber auch die redaktionelle Leitung der *Sezession* sowie des neuinitiierten Verlags Edition Antaios. Das IfS fokussiert auf fünf thematische Kernbereiche: „Staat und Gesellschaft", „Politik und Identität", „Zuwanderung und Integration", „Erziehung und Bildung", „Krieg und Krise" und führt regelmäßig Sommer- und Winterakademien durch und veröffentlicht wesentliche der dort gehaltenen Vorträge in Aufsatz- oder Broschürenform (vgl. Kellershohn 2009). Dem Institut für Staatspolitik fällt im neurechten Spektrum die Funktion der „Wissenschaft und Bildung sowie der Politik- und Medienberatung" zu, wie Helmut Kellershohn schreibt, wobei das IfS dabei eine operationelle Aufgabenteilung mit *Junger Freiheit* und der Edition Antaios eingeht: Während die *Junge Freiheit* die Medienöffentlichkeit schafft, fokussiert die Edition Antaios auf die „Publikation von Arbeitsergebnissen, die im Kontext dieses Netzwerkes entstehen" (2001, S. 1).

Ein weiterer Baustein in diesem institutionellen Netzwerk der Neuen Rechten in Deutschland ist die Bibliothek des Konservatismus, die wie das IfS im Jahr 2000 entstanden ist: Sie entstand auf Betreiben des vormaligen *Criticón*-Chefs Caspar von Schrenck-Notzing, der im Jahr 2000 eine gemeinnützige Förderstiftung Konservative Bildung und Forschung (FKBF) ins Leben rief und diese wiederum eng mit der *Jungen Freiheit* verzahnte, als er im Jahr 2007 den Stiftungsvorsitz an den Chefredakteur der Zeitung, Dieter Stein, übergab. Die FKBF verwaltete zunächst die rund 15.000 Bände umfassende Privatbibliothek von Schrenck-Notzing sowie das Archiv der *Criticón*, rekrutierte aber zahlreiche Spenden, so dass im Jahr 2011 an zentraler Stelle in Berlin eine Bibliothek des Konservatismus eingeweiht werden konnte, die mittlerweile auf drei Etagen umfangreiche Bestände an Literatur zur Verfügung stellt, aber auch Vortragsveranstaltungen organisiert, eigene Publikationen herausgibt und langfristig das Ziel verfolgt, „eine konservative Denkfabrik mit verschiedenen Veranstaltungsformaten, vielleicht sogar hin zu einer Akademie oder einem hochschulähnlichen Zweig" (Fenske 2014, S. 5) zu etablieren. Man wolle die „konservativen Eliten von morgen" mit dem „geistigen Rüstzeug" ausstatten (vgl. Moritz 2014, S. 5), also für das neurechte Konzept, welches hier begrifflich streng orientiert an der Terminologie der Konservativen Revolution der Weimarer Republik als „konservativ" etikettiert wird – einer Intellektualisierung durch Metapolitik den Ort schaffen.

Nachdem Medien wie die *Criticón* oder die *wir selbst*, die die intellektuelle Debatte der neurechten Szene vor allem in den 1980er Jahren maßgeblich und intensiv geprägt hatten, ihr Erscheinen eingestellt hatten, war eine für die neurechte Szene eklatante Lücke entstanden: Anfang der 2000er Jahre gab es keinen medialen Ort mehr, der die intellektuelle Diskussion neurechter Themen gewissermaßen jenseits das Tagesgeschäfts organisierte und strukturierte. Diese Lücke sollte die vom Institut für Staatspolitik herausgegebene *Sezession* schließen, die seit 2003 mit zunächst vier, dann mit sechs Ausgaben jährlich erscheint. Als intellektueller und metapolitischer Debattenort der Neuen Rechten arbeitet sie an einer Reaktualisierung der Theorien der Konservativen Revolution der Weimarer Republik und integriert deren Positionen in aktuelle politische und gesellschaftliche Debatten. Die erste Ausgabe der *Sezession* erschien im April 2003, das Editorial eröffnet mit dem an Carl Schmitt erinnernden Satz: „Der Ernstfall hat den Vorzug, die Tatsachen deutlicher hervortreten zu lassen." (Weißmann 2003, S. 1) Auch wenn der damalige Chefideologe der *Sezession* und nach wie vor wichtigste Vordenker der Neuen Rechten im Deutschland der Gegenwart, Karlheinz Weißmann, damit zunächst nur ein Heft mit dem Themenschwerpunkt „Ernst Jünger" einleitete, in dem es aber faktisch fast nur um Krieg ging, konnte dieser Satz programmatisch für das Gesamtanliegen der *Sezession* gelesen werden. Getreu des ersten Satzes in Carl Schmitts *Politischer Theologie* (1934a [1922]), nach dem souverän sei, wer über den Ausnahmezustand entscheide, attestiert Weißmann hier als Anliegen den „Ernstfall", in den sich der neurechte Rechtsextremismus in Deutschland und Europa versetzt sieht, nachdem sich die weltpolitische und geostrategische Kartografie aufgrund der Anschläge vom 11. September 2001 nachhaltig verändert, ja das antiamerikanische und eurozentrische Anliegen der rechtsintellektuellen Neuen Rechten vom Islam und Islamismus vor grundlegend neue, eben nicht nur religiöse, sondern gerade politische Herausforderungen gestellt wurde. Das Generalziel der *Sezession* ist dabei eine Resakralisierung der Politik, die aber nicht einfach gleichzusetzen ist mit einer reinen Rückholung oder Umkehrung der Aufklärungs- und Säkularisierungsprozesse in Deutschland und Europa, sondern diese vielmehr in die Weltbildformulierung einbezieht, sich damit also nicht nur gegen den Prozess der Säkularisierung, sondern zugleich auch gegen den der Individualisierung von Religion wendet. Die Agenda der *Sezession* ist gegen eine „heillose Welt" gerichtet, gegen eine „‚judenchristlich' inspirierte deutsche Reformation" und für einen „in ‚politische Form' gebrachten Katholizismus" (Gerlich 2011, S. 29).

Eine ähnliche Agenda, allerdings auf dem intellektuellen Niveau einer anspruchsvollen Schülerzeitung, verfolgt die *Blaue Narzisse*, die 2004 tatsächlich als Schülerzeitung in Chemnitz entstand: die Popularisierung (neu)rechter Ideen, allerdings nicht wie bei der *Sezession* adressiert an fest in der Szene integrierte und weltanschaulich überzeugte Anhänger/innen neurechter Ideologie, sondern gerichtet an ein jüngeres Publikum, das zwar empfänglich für rechte Ideologie, aber eben gerade noch nicht gefestigt und in die Szene integriert ist. Auch wenn die *Blaue Narzisse* teilweise mit gedruckten Papierausgaben erscheint, ist ihr zentrales Schlachtfeld das Internet, wo neurechte Weltanschauungen in niedrigschwelliger Weise vermittelt und somit an Rezipient(inn)en verbreitet werden, die intentional möglicherweise nie auf die Neue Rechte gestoßen wären, aber auf diese Weise fast zufällig den ersten Kontakt zur Szene hergestellt bekommen. Die *Blaue Narzisse* ist insofern im neurechten Netzwerk der gegenwärtigen Bundesrepublik eine Vorfeldinstitution für Agitation und Propaganda, die eine Einstiegsmöglichkeit auf niedrigem intellektuellem Niveau, aber mit zentralen Themen und Strategien der Neuen Rechten ermöglicht.

Ähnlich einzuschätzen ist auch die Entstehung der Identitären Bewegung in Deutschland, die – wie schon die Neue Rechte bei ihrer Entstehung in den 1970er Jahren – zentral von den Entwicklungen in Frankreich inspiriert wurde. Die Identitäre Bewegung Deutschland entstand im Oktober 2012 zunächst virtuell – auf Facebook. Sie begreift sich als Ableger der französischen Jugendorganisation Génération Identitaire und proklamiert getreu der neurechten Strategie der Mimikry eine formale Abgrenzung gegenüber offen nationalsozialistischen Positionen und auch gegenüber linken Positionen, aber da dies inhaltlich offensichtlich und evident ist, handelt es sich hierbei auch um eine bewusste Strategie der analogisierenden Gleichsetzung, bei der es mit Blick auf die Rezipient(inn)en vor allem darum geht, nicht den Eindruck einer Nähe zum Rechtsextremismus zu erwecken.

Gudrun Hentges, Gürcan Kökgiran und Kristina Nottbohm haben in einer systematischen Untersuchung die Aktivitäten der Identitären Bewegung analysiert, die diese virtuell und im wirklichen Leben durchgeführt hat (Hentges u.a. 2014). Wie bei der *Blauen Narzisse* ist der Schwerpunkt der Identitären Bewegung das Internet, das heißt von einer wirklichen sozialen Bewegung kann schon allein aufgrund mangelnder Realpolitik nicht gesprochen werden. Gleichwohl ist das Internet als Medium für die Agitation von partizipationsfernen Personen, die allerdings grundsätzlich über eine rechte Weltanschauung verfügen, der ideale Ort für die intensivere Einbindung in neurechte Denkweisen. Die Strategie der Identitären besteht darin, im realen Leben möglichst spektakuläre Aktionen vor allem gegen Zuwanderung durchzuführen, die dann gefilmt und online vermarktet werden. Die filmische Ausarbeitung lässt fast verschwinden, dass es sich bei den Aktionen allein um eine Handvoll Aktivist(inn)en handelt und inszeniert diese wenigen Menschen als eine große Bewegung:

„Das Internet ermöglicht mit einem geringeren Organisationsaufwand die Simulation eines kontinuierlichen Protestgeschehens, das überregional – gar transnational und international vernetzt – aufrechtgehalten wird, so dass eine Diskrepanz zwischen den eigentlichen Aktionen ‚auf der Straße‘, die bisweilen von nicht mehr als einem Dutzend Aktivisten durchgeführt werden, und dem virtuellen Echo, das diese Aktionen aufgrund viraler Verbreitung im Internet erfahren, entsteht." (Hentges u.a. 2014, S. 9)

Während die Identitäre Bewegung damit so etwas wie den aktionistischen Arm der Neuen Rechten darstellt (siehe auch: Blum 2015), der neurechte Themenfelder wie Identitäts- und Heimatpolitik oder Antimigrationsagitation besonders für Jugendliche attraktiv machen soll und hierfür moderne Kommunikationsformen adaptiert, fungiert Pegida als medial ebenfalls ungeheuer wirksames Propagandamittel gegen Zuwanderung und für völkischen Nationalismus – weil die Pegida-Demonstrationen als Großveranstaltungen inszeniert wurden. Die beiden meinungsführenden Medien im rechten Spektrum verstiegen sich sogar zu Superlativen: Von der *Jungen Freiheit* wurde Pegida als „Massenbewegung" tituliert, die „die Politik vor sich hertreibt" (Hoffgaard 2014, S. 4), die *Preußische Allgemeine Zeitung* behauptete sogar, „Deutschland geht auf die Straße" (Heckel 2014d, S. 1) und orakelte, dass das Jahr 2014 die „politische Landschaft der Bundesrepublik möglicherweise grundlegender umgewälzt" habe, „als man dies bislang zur Kenntnis nehmen wollte" (Heckel 2014e, S. 1).

Das Interessante dabei ist, sowohl die Identitären wie auch Pegida versuchen, sich als Massenbewegungen darzustellen: die Identitären suggerieren dies durch ihre Aktionsformen, Pegida dadurch, dass sie über mehrere Wochen hinweg in einer einzigen deutschen Stadt (Dresden) mehrere tausend, zum Teil auch zehntausend Personen zu einer realen Demonstration mobilisieren konnten – was allerdings gemessen an rund 80 Millionen Bürger(inne)n der Bundesrepublik trotzdem objektiv marginal bleibt, noch zumal die „Bewegung" auf eine einzige Stadt beschränkt blieb, denn alle Versuche, in anderen Städten zu demonstrieren, verliefen mit Teilnahmezahlen im zwei- bis dreistelligen Bereich faktisch im Sande. Dass die Stadt Dresden der Kristallisationspunkt für Pegida war, darf dabei vor dem Hintergrund, dass die Stadt eine Hochburg des Rechtsextremismus ist, nicht überraschen – denn in Dresden, dem Kristallisationspunkt der rassistischen Pegida-Bewegung, kamen NPD und AfD bei der letzten Landtagswahl im August 2014 zusammen auf 27.861 Zweitstimmen.

Das neue an den Pegida-Demonstrationen in Dresden war, dass sie wöchentlich stattfanden und sich die Aktivist(inn)en zunächst nicht bereit erklärten, mit Medien oder gar Wissen-schaftler(inne)n zu sprechen – da die demokratischen Medien der Pegida-Anhänger(inne)n ihrem verschwörungsphantasti-schen Weltbild folgend als „Lügenpresse" gelten. Während diese demokratische Medien als „Lügenpresse" verunglimpft werden, nur weil sie die rassistischen Partikularinteressen eben auch als solche benennen, wurden allerdings Propagandamedien wie dubiose Internetblogs oder das russische Fernsehen glorifiziert – weil sie den eigenen Wahn zur Wahrheit erklären. Und Pegida-Gründer Lutz Bachmann war auch offen für ein ganzseitiges Interview in der *Jungen Freiheit* (vgl. Bachmann 2014, S. 3) und in der *Sezession* (vgl. Bachmann 2015, S. 18) – aber eben nicht für demokratische Medien.

Die Pegida-Demonstrationen, an denen sich zwar zahlreiche organisierte Rechtsextremist(inn)en und Neonazis beteiligten und auch zur Teilnahme mobilisierten, waren aber – im Unter-schied zu den Aktionen der Identitären – kein genuin neurechtes Projekt, setzen aber faktisch die Anliegen der Neuen Rechten öffentlichkeitswirksam um: für völkische Identität und protektio-nistischen Nationalismus, gegen Zuwanderung, gegen die Aufklä-rung und gegen den Feminismus. Das von Pegida verwandte Schlagwort „Islamisierung" war dabei lediglich ein Vorwand, um rassistische und völkische Positionen wieder öffentlich zu platzie-ren (vgl. Salzborn 2015a; Vorländer 2015; Vorländer u.a. 2016). Pegida ist eine rassistische und verschwörungsphantastische, aber sonst durchaus heterogene Bewegung, die unterschiedliche rechte Spektren vereint hat und nicht umstandslos der Neuen Rechten zugeschlagen werden kann. Gleichwohl sind die neurechten Hoffnungen in Bewegungen wie Pegida immens. Die *Junge Frei-heit* prognostiziert als Zukunftsszenario, dass Pegida „eine Art vorpolitischen Raum bilden" können, der „nicht identisch, aber ähnlich mit der AfD-Wählerschaft" sei:

„Ein Sammelbecken derer, die sich von den etablierten Parteien nicht mehr vertreten, nicht verstanden fühlen: eine Art deutsche ‚Tea Party', die mit ihrem *agenda setting* durchaus politisch Einfluß zu nehmen vermag." (Vollradt 2015, S. 2)

Und die *Blaue Narzisse* hofft, dass von Pegida „ein Impuls für die politische Kultur in Deutschland ausgeht: Kommt auf die Straße und zeigt, wofür ihr seid!" (Menzel 2015, S. 6)

2.3.2 Kulturelle Hegemonie: Das Paradigma des unbedingten Einflussgewinnes

Die bundesdeutsche Neue Rechte hat in ihrer Geschichte immer wieder Höhen und Tiefen erlebt, wobei sich gerade im Bereich der öffentlichen Meinungsverschiebung markante Erfolge für neurechte Strategien zeigen – der deutlichste ist sicher wie bereits angesprochen der, dass die neurechte Parole einer angeblichen *Political Correctness* inzwischen weit über die rechte Szene hinaus Verwendung findet und in der öffentlichen Wahrnehmung gänzlich von seinem rechtsextremen Ursprung als Element der Strategie des Kampfes um „kulturelle Hegemonie" entkoppelt ist. Gleichwohl beschränk(t)en sich die Erfolge der Neuen Rechten eben vor allem auf das Feld des schleichenden Einsickerns bestimmter weltanschaulicher Paradigmen in den allgemeinen Diskurs – und nie auf eine tatsächliche Machteroberung. Dies änderte sich mit der Entstehung der AfD, weil sich erstmals eine Partei am rechten Rand zu etablieren beginnt, die sich im Unterschied zur NPD zunächst bei ihrer Gründung formal vom Nationalsozialismus abgrenzt und die zugleich reihenweise Versatzstücke neurechter Ideologie in ihrem – allerdings sehr heterogenen und keineswegs konsistenten – Weltbild zusammenfasst.

Bei der Europawahl 2014 hatte die AfD 7,1 Prozent der Stimmen erhalten und war damit mit sieben Sitzen in das Europäische Parlament (EP) eingezogen, weitere Erfolge bei den Landtagswahlen in den östlichen Bundesländern Sachsen (9,7 Prozent, 14 Sitze), Brandenburg (12,2 Prozent, 11 Sitze) und Thüringen (10,6 Prozent, 11 Sitze) sowie im Stadtstaat Hamburg (6,1 Prozent, 8 Sitze) folgten. Politisch ähnliche, dezidiert europafeindliche Projekte am rechten Rand des Parteienspektrums hatte es vor der AfD in Deutschland schon oft gegeben hat (wie den Bund freier Bürger, die Republikaner oder die Pro DM-Partei), diese verfügten allerdings immer über deutlich weniger Finanzmittel und deutlich weniger medialen Einfluss, als die AfD. Neu war der Ansatz der AfD also nicht – allerdings waren 2014/15 die Gelegenheitsstrukturen für die AfD günstiger, als noch für den BfB oder die Pro-DM-Partei: Zum einen begann der medial durch eine ungewöhnlich wohlwollende und intensive Berichterstattung begleitete Aufstieg der AfD in einer Phase, in der für die Ausrichtung der AfD günstige Wahlen (Europa, Landtagswahlen in Ostdeutschland) anstanden, bei denen es rechten Parteien generell leichter fällt, ihre Anhänger(inn)en zu mobilisieren (Europawahl) bzw. bei denen die Zahl potenziell rechter Wähler(inn)en vergleichsweise hoch ist (Ostdeutschland – was auch die 20,8 Prozent [18 Sitze] für die AfD bei den Landtagswahlen 2016 in Mecklenburg-Vorpommern bestätigten); zum anderen befand sich die NPD durch die neuerliche Verbotsdiskussion und interne Macht- und Richtungskämpfe in einer parteiinternen Krise, die DVU war zerfallen, so dass dieses organisatorische Vakuum, das im rechtsextremen Spektrum selbstverschuldet entstanden war und agitatorischen Raum gerade für eine migrations- und europafeindliche Partei hinterlassen hat, der AfD zugutekam.

Außerdem fiel die europafeindliche Rhetorik der AfD zusammen mit einer (Finanz-)Krise der Europäischen Union, auf die die AfD zwar keine konsistenten Antworten zu bieten hatte, dies aber durch ihre Selbstinszenierung als Partei des Sachverstandes und der Wirtschaftskompetenz suggerierte. Es gibt aber, so David Bebnowski, keine „neutrale ökonomische Expertise", keine „unideologische wirtschaftswissenschaftliche Wahrheit" (2013, S. 158). So basierte auch das programmatische Gerüst der AfD von Beginn an auf der Lüge der Ideologiefreiheit, setzte sich bei der Entstehung der Partei tatsächlich aber zusammen aus sehr heterogenen Versatzstücken unterschiedlicher Denkschulen des Neoliberalismus und des Konservatismus, die nur dadurch miteinander verbunden sind, dass sie zum einen marktradikal und staatsfeindlich, zum anderen antiegalitär und antisozial sind (vgl. AfD 2014a; 2014b). Die ideologische Grundposition der AfD war nicht nur neoliberal, sondern umfasste auch Elemente des Konservatismus, denn ihrem Marktradikalismus entsprach von Anfang an kein politischer Liberalismus. Während die Freiheit der Wirtschaft und die Freiheit zur Realisierung von Unternehmensprofiten radikal eingefordert wurde (bei gleichzeitiger, verschwörungstheoretische Züge annehmender Agitation gegen Banken und Staat), sollte die Freiheit des Individuums extrem eingeschränkt werden – dies zeigte sich beim Thema Migration ebenso wie bei der Ablehnung von gleichgeschlechtlichen Partnerschaften oder der Glorifizierung der traditionellen Familie (vgl. Bebnowski 2015; Häusler/Roeser 2015; Kemper 2013). Meinungsfreiheit forderte die AfD nur für den eigenen Kampf gegen eine angebliche *Political Correctness* ein (vgl. AfD 2014a, S. 3; 2014c, S. 1), den zahlreichen Demonstrant(inn)en, die von ihrem Recht, gegen die AfD zu protestieren, Gebrauch machen, sprach man es aber faktisch immer wieder ab.

Zugleich kokettierte die Ideologie des wirtschaftswissenschaftlichen Expertentums, wie sie die AfD unter Bernd Lucke vertrat, auch mit der Idee der gelenkten und gesteuerten Demokratie, in der vermeintlich neutrale Expert(inn)en Entscheidungen treffen – und nicht Mehrheiten. Dass diese Expert(inn)en demokratisch nicht legitimiert sein können, machte die Argumentation der AfD, (direkt-)demokratische Legitimation erweitern zu wollen, zu einem Selbstwiderspruch: argumentativ schließt sie sich aus und zeigt damit, dass die AfD vor allem damit nicht einverstanden ist, dass ihre eigene Position nicht hegemonial ist, unterstellend, dass diese der „wahre" Wille des Volkes sei (vgl. AfD 2014a, S. 1–3; 2014b, S. 8–12). Ideengeschichtlich fußt dieses Argument, in dem direkte Demokratie eingefordert wird, allerdings diejenigen, die sie einfordern, vorher schon zu wissen vorgeben, was denn das Ergebnis direktdemokratischer Beteiligung sein soll, auf Überlegungen von Carl Schmitt – dem wichtigsten Protagonisten der Konservativen Revolution in der Weimarer Republik und einem der zentralen Vordenker des Nationalsozialismus. Schmitt (1923, 1932) hatte den Weimarer Parlamentarismus scharf kritisiert und zwei Motive gegen die repräsentative Demokratie in Stellung gebracht: Die Einforderung von mehr direktdemokratischen Momenten in Verbindung mit einer Person, die diesen „Volkswillen" zu erspüren in der

Lage sei, so dass das Volk gar nicht mehr abstimmen muss, weil sein Wille „erfühlt" werden kann. Im Ergebnis ist ein solches Modell also nicht nur die Suspendierung von Partizipation, sondern auch die Installation einer mächtigen Führungsperson gegen die Demokratie (vgl. Salzborn 2015a, S. 53 ff.).

Vor diesem Hintergrund die AfD mit dem inhaltsleeren Etikett des „Rechtspopulismus" zu versehen, beschrieb zwar einen Teil ihrer politischen Strategie, verharmloste aber damit zugleich ihre politische Programmatik und ihre objektive gesellschaftliche Funktion als „Türöffnerin nach Rechts" (vgl. Kurth/Salzborn 2014). Kai Arzheimer hat auf Grundlage einer quantitativen und qualitativen Analyse insofern zurecht darauf hingewiesen, dass die AfD im politischen Spektrum Deutschland am rechten Rand einzuordnen ist – „because of its nationalism, its stance against state support for sexual diversity and gender mainstreaming, and its market liberalism" (2015, S. 17). Sebastian Friedrich spricht, die funktionale Rolle der AfD betonend, von einem „neokonservativen Hegemonieprojekt", das die AfD verfolge und betont dabei besonders das „mediale Bündnis" (2015, S. 101) der AfD mit der Wochenzeitung *Junge Freiheit*, aber auch mit rechtsextremen Internetblogs.

In der Tat hat sich die *Junge Freiheit*, wie auch Helmut Kellershohn betont, faktisch als „inoffizielles Sprachrohr der AfD zur Verfügung gestellt" (2014), was sich allein daran zeigt, dass die *Junge Freiheit* nicht nur umfangreich über die AfD berichtet, sondern auch Werbeanzeigen der Partei druckt und regelmäßig ausführliche Interviews mit AfD-Funktionsträger(inne)n publiziert (vgl. u.a. Petry 2014; Höcke 2014; Gauland 2015; Junge 2016; Meuthen 2016; Fuhl 2016; Holm 2016; Pazderski 2016, Weidel 2016a, 2016b). Der Chefredakteur der *Jungen Freiheit* sieht die AfD auch als Ausdruck für die Verstärkung von „Signalen für ein großes politisches Repräsentationsdefizit" (Stein 2015a, S. 1) und Karlheinz Weißmann, regelmäßiger Kolumnist des Blattes und Chefdenker der Neuen Rechten in Deutschland betont nicht nur die „prinzipielle Legitimität" einer Bewegung wie der AfD, sondern hält die Partei für den Ausdruck für ein „ebenso notwendiges wie erwartbares Vorzeichen großer Veränderungen":

„Gemeint ist damit nicht nur der Konjunktureinbruch, der ansteht, oder die Latenz der Euro-Krise, sondern die sukzessive Infragestellung der Lebenslügen, auf denen die Staatsdoktrin in den letzten Jahrzehnten gegründet war: Europa und die Westbindung als definitive Lösung der Deutschen Fragen, der Nationalstaat als Anachronismus, Scheckbuchdiplomatie und Frieden schaffen ohne Waffen, ein Dasein, von Freunden umzingelt, Wirtschaft als Schicksal, der Sozialstaat als Selbstverständlichkeit, Einwanderung als Bereicherung, Konsum als Sedativ, Auschwitz als Gründungsmythos, der Sonderweg als Ursache alles Bösen auf Erden. Nichts davon sollte Bestand haben, und bei den Verteilungskämpfen, die bevorstehen, geht es nicht nur um materielle Ressourcen, sondern auch und gerade um ideelle." (Weißmann 2014, S. 2)

Weißmann bringt damit die neurechten Forderungen nach einer konservativen Kulturrevolution als antiaufklärerische Gegenrevolution zentral mit der AfD in Beziehung und geht damit in der neurechten Hoffnung auf die Partei sogar noch einen Schritt über die Hoffnung auf eine Veränderung der kulturellen Hegemonie hinaus.

Neben der *Jungen Freiheit* ist die *Preußische Allgemeine Zeitung* die zweite rechte Wochenzeitung, die aufgrund ihrer traditionellen Anbindung an das Vertriebenenmilieu der Bundesrepublik (sie ist das Organ der Landsmannschaft Ostpreußen, einer der großen Landsmannschaften im Bund der Vertriebenen) und damit ihres strukturellen Einflusses in einem großen Milieu zwischen Konservatismus und Rechtsextremismus nicht nur seit Jahrzehnten stabile Auflagenzahlen im fünfstelligen Bereich verzeichnet, sondern auch ein breites Spektrum am rechten Rand anspricht, allerdings auch immer mit der *Jungen Freiheit* um die Meinungsführerschaft im rechtsintellektuellen Milieu konkurriert.

Die *Preußische Allgemeine Zeitung* wendet sich zugunsten der AfD gegen die „etablierten Parteien", die die „Sorgen der Wähler" ignoriere und spricht von einer „Entfremdung von etablierten Parteien". (Heckel 2014a, S. 1) Die AfD stehe für ein „Neues Selbstbewusstsein rechts der Mitte", die diejenigen repräsentiere, die „an die Meinungsvielfalt in den Medien ohnehin nicht mehr glauben" und die sich einem „konzentrierten Netz aus ‚System-Medien'" ausgesetzt sehen (Heckel 2014c, S. 1). Die AfD bilde den Ausgangspunkt für einen „Umbau des deutschen Parteien-systems" (Heckel 2014a, S. 1), für einen „epochalen Umbruch" (Heckel 2014b, S. 1). Da die „Zuwanderung [...] der Politik bei-nahe gänzlich entglitten" sei, würden „die meisten Deutschen zur Wahl der neuen Partei animiert", da die AfD auf den „unkontrol-lierten Strom von Zuwanderern" (Heckel 2014b, S. 1) und eine „außer Kontrolle" geratene „Zuwanderungs- und Asylpraxis" reagiere. (Heckel 2014a, S. 1)

Mit Blick auf die beiden meinungsführenden Wochenzeitun-gen im rechten Milieu zwischen Konservatismus und Rechtsext-remismus, die beide immer wieder wichtige Sprachrohre für neurechte Positionierungen waren und sind, zeigt sich eine mas-sive Zustimmung zur Umsetzung neurechter Ideen durch und vermittels der AfD. Allerdings bleibt ein Grundton der Skepsis, mehr noch bei der *Jungen Freiheit* als bei der *Preußischen Allge-meinen Zeitung*, der jedoch ausschließlich darin begründet ist, dass die AfD jederzeit parlamentarisch scheitern könnte und man damit auf das falsche Pferd gesetzt hätte. Und das wäre im Fall der *Jungen Freiheit* nicht das erste Mal, dass eine rechte (Klein-) Partei zur Hoffnung für neurechte Kulturrevolutions- und He-gemoniephantasien erklärt wurde – die lange Jahre wohlwollend begleiteten Republikaner sind inzwischen in der Bedeutungslo-sigkeit verschwunden, den Bund freier Bürger, in den die *Junge Freiheit* in den 1990er Jahren viel Hoffnung investiert hatte, kannte man außerhalb von Deutschland aufgrund seiner struktu-rellen Bedeutungslosigkeit im Prinzip nicht einmal.

Die Spaltung der AfD infolge ihres Parteitages im Juli 2015 bestärkte zunächst auch genau diese Skepsis über Erfolgspotenzi-ale der AfD und ihrer Abspaltung um den ehemaligen Parteichef Lucke: das Wählerpotenzial, so die neurechte Sorge, dass die zwei Parteien ansprechen können, sei in Summe dasselbe, wie das, das vormals die AfD als eine Partei mobilisieren konnte, so dass die Spaltung langfristig die rechten Hoffnungen schwächen könnte, die von neurechter Seite in das Projekt gesetzt werden. Dazu trug auch bei, dass die neue AfD unter Führung von Frauke Petry offen auf rassistische Positionierungen und einen antiintellektuellen Kurs setzt und der letzte Funken eines liberalen Anstrichs verflogen ist, so dass auch die neurechten Orientierungen auf einen camouflagierten Machtzuwachs kurzzeitig schwanden (vgl. Häusler 2016/17). Vor dem Hintergrund der intensiven Debatten um die Zuwanderung von Flüchtlingen in der Bundesrepublik und einem allgemeinen Klima einer extrem gespaltenen Gesellschaft – einem weltoffenen Teil, der die Flüchtlinge unterstützt und sich gegen Rassismus engagiert, und einem zunehmend lautstarker werdenden Teil, der sich selbst rassistisch positioniert und Zuwanderung ablehnt – gelang es der AfD, den zunächst durch die Parteispaltung verlorenen Einfluss zurückzugewinnen und in Wahlerfolge umzusetzen, was auch die kurzzeitigen Ängste der Neuen Rechten, die „hinter den Kulissen die Auseinandersetzung über Sinn und Unsinn einer Partei wie der AfD" (Weiß 2017, S. 85) geführt hatte, verfliegen ließ.

Im März 2016 ist die AfD in drei weitere Landesparlamente eingezogen, jeweils mit zweistelligen Ergebnissen (Sachsen-Anhalt, Rheinland-Pfalz, Baden-Württemberg) – ob dies bereits auf eine Etablierung hinwies, bleibt freilich weiterhin unklar, weil Sachsen-Anhalt neben Sachsen das deutsche Bundesland ist, in dem eine rechtsextreme und rassistische Alltagskultur weit verbreitet ist und in dem auch zahlreiche Anschläge auf Flüchtlingsunterkünfte zu verzeichnen sind. Auch Baden-Württemberg hat ein traditionell rechtes Potenzial, für das in den 1990er Jahren noch die Partei Die Republikaner stand, die ebenfalls antieuropäisch und nationalchauvinistisch ausgerichtet war. Gleichwohl werden die Wahlerfolge der AfD in der neurechten Szene insgesamt als Erfolg verbucht, insbesondere, weil dadurch die Hoffnung auf eine kulturelle Hegemonie im völkischen Sinne verbunden ist – und die Hoffnung, eine Form von „Opposition" zu etablieren, die gegen die etablierten Parteien und den Parlamentarismus gerichtet ist. So schreibt die *Junge Freiheit*: „Mit der AfD gibt es plötzlich eine meßbare politische Opposition" (Stein 2016a, S. 1). Und: „Der Wind dreht sich" (Stein 2016b, S. 1). Berechtigt an den neurechten Hoffnungen könnte sein, dass die AfD in der Tat neurechten Öffentlichkeitsstrategien folgt, bei denen es darum geht, den öffentlichen Diskurs insgesamt nach Rechts zu verschieben, in dem man sich als Tabubrecher inszeniert. So jubiliert auch Karlheinz Weißmann:

„Nun, die Deutschen sind politisch immer schon Spätzünder gewesen. Deshalb hat sich die Entstehung einer echten Oppositionspartei auch so lange verzögert. Die ist mit der AfD entstanden und hat die ersten Häutungen erfolgreich hinter sich gebracht und ist offenbar dabei, eine politische Kraft zu organisieren, die ‚das Volk‘ – also die Menge der hart arbeitenden, steuerzahlenden, gesetzestreuen, familiengründenden Männer und Frauen – repräsentiert. Ich habe den Weg der Alternative für Deutschland von Anfang an mit Optimismus begleitet, bin zwar nicht über jede Wendung glücklich gewesen, sehe aber auch keine Ursache, meine grundsätzliche Einschätzung zu korrigieren.“ (Weißmann 2016, S. 3)

2.4 Die Renaissance der Neuen Rechten

Bei der Analyse neurechter Politik darf man einen Kardinalfehler nicht machen: den Schein für das Sein zu halten. Denn es ist Teil neurechter Strategie, eigene Marginalitäten, wo sie zu attestieren sind, nicht zuzugeben und das eigene Handeln in der Öffentlichkeit ausschließlich als Erfolg zu verkaufen. In diesem Sinne sind die Projekte, vom Institut für Staatspolitik über die Bibliothek des Konservatismus bis hin zur *Sezession* oder *Blauen Narzisse, auch* sich selbstbespiegelnde Kleinstprojekte, die vor allem den Zweck erfüllen, den in den meisten Fällen in ihren intellektuellen Biografien gescheiterten Protagonist(inn)en der Neuen Rechten den narzisstischen Glauben zu verschaffen, doch über omnipotente intellektuelle Größe zu verfügen. Jenseits dieses Realismus kann aber auch festgehalten werden: die Neue Rechte verfügt in der gegenwärtigen Bundesrepublik wieder über institutionelle Strukturen, die mit ihren Gedanken soziale Bewegungen wie die Identitären entweder selbst initiieren oder, wie Pegida, maßgeblich beeinflussen – allerdings nicht dadurch, dass diese Bewegungen intellektuell oder gar metapolitisch ausgerichtet wären. Denn gerade Pegida ist offen rassistisch und alles andere als intellektuell und auch die Identitären führen faktisch mehr oder weniger offen neonazistische Aktionen durch, wenn auch mit modifizierten und modernisierten Vermarktungsstrategien. Aber beide Bewegungen wirken intensiv in den öffentlichen Raum und verschaffen so den neurechten Anliegen eine überproportional große Medienpräsenz, die ihrerseits wiederum die eigentliche Strategie kulturkonservativer Metapolitik darstellt. Dass mit der AfD eine Partei in Landesparlamenten der Bundesrepublik vertreten ist, die zentrale Forderungen der Neuen Rechten vertritt, sollte dabei als ambivalent für die Erfolge der Neuen Rechten gedeutet werden: Während sich ihre Anliegen eines Kampfes um kulturelle Hegemonie mit Hilfe der AfD weiter verfestigen wird, kann die Partei mitnichten als Ausdruck einer intellektuellen Metapolitik verstanden werden – zu inkohärent ist ihre Programmatik, zu offen für neonazistische Akteurinnen und Akteure ist ihre Personalstruktur, noch mehr, seit und wegen ihrer Spaltung im Juli 2015. Und als intellektuell kann die AfD auch nur schwerlich bezeichnet werden.

Folglich muss konstatiert werden, dass die Neue Rechte in Deutschland sich nach einer Phase des Niederganges und der vorübergehenden Bedeutungslosigkeit organisatorisch und agitatorisch neu strukturiert und in den operationellen Handlungsfeldern Öffentlichkeitswirksamkeit, Ideologie- und Strategiediskussion, Agitation und Werbung, Propaganda und Selbstmarketing sowohl mit Blick auf intern bindende, wie extern mobilisierende Faktoren reorganisiert hat. Mit der AfD und auch Bewegungen wie Pegida ist ein öffentlicher Resonanzboden geschaffen, der Perspektiven für eine quantitative Erweiterung des Zuspruchs zu neurechten Positionen ermöglichen kann. Den Anspruch auf Intellektualität oder gar kulturelle Metapolitik erfüllen diese Organisationen allerdings in keiner Weise, so dass perspektivisch die Frage interessant bleibt, ob nicht genau an diesem Widerspruch der kurzweilige Erfolg neurechter Strategien wieder zusammenbrechen wird: weil die Camouflage-Strategie, eigene Sympathien für den Nationalsozialismus öffentlich zu kaschieren mit den Artikulationen von Pegida und der AfD, zusammenbricht. Denn nicht zufällig ist Pegida-Gründer Bachmann öffentlich über ein Foto gestürzt, in dem er sich selbst optisch als Hitler inszenierte (mit Oberlippenbart und Seitenscheitel) und dies mit der Unterzeile „Er ist wieder da!" verknüpfte – und damit seine eigentlichen Motive hinter der zunächst öffentlich bieder inszenierten Pegida-Fassade transparent wurden. So lugt hinter der neurechten Maske eben immer auch der Nationalsozialismus hervor.

3 Kronzeuge der Neuen Rechten im Kampf gegen die Demokratie: Carl Schmitt

Wer verstehen will, was die völkischen Rebell(inn)en wirklich wollen, wie sie argumentieren und ihre Forderungen in Politikstrategien umsetzen, muss sich mit Carl Schmitt befassen (vgl. Mehring 2009; Gross 2005; Voigt 2011). Denn der ideengeschichtliche Rekurs auf Schmitt kann zeigen, wie die bei der Neuen Rechten oft nur versatzstückhaft und rhetorisch zugespitzt formulierten Floskeln argumentativ zusammenhängen. Und, was noch wichtiger ist: warum eben diese Floskeln Kriegserklärungen an die Demokratie sind – und handfeste Drohungen gegen alle Demokratinnen und Demokraten. Dass Schmitt der wichtigste intellektuelle Vordenker des Nationalsozialismus war und zum „Kronjuristen des Dritten Reiches" avancierte (eine Titulierung, die Schmitt gleich von mehreren seiner ehemaligen Schüler zugesprochen bekam [vgl. Laak 2002, S. 29], sich aber freilich nach dem NS-Regime wegen Partikulardifferenzen selbst als oppositionell inszenierte), ist dabei die historische Dimension des Wissensbestands, die darauf verweist, dass die völkische Rebellion der Gegenwart letztlich mit einer Vernichtungsandrohung behaftet ist. Noch zentraler ist aber eine Werkanalyse von Schmitt. Denn sie kann zeigen, warum das Gerede vom „wahren" Volkswillen, die Hetze gegen den Parlamentarismus und die Parteien, das Geraune von angeblichen Volksverrätern und der Rekurs auf die völkische Volksgemeinschaft antidemokratische Affekte sind, die sich bereits systematisch im Werk des neurechten Kronzeugens im Kampf gegen die Demokratie finden.

Schmitts Idee einer jenseits der rechtspositiven Wirklichkeit existierenden Verfassungswirklichkeit, die er in der *Verfassungslehre* (1928) herausgearbeitet hat, setzte den Hebel exakt an derselben Stelle an, wie die ihm heute folgenden völkischen Rebell(inn)en der Neuen Rechten: die demokratische Verfassungsnorm wurde bzw. wird abgelehnt und soll(te) bekämpft werden, deshalb konstruiert(e) man die Fiktion einer Verfassungsrealität, also: politischen Kultur, die aufgrund ihrer völkischen Vorstellungen (tatsächlich) im Widerspruch zur Norm stand und steht, log bzw. lügt diese völkische Minderheitenposition dann zum Volkswille um, um auf dieser Basis den Kampf gegen die Demokratie zu führen. Die Verfassungswirklichkeit bzw. die politische Kultur wurde und wird dabei einem ethnisch-homogenen Gemeinschaftsideal unterworfen und, um dieses gegen geltendes Recht in Stellung zu bringen, bei Schmitt mit einem Primat außerrechtlicher Kategorien wie Wille, Volk, Gemeinwohl, Sitten etc. versehen, die – zu Rechtskategorien erklärt – das demokratische Recht durch völkische Entscheidungen ersetzen sollen (vgl. Fraenkel 1941; Neumann 1944; Ridder 1975).

Die Folge: es gibt keine (Rechts-)Sicherheit mehr, die Frage von Legalität und Illegalität wird nicht mehr für alle Menschen gleich, sondern willkürlich durch die völkischen Demagog(in-n)en entschieden. Strafrechtlich zeigte die NS-Praxis, was das bedeutet: Im nationalsozialistischen Strafrecht wurde der/die Täter/in in den Mittelpunkt gerückt und aus völkischen Motiven ungleich behandelt, so dass identische Taten abhängig von der Frage der Täterschaft unterschiedlich sanktioniert wurden – während ein Nazi-Funktionär für einen Mord belobigt und ausgezeichnet wurde, wurde eine Widerstandskämpferin für einen Mord inhaftiert und zumeist selbst ermordet (vgl. Hartl 2000).

3.1 „Todesbereitschaft und Tötungsbereitschaft"

Entscheidend bei Schmitt ist, dass auf die – empirisch zunächst völlig zutreffende – Erkenntnis einer Differenz zwischen Verfassungsnorm und Verfassungswirklichkeit mit einer impliziten Wertung ausgestattet wird, die die Frage des Primates kategorial zugunsten der Wirklichkeit beantwortet – einer von Schmitt als homogen und identitär konzipieren Verfassungswirklichkeit, die ihrerseits Ausdruck einer völkischen politischen Kultur ist. So stellt Schmitt in seiner *Verfassungslehre* fest, dass eine Verfassung

64

immer dann legitim sei, wenn „die Macht und Autorität der verfassungsgebenden Gewalt, auf deren Entscheidung sie beruht, anerkannt ist". (2010a, S. 87) Es geht ihm somit nicht um die Verfassung im Sinne der tatsächlichen, positiv existierenden Regularien, sondern außerrechtlich, um die „Substanz der Verfassung", die er in ihrer „politischen Existenz" begründet sieht, die somit auch „keiner Rechtfertigung an einer ethischen oder juristischen Norm" bedürfe: „Die besondere Art politischer Existenz braucht und kann sich nicht legitimieren" (ebd.). Was im Klartext heißt: geltendes Recht interessiert nicht. Ähnlich heißt es auch schon in *Die Diktatur* von 1921: „Was als Norm zu gelten hat, kann positiv durch eine bestehende Verfassung oder aber durch ein politisches Ideal bestimmt sein." (Schmitt 2006, S. XVI)

Als „wesentliche Voraussetzung" sieht Schmitt, in Verbindung mit einem antiliberalen Demokratiebegriff, die „substantielle Gleichheit" im Sinne einer „Identität von Herrscher und Beherrschten, Regierenden und Regierten, Befehlenden und Gehorchenden" (Schmitt 2010a, S. 234 f.), was unmittelbar an die Freund-Feind-Konzeption aus dem *Begriff des Politischen* (1927/ 32) und die dort formulierten Homogenitätsideale anschließt (vgl. Salzborn 2011b): für Schmitt ist eine Demokratie eine Volksherrschaft, bei der nicht die Individuen über sich selbst herrschen, sondern bei der das Kollektiv agieren soll – das Volk als *Ethnos*, nicht als *Demos*, was insofern argumentativ interessant ist, als der Begriff des „Volkes" im Prinzip beide Assoziation zulässt, allerdings in der zeitgenössischen Debatte der 1920er Jahre stets ein expliziter Gegenbegriff zur (bürgerlichen) Nation war (vgl. programmatisch Boehm 1932. Zur Kritik: Prehn 2013; Salzborn 2005a, 2008).

Das notwendige Herrschaftsverhältnis ist für Schmitt eines, in dem der, der „herrscht oder regiert", nicht „aus der allgemeinen Identität und Homogenität des Volkes heraustreten" könne, sondern der „Substanz nach" in der „demokratischen Gleichheit und Homogenität" verbleiben müsse (Schmitt 2010a, S. 235):

„In der reinen Demokratie gibt es nur die Identität des wirklich anwesenden Volkes mit sich selbst, also keine Repräsentation. Mit dem Wort ‚Identität' ist das Existentielle der politischen Einheit des Volkes bezeichnet zum Unterscheid von irgendwelchen normativen, schematischen oder fiktiven Gleichheiten. Demokratie setzt im Ganzen und in jeder Einzelheit ihrer politischen Existenz ein in sich gleichartiges Volk voraus, das den Willen zur politischen Existenz hat. Unter dieser Voraussetzung ist es durchaus richtig, wenn Rousseau sagt, daß, was das Volk will, immer gut ist. Ein solcher Satz ist richtig, nicht aus einer Norm heraus, sondern aus dem homogenen Sein eines Volkes." (Ebd.)

Die auch von Schmitt eingeräumte Notwendigkeit einer Regierung als administrative Institution, die auch eine formale Differenzierung zwischen Regierten und Regierenden nötig mache, dürfe jedoch nicht in eine „qualitative Unterscheidung und Absonderung der regierenden Personen" übergehen, weil dadurch die „demokratische Homogenität und Identität" gefährdet wäre: „Wer in einer Demokratie regiert, tut das nicht, weil er die Eigenschaften einer qualitativ besseren Oberschicht gegenüber einer minderwertigen Unterschicht besitzt." (Ebd., S. 237) Gleichwohl werden die „tüchtigen und sachkundigen Volksgenossen (sic!) mit der Leitung und Führung" beauftragt (ebd.). Was sich auf den ersten Blick liest wie ein flammendes Plädoyer für die Gleichheit, ist ein flammendes Plädoyer für die Ungleichheit – weil die Idee der Homogenität und der Identität mit dem demokratischen Grundideal des Widerspruchs und des Konflikts unvereinbar sind und Schmitt insofern eine interne Homogenität und Identität postuliert, die nur über einen völkischen Volksbegriff hergestellt werden kann, der nicht nur ein irreversibles *Außen*, sondern auch ein existenzialistisch unterstelltes *Anderes* kennt (vgl. Salzborn 2010).

Schmitt (1963, S. 27) hypostasiert damit eine bedingungslose Vormachtstellung des Einheits-, Ordnungs- und Gemeinschaftsgedankens, der durch starre, ethnisierte Freund-Feind-Vorstellungen homogenisiert ist und bei dem Entscheidungen über (Nicht-)Zugehörigkeit nicht mehr beim Individuum, sondern beim Kollektiv liegen. Denn dieses sei durch „existenzielles Teilhaben und Teilnehmen" gekennzeichnet.

Die generelle Normierung des Rechts wird ausgehebelt und das rechtliche Fundament des liberalen Demokratiedenkens wie die Versprechen des Liberalismus auf Aufklärung, Freiheit, Subjektivität und Privatheit verworfen. Der antidemokratische Appell von Schmitt kulminiert in seinem Text *Der Begriff des Politischen* in der Zuspitzung im Begriff des völkisch verstandenen Volkes als bewusstem Gegenbegriff zur auch republikanisch denkbaren Nation als basaler Grundlage der Freund-Feind-Unterscheidung. Wenn ein Volk die Freund-Feind-Unterscheidung nicht mehr durchführen könne, mangels Fähigkeit oder Willen, höre es auf, politisch zu existieren: „Ein Krieg hat seinen Sinn nicht darin, daß er für Ideale oder Rechtsnormen, sondern darin, daß er gegen einen wirklichen Feind geführt wird." (Schmitt 1963, S. 50 f.) Damit wird der Krieg zum Selbstzweck, die Unterscheidung zwischen Freund und Feind zur *selffulfilling prophecy*. Denn das gesellschaftlich erstrebte Ideal von Homogenität, von Einheitlichkeit und von Gemeinschaftlichkeit entlang eindeutiger Freund-Feind-Zuschreibungen umfasst explizit auch die „doppelte Möglichkeit: von Angehörigen des eigenen Volkes Todesbereitschaft und Tötungsbereitschaft zu verlangen, und auf der Feindesseite stehende Menschen zu töten." (Ebd., S. 46)

3.2 „Vernichtung des Heterogenen"

Was im *Begriff des Politischen* mit Blick auf Schmitts Demokratieverständnis inhaltlich rekonstruierbar ist, findet seinen argumentativen Vorlauf in formaler Perspektive in der Schrift *Die geistesgeschichtliche Lage des heutigen Parlamentarismus* (1923). Hier konzeptualisiert Schmitt zunächst einen Gegensatz von Demokratie und Parlamentarismus, der effektiv auf den Gegensatz von Identität und Repräsentation hinausläuft, der aber in den Begriffen Demokratie und Parlamentarismus in populistischer Absicht gefasst wird. Für Schmitt gehört die Idee des Parlamentarismus in den Kontext des Liberalismus und damit nicht genuin zur Demokratie. Der Formbegriff der Demokratie von Schmitt zielt darauf, dass jede „wirkliche Demokratie" – ein argumentativer Schachzug, mit dem ideengeschichtlich noch jeder Begriff entleert werden und umcodiert werden konnte, wenn auf seinen „wirklichen"

Gehalt verwiesen wird, der damit ontologisiert und seiner Umkämpftheit beraubt wird (vgl. Göhler u.a. 2004) – darauf beruhe, „nicht nur Gleiches gleich, sondern, mit unvermeidlicher Konsequenz, das Nichtgleiche nicht gleich behandelt" werde. Zur Demokratie in Schmitts Lesart gehört somit „notwendig" sowohl Homogenität, wie die „Ausscheidung oder Vernichtung des Heterogenen" (Schmitt 2010b, S. 13 f.). Eine solche (durch Schmitt begrifflich völlig entleerte) „Demokratie" könne insofern Teile „der vom Staate beherrschten Bevölkerung ausschließen", wobei es nicht dem Kern von Demokratie widerspreche, Menschen in „irgendeiner Form ganz oder halb entrechtet" leben zu lassen, was für Schmitt mit dem Status von Sklaven einhergehe, die auch als „Barbaren, Unzivilisierte, Atheisten, Aristokraten oder Gegenrevolutionäre" tituliert werden könnten (ebd., S. 15). Dass hier eine mehr als weitreichende argumentative Vorbereitung der antisemitischen Vernichtungspolitik des Nationalsozialismus formuliert wurde, hat bereits Ernst Fraenkel vermerkt (vgl. zu Schmitts Antisemitismus ausführlich: Gross 2005):

„Durch Eliminierung der als heterogen qualifizierten Gruppen, d.h. aber durch ihre politische Ausschaltung und notfalls durch ihre physische Vernichtung, soll gewährleistet werden, daß ein einheitlicher Gemeinwille entsteht, dessen Substrat das rassisch homogene Volk und dessen Exponent der Führer einer hierarchisch strukturierten Bewegung ist." (Fraenkel 1964, S. 211)

Im Gegensatz dazu lehnt Schmitt (2010b, S. 17) eine universalistische Gleichheit, die er „absolute Menschengleichheit" nennt, ab. Die Idee der Gleichheit aller Menschen sei auch nicht Bestandteil von Demokratie, sondern Teil des liberalen Denkens, wohingegen für Schmitt der „wahre Staat" nur da existiert, „wo das Volk so homogen ist, daß im wesentlichen Einstimmigkeit herrscht." (Ebd., S. 19) Schmitt vermeidet es in den meisten seiner Weimarer Schriften geradezu penibel, in der Frage, was denn das Volk *konkret* ausmache, explizit zu werden – insofern ist sein Demokratiebegriff in der *Parlamentarismus*-Schrift auch ein Formbegriff, der sich zwar etwa mit dem Verweis auf die „nationale oder andere Arten der Homogenität" tendenziell zur inhaltliche Kategorie erweitert – aber den ethnisierenden, genauer: den völkischen Kern expliziert Schmitt nur im *Begriff des Politischen* – und seine antisemitische Konkretisierung, die sich ebenfalls in der *Parlamentarismus*-Schrift der Form nach andeutet, erfolgt explizit dann erst in seinen NS-Schriften (vgl. v. a. Schmitt 1934b, 1938, 1939, 1942).

Hier wird allerdings sehr deutlich und explizit, dass Schmitts Wunsch nach Vernichtung in seiner völkischen Stoßrichtung antisemitisch ist, da er Jüdinnen und Juden die Rolle des existenzialistisch *Anderen* zuschreibt, auf die alle seine Vernichtungsphantasien des Freud-Feind-Denkens und der völkischen Kriegslogik angewandt werden. Denn für Schmitt würden Juden eine „ganz singuläre, mit keinem andern Volk vergleichbare, völlig abnorme Lage und Haltung" gegenüber allen anderen Völkern einnehmen (Schmitt 1938, S. 16 ff.). Beim weltgeschichtlichen Kampf würden Juden zusehen, „wie die Völker der Erde sich gegenseitig töten", weil für sie das „gegenseitige ‚Schächten und Schlachten' gesetzmäßig und ‚koscher'" sei: „Daher essen sie das Fleisch der getöteten Völker und leben davon." (Ebd., S. 18) Und, so die Fortsetzung dieses antisemitischen Wahns von Schmitt an anderer Stelle: „Sie essen das Fleisch der sich gegenseitig tötenden Tiere, ziehen ihnen die Haut ab, bauen sich aus dem Fell schöne Zelte und feiern ein festliches, tausendjähriges Gastmahl." (Schmitt 1942, S. 10)

3.3 Diktatorische Reinheitsfantasien und der Hass auf den Pluralismus

Der „Wille des Volkes" könne „durch Zuruf, durch *acclamatio*, durch selbstverständliches, unwidersprochenes Dasein" besser realisiert werden, als durch die Verfahren der repräsentativen Demokratie (Schmitt 2010b, S. 22); durch „unwidersprochenes Dasein" – die Formulierung ist so beiläufig, man könnte fast ihren Kern übersehen: es bedarf keines Volkes mit Subjektcharakter in dieser Schmittschen „Demokratie". Insofern konsequent, argumentiert Schmitt auch, dass „die Minderheit [...] den wahren Willen des Volkes" haben könne (ebd., S. 36), der verbunden mit dem „alten Programm der Volkserziehung" auch explizit gemacht werden könne: „Das Volk kann durch richtige Erziehung dahin gebracht werden, daß es seinen eigenen Willen richtig erkennt, richtig bildet und richtig äußert." (Ebd., S. 37) Es geht also um eine völkische Erziehungsdiktatur, die diese „richtige" Einsicht in den „Willen des Volkes" erzwingt: „Die Konsequenz dieser Erziehungslehre ist die Diktatur, die Suspendierung der Demokratie im Namen der wahren, erst noch zu schaffenden Demokratie." (Ebd.)

Schmitts Bekenntnis zur Diktatur ist ein politisches, in dem die Diktatur nicht als antagonistischer Widerspruch zur Demokratie konzipiert wird, sondern im Gegenteil die Diktatur als notwendige Option der Demokratie erscheint – eben derjenigen „Demokratie", die um alle liberalen, aufgeklärten, freiheitlichen und sozialen Elemente bereinigt ist und sich in ihrem Verständnis des *Demos* auf ein ethnisches, homogenes Kollektiv stützt, das sich einer totalitären Leitnorm bedingungslos unterwirft, weil es glaubt, dass diese seiner Natur entspräche. Das formale Merkmal einer Diktatur liegt für Schmitt dabei „in der Ermächtigung einer höchsten Autorität, die rechtlich imstande ist, das Recht aufzuheben und eine Diktatur zu autorisieren" (2006, S. XVIII). Insofern ist Schmitts „Demokratie" eine, in der der Demokratiebegriff komplett zerstört und jede Hoffnung auf Partizipation und Mitbestimmung getilgt ist, aber in der Phantasie Schmitts ist es das Wesen des Volkswillens, der für seine Er- und Begründung eben nicht mehr des Volkes, sondern nur noch der Führung bedarf.

Schmitt verachtet die Weimarer Verfassungsordnung und ihre Elemente „Pluralismus, Polykratie und Föderalismus", besonders den Pluralismus, den er – durchaus zurecht – als rechtstheoretischen Inbegriff der fundamentalen Gegnerschaft zu seiner eigenen Position deutet, in deren Zentrum die Konzepte Identität, Homogenität und Entscheidung stehen (1996, S. 71). Er wendet sich gegen den „parlamentarisch-demokratischen Parteienstaat", den „labilen Koalitions-Parteien-Staat", in dem er alle Übel vereint sieht, gegen die er selbst kämpft:

„unberechenbare Mehrheiten; regierungsunfähige und infolge ihrer Kompromißbildungen unverantwortliche Regierungen; ununterbrochene, auf Kosten eines Dritten oder des staatlichen Ganzen zustandekommende Partei- und Fraktionskompromisse, bei denen jede beteiligte Partei sich für ihre Mitwirkung bezahlen läßt; Verteilung der staatlichen, der kommunalen und anderer öffentlicher Stellen und Pfründen unter die Parteigänger nach irgendeinem Schlüssel der Fraktionsstärke oder der taktischen Situation. Auch die Parteien, die mit aufrichtiger Staatsgesinnung das Interesse des Ganzen über die Parteiziele stellen wollen, werden teils durch die Rücksicht auf ihre Klientel und ihre Wähler, aber noch mehr durch den immanenten Pluralismus eines solchen Systems gezwungen, entweder den fortwährenden Kompromißhandel mitzutreiben oder aber bedeutungslos beiseite zu stehen, und finden sich am Ende in der Lage jenes aus der Lafontaineschen Fabel bekannten Hundes, der mit den besten Vorsätzen den Braten seines Herrn bewacht, aber dann, als er andere Hunde darüber herfallen sieht, sich schließlich auch an dem Mahl beteiligt." (Schmitt 1996, S. 88 f.)

Schmitt kritisiert den gesellschaftlichen und politischen Pluralismus, indem er ihn polemisch auf die Spitze treibt – als Klientelismus, der letztlich die Einheit des Staates und der Ordnung gefährde. Historisch richtig ist daran, dass die pluralistische Theorie der 1920er Jahre in der Tat das staatlich-ordnende Moment und die Notwendigkeit einer gemeinsamen Leitnorm, wie sie Ernst Fraenkel (1964) später formulierte, noch nicht reflektiert hatte. Aus diesem Manko konstruiert Schmitt jedoch einen „Pluralismus der Legalitätsbegriffe", der zu Destabilisierung und Gefährdung der staatlichen Einheit führe, ja durch den innenpolitischen Konflikt – in Schmitts Freund-Feind-Konzeption ein völlig unerträglicher Zustand, der auch im Belagerungszustand begrifflich zum „,inneren' Feind" eskaliert wird (Schmitt 2006, S. 183) – und die damit entstehende „fast automatisch funktionierenden, gegenseitigen Negationen" die Verfassung letztlich „selbst zerrieben" werde (Schmitt 1996, S. 90 f.). Das „pluralistische Auseinanderbrechen eines parlamentarischen Gesetzgebungsstaates" (ebd., S. 94) könne nur durch eine *pouvoir neutre*, eine „neutrale Gewalt" verhindert werden (ebd., S. 132).

Damit widerspricht sich Schmitt scheinbar selbst, weil er in seiner Identitätstheorie immer der Einheit und Homogenität das Wort geredet hat – es ist aber nur ein Scheinwiderspruch, weil er in *Hüter der Verfassung* (1931) in keiner Weise Abschied von seinem Identitätskonzept nimmt, sondern es nur vielmehr argumentativ ausklammert: im Zentrum steht das Ziel, eine Gewalt zu schaffen, die dazu in der Lage versetzt werden soll, den Pluralismus praktisch zu bekämpfen – rechtstheoretisch getarnt durch die Funktion, die Verfassung zu schützen. Aber in Wirklichkeit gefährdete der von Schmitt beschriebene Pluralismus ja historisch gar nicht die Verfassung, mehr noch: angesichts der intensiven Weimarer Debatten über eine soziale Demokratie (vgl. Kirchheimer 1930; Neumann 1932. Siehe hierzu auch Blau 1980; Fisahn 1993), zeigt sich, dass der rechtstheoretische Spielraum gerade auf Verfassungsebene ein ausgesprochen weiter gewesen wäre, hätten die gesellschaftlichen Konfliktstrukturen in einem konstruktiven Sinn organisiert – und nicht in einem identitären Sinn homogenisiert – werden sollen. Schmitt will aber die Identität des Volkes – und genau deshalb spricht er in *Hüter der Verfassung* über etwas, das ihm objektiv unwichtig ist: die Weimarer Reichsverfassung. Er benötigt sie als argumentatives Vehikel, um seinem Identitätskonzept eine entscheidende Wendung geben zu können: Die Einführung der „neutralen Gewalt".

Liest man genau, dann ist diese natürlich alles andere als „neutral" – sie ist lediglich in der Lage, die Verfassungsordnung systematisch zu suspendieren und damit als strukturgebendes Moment für Schmitt so wichtig, um seiner antidemokratischen Identitätstheorie den entscheidenden Weg in die diktatorische Wendung zu geben:

„Sie [die Meinungsverschiedenheiten und Differenzen, Anm. d. Verf.] werden entweder durch eine über den differierenden Meinungen stehende, stärkere politische Mach von oben, als durch einen *höheren* Dritten beseitigt – das wäre dann aber nicht der Hüter der Verfassung, sondern der souveräne Herr des Staates; oder sie werden vermittels einer nicht über-, sondern nebengeordneten Stelle beigelegt oder ausgetragen, also durch einen *neutralen* Dritten – das ist der Sinn einer neutralen Gewalt, eines *pouvoir neutre et intermédiaire*, der nicht über, sondern neben den anderen verfassungsmäßigen Gewalten steht, aber mit eigenartigen Befugnissen und Einwirkungsmöglichkeiten ausgestattet ist." (Schmitt 1996, S. 132)

Auf den ersten Blick scheint es, als wäre die hier formulierte These, nach der Schmitt mit seinem Konzept der *pouvoir neutre* den Weg in die Diktatur ebne, eine infame Unterstellung, da er sich ja ganz explizit von der Idee einer „höheren" Macht abgrenzt – liest man sein Konzept der Neutralität aber jenseits seiner eigenen Proklamation, dann ist seine „neutrale" Gewalt faktisch mit allem ausgestattet, was dazu in der Lage ist nicht nur neben, sondern eben tatsächlich über der Verfassung zu stehen als eine „neutrale, vermittelnde, regulierende und bewahrende Gewalt" (Schmitt 1996, S. 137), die – und das ist entscheidend – auf einer „weiter entwickelten Lehre" basiert, will sagen: die die *pouvoir neutre* „von den gesetzgebenden Stellen unabhängig machen" kann (ebd.).

3.4 Der erfundene Volkswille

Ihren begrifflichen Höhepunkt nimmt Schmitts identitäre Volkswillenskonzeption schließlich in *Legalität und Legitimität* (1932). Hier entwickelt Schmitt (2012, S. 9) das Idealbild eines Gesetzgebungsstaates, dem er den Jurisdiktionsstaat, den Regierungs- und Verwaltungsstaat entgegenstellt. Während für den Jurisdiktionsstaat typisch sei, dass er die „konkrete Fall-Entscheidung" in den Mittelpunkt rücke, in der „richtiges Recht, Gerechtigkeit und Vernunft" sich offenbaren, ohne auch durch „generelle Normierungen" vermittelt zu sein – man könnte polemisch auch sagen: hier handelt es sich damit faktisch um richterliche Willkür –, fußt der Regierungsstaat auf dem „hoheitlichen persönlichen Willen" und dem „autoritären Befehl" – hier lässt sich ganz ohne Polemik sagen: es geht um Willkür, diesmal jedoch politische. Der Verwaltungsstaat schließlich sei geleitet von der „Maßnahme", die gemäß ihrer „sachlich-praktischen Zweckmäßigkeit" formuliert werde (ebd.).

Der (liberal-demokratische) Gesetzgebungsstaat, den Schmitt

durch sein „geschlossenes Legalitätssystem" charakterisiert (ebd., S. 10), das er zugleich als „normativistische Fiktion" denunziert und in seinem auf Rationalität aufbauenden Rechtfertigungssystem als „durchaus eigenartig" diffamiert (ebd., S. 10 u. 13), steht vor allem deshalb im Fokus der Kritik, weil er außerrechtliche Momente als rechtsetzende Quellen ablehnt und der Sphäre des Politischen zuschreibt:

> „Der Legalitätsanspruch macht jeden Widerstand und jede Gegenwehr zum Unrecht und zur Rechtswidrigkeit, zur ‚Illegalität'. Kann die Mehrheit über Legalität und Illegalität nach Willkür verfügen, so kann sie vor allem ihren innerpolitischen Konkurrenten für illegal, d.h. *hors-la-loi* erklären und damit von der demokratischen Homogenität des Volkes ausschließen." (Ebd., S. 31)

Dieses Argument ist bemerkenswert, weil Schmitt seine eigene homogene Identitätsphantasie in den pluralistischen Rechtsstaat projiziert, um diesen dann für Absichten zu kritisieren, die eigentlich diejenigen der Rechtsschule sind, die auf Identität und Dezision aufbaut. Denn die hoheitliche Kompetenz, etwas für legal oder illegal zu erklären, liegt im Rechtsstaat mitnichten in der subjektiven Kompetenz der politischen Akteurinnen und Akteure, sondern ist faktisch an das Gesetz gebunden, d.h. was legal und was illegal *ist*, lässt sich ohne Rücksicht auf den subjektiven Standort der Betroffenen objektiv bestimmen – ob man diese Bestimmung von Legalität dann politisch für richtig oder falsch halten mag, liegt außerhalb des legalen Rechtsbegriffs. Schmitt unterstellt dem „Gesetzgebungsstaat" hier aber, genau das zu unternehmen, was er selbst durchsetzen will: den inner-(nicht innen-!)politischen Konkurrenten zum Feind zu machen, dem über das Instrument der Legalitätsfrage die Legitimität des Handelns gleich mitabgesprochen wird – da er, wie Schmitt phantasiert, aus der „Homogenität des Volkes", die es im Rechtsstaat weder gibt noch geben soll, ausgeschlossen werde, wobei das Kriterium der identitären Homogenität, die einzig legitimierend für Legalität sei, ausschließlich dem Freund-Feind-Konzept von Schmitt und der identitären Dezisionspolitik entspringt.

Schmitt übernimmt hier einen argumentativen Trick der völkischen Bewegung (vgl. Salzborn 2005a), der dieser nicht unbedingt als bewusste und vorsätzliche Strategie entspringt, weil sie selbst in einem ideologischen Sinne glaubt, was sie formuliert, so dass das Argument nicht strategisch (und damit im Wissen seiner Falschheit) formuliert wird, sondern unbewusst im Glauben an die sachliche Richtigkeit entsteht: wenn Legalität und Legitimität für die völkische Bewegung in Eins fallen sollen, also sich jede (nicht positivnormierte) Rechtsprechung und Maßnahmenentscheidung an einem völkischen Homogenitätsideal als legitimitätsspendender Prämisse orientieren und damit Legalität generieren soll, dann unterstellt Schmitt hier projektiv dem demokratischen Rechtsstaat eine Politik, die dieser nicht nur nicht betreibt, sondern die er – will er demokratischer Staat ebenso sein wie Rechtsstaat – nicht betreiben *kann*.

Schmitts Ziel ist die Wende zur Identität im Sinne einer essentialistischen Homogenitätsannahme mit dem Ziel einer „substanzhaften Ordnung" (Schmitt 2012, S. 91). Dabei läuft für ihn alles auf *einen* Antagonismus hinaus, bei dem die völkische und antidemokratische Stoßrichtung klar benannt wird:

„Anerkennung substanzhafter Inhalte und Kräfte des deutschen Volkes *oder* Beibehaltung und Weiterführung der funktionalistischen Wertneutralität mit der Fiktion gleicher Chancen für unterschiedslos alle Inhalte, Ziele und Strömungen." (Ebd., S. 90 f.)

Der „neutrale Mehrheitsfunktionalismus", dem Schmitt mit einer Mischung aus deliberativen und diktatorischen Elementen entgegentreten will (ebd., S. 86 u. 91), richte sich gegen „Wert und Wahrheit" (ebd., S. 91), was das moralische Element des identitären Politikverständnisses und eine Vorstellung vom Volkswillen, der aus unterschiedlichen Quellen bestimmt sein mag, nur nicht durch das tatsächliche Volk, apostrophiert. Sich gegen „Wert und Wahrheit" zu stellen, ist erkenntnistheoretisch unwidersprechbar und damit abermals nichts als rhetorische Raffinesse von Schmitt zu verstehen, weil beides – wird es auch noch so hartnäckig als objektiv unterstellt – stets subjektiv ist und auf eine moralische

Absicherung des Arguments hinausläuft. Und wer, wie Schmitt, moralisch argumentiert, will damit faktisch unter der Hand das härteste Interesse durchsetzen, das es überhaupt gibt: das eigene, kaschiert als „Wahrheit" oder als „Wille des Volkes". Und, was dabei antidemokratisch ist: er will alle, die eine andere Meinung oder ein anderes Interesse haben, gnadenlos dem Phantasma des „Volkswillens" unterwerfen, der tatsächlich der dezisionistische Wille des Diktators ist.

3.5 Schmitt und die Neue Rechte

Schmitt verachtet die Vernunft. Er ist nicht nur Denker der Dezision, sondern auch der Homogenität. Schmitt fokussiert auf den „Willen des Volkes", der für ihn nichts weiter ist als die ontologisch bestimmte „Substanz" eines völkischen Homogenitätsideals, der Widerspruch nicht toleriert und Abweichung bis zur Vernichtung sanktioniert. Unter dem Zwang, identisch und homogen sein zu müssen, unterwirft der durch den Diktator bestimmte ontologische, also erfundene „Wille des *Volkes*" sich den empirischen, also tatsächlichen „*Willen* des Volkes" bedingungslos – und zerstört ihn damit in Gänze: in der völkischen Diktatur.

Die damit ideengeschichtlich formulierte Erkenntnis hat eine erhebliche Reichweite für aktuelle Fragen der demokratischen Praxis. Denn die zahlreichen Bewegungen am rechten Rand, die sich heute wieder populistisch als „Stimme des Volkes" inszenieren, schließen direkt an das Verständnis von Carl Schmitt an. Es ist lautstark zu hören, die Regierungen würden nicht das umsetzen, was „das Volk" wolle – artikuliert von populistisch auftretenden Parteien oder Bewegungen, die selbst völkische und rassistische Ziele verfolgen, die die Gesellschaften spalten und die Demokratie zerstören wollen.

Auch wenn rechtsextreme Parteien mittlerweile (wieder) Wahlerfolge erzielen, geht es ihnen im Kern eben nicht um den realen Willen des Volkes, sondern den unterstellten und damit erlogenen Volkswillen – nicht das, was empirisch prüfbar und wirklich vorhanden ist, sondern das, was Rechte zum Volkswillen erklären, um ihre eigene völkische Weltsicht. Viele von ihnen berufen sich dabei direkt auf Carl Schmitt, von der französischen Nouvelle Droite bis zur deutschen Neuen Rechten, Schmitts Schriften finden einen gigantischen Absatz. Im Kern geht es bei dem antiparlamentarischen Affekt der populistisch agierenden extremen Rechten um das, was eben schon Schmitt als einer der zentralen Wegbereiter des Nationalsozialismus gefordert hat: eine gelenkte Demokratie auf der Basis eines erfühlten (d.h. von den Rechten diktierten) „Volkswillens", der auf völkische Homogenität und einem kategorialen und militarisierten Freund-Feind-Denken basiert. Dass dieses Denken in die Barbarei führt, kann man heute wissen.

4 Gegen die Aufklärung, für den Irrationalismus: Die Neue Rechte und die Religion

Das Interesse der Rechtsextremismusforschung an Fragen der Religion ist relativ gering – womit ein Unterschied zwischen den historischen Arbeiten über das Verhältnis von Religion und Nationalsozialismus und das von Religion und Nachkriegs-Rechtsextremismus besteht, wurden doch sowohl die christlichen, wie die neuheidnischen Elemente des Nationalsozialismus mittlerweile recht umfangreich erforscht (vgl. u.a. Bärsch 2002; Gailus/Nolzen 2011; Grabner-Haider 2007; Heller/Maegerle 2001). Die einzige Ausnahme mit Blick auf die Relevanzwahrnehmung der Religion im Rechtsextremismus ist das Themenfeld Musik: Es gibt inzwischen eine recht umfangreiche Forschung zu den Inhalten rechtsextremer Musik, in der besonders auf die Affinitäten der gewaltbereiten und gewalttätigen Spektren für neuheidnisches Gedankengut hingewiesen wird (vgl. u.a. Archiv der Jugendkulturen 2001; Dornbusch/Raabe 2002; Dornbusch/Killguss 2006; Pfeiffer 2002; Speit 2006).

Dass der Fokus der Rechtsextremismusforschung bisher sonst nicht besonders stark auf das Thema Religion gerichtet ist, mag seine Ursachen darin haben, dass es vor allem Formen der *negativen Befassung* mit Religion sind, die im bundesdeutschen Rechtsextremismus deutlich wahrnehmbar sind: als Antisemitismus, der von Beginn an der wesentliche Kern des rechtsextremen Weltbildes ist, oder auch, neuerlich, als antimuslimischer Rassismus, der – folgt man Richard Stöss (2010, S. 31 ff.) – gegenwärtig eines der mobilisierungsfähigen Kampagnenthemen im Rechtsextremismus ist; auch wenn er nicht zu den weltanschaulichen Grundlagen gehört, wie der Antisemitismus und auch, wenn es im Rechtsextremismus einige Strömungen gibt, die dezidiert proislamisch orientiert sind und gerade im Antisemitismus die verbindende Klammer zwischen rechtsextremen und radikalislamischen Weltanschauungen sehen (vgl. Weiß 2007). Ganz gleich, ob Element der Weltanschauung wie der Antisemitismus oder kurzweiliges Kampagnenthema wie die Islamfeindlichkeit – der bundesdeutsche Rechtsextremismus wird insofern vor allem in seiner negativen Rezeption von Religion wahrgenommen.

Will man begreifen, welche Rolle Religionsverständnisse für die Neue Rechte haben, dann ist eine Analyse desjenigen neurechten Organs hilfreich, das darum bemüht ist, die intellektuelle Lücke in der neurechten Szene zu schließen, die wie beschrieben um die Jahrtausendwende entstanden war: die Zeitschrift *Sezession*, die seit 2003 mit zunächst vier, später dann mit sechs Ausgaben jährlich erscheint, prägt die Debatten- und Diskursentwicklung im rechtsextremen Milieu nachhaltig und ist zugleich intellektueller Gradmesser dessen, was im neurechten Spektrum an Positionen und Kontroversen mit Blick auf das Thema Religion relevant ist – denn die *Sezession* ist fraglos das Zentrum neurechter Theoriebildung. Und auch darüber hinaus: denn in der *Sezession* schreiben auch (unter Pseudonym) neonazistische Kader, wie Andreas Speit und Felix Krebs recherchiert haben, die vor diesem Hintergrund zurecht betonen, dass die strategische Abgrenzung der Neuen Rechten gegenüber dem Neonazismus damit „nicht mehr als Blendwerk" ist (Speit/Krebs 2017).

4.1 Religion: Das Eigene, das Fremde, das Andere

Während die wissenschaftliche Aufmerksamkeit für das Thema Religion und Rechtsextremismus bisher eher gering ist, zeigt eine eingehende Analyse der *Sezession*, dass gerade der intellektuelle Flügel des bundesdeutschen Rechtsextremismus die Relevanz des Themas in erheblichem Maße wahrnimmt – und zwar nicht nur als reflexhafte Abwehrbewegung, wie man dies in populistischen Kreisen mit Blick auf den Islam beobachten kann, sondern als eine Verbindung aus Identitäts- und Alteritätsdisponierungen, sprich: die Religion wird nicht nur als externe, sondern auch als interne Komponente des eigenen Weltbildes begriffen und insofern strukturiert sich die Argumentation in einem der zentralsten

Theorieorgane des bundesdeutschen Rechtsextremismus auch doppelt: als eine Diskussion über die Frage des „Eigenen" und eine Diskussion über die Frage des „Fremden" – und auch als eine Frage über das „Andere", was wichtig ist, weil in der Aushandlung zwischen „Eigenem" und „Fremden" immer eine Symmetrie und damit auch eine Diskursoffenheit angelegt ist, während das „Andere" als grundsätzlich unvereinbar und die Symmetrie zwischen „eigen"/„fremd" kategorial infrage stellend begriffen wird (vgl. Holz 2000). Das schließt unmittelbar an die antisemitische Konkretisierung des völkischen Freund-Feind-Denkens von Carl Schmitt an.

Das Themenfeld Religion ist in der *Sezession* sehr präsent, mehrere Themenschwerpunkte widmen sich dem Thema intensiv (Heft 11: „Religion", Heft 18: „Christentum", Heft 40: „Islam"), aber Aspekte des Religiösen sind im Prinzip in jedem Heft vorhanden, sei es in kürzeren oder längeren Abhandlungen oder in Buchbesprechungen. Systematisiert man die Beiträge, in denen Religion ein Thema ist, dann finden sich zwei Typen von Texten: Der erste Typus setzt sich abstrakt mit der Rolle und Funktion von Religion, Glauben und Mythos für das eigenen Weltbild auseinander und exemplifiziert die eigenen Überzeugungen an konkreten Religionen, geht also deduktiv vor; der zweite Typus nimmt eine konkrete Religion in den Blick – rein quantitativ findet die umfangreichste Auseinandersetzung mit dem Islam statt, gefolgt von dem Christentum, dem Judentum, kleinere Einlassungen finden sich auch zum Neuheidentum – und entwickelt von den induktiven Überlegungen ausgehend Elemente, die das eigene Weltbild konkretisieren, allerdings niemals grundsätzlich infrage stellen.

4.2 Grundlagen des religiösen Weltbildes

Das Generalziel der *Sezession* mit Blick auf das Thema Religion ist, abstrakt gesprochen, eine Resakralisierung der Politik, die aber nicht einfach gleichzusetzen ist mit einer reinen Rückholung oder Umkehrung der Aufklärungs- und Säkularisierungsprozesse in Deutschland und Europa, sondern diese vielmehr in die Weltbildformulierung einbezieht, sich damit also nicht nur gegen den Prozess der Säkularisierung, sondern zugleich auch gegen den der Individualisierung von Religion wendet (vgl. zur Systematik: Pickel 2011, S. 135 ff.). Die Agenda der *Sezession* ist gegen eine „heillose Welt" (Gerlich 2011, S. 29) gerichtet, gegen eine „‚judenchristlich' inspirierte deutsche Reformation" (ebd.) und für einen „in ‚politische Form' gebrachten Katholizismus" (ebd.), wobei der Mensch als „unverwüstlich metaphysisches Wesen" (Lichtmesz 2015, S. 19) verstanden wird. Das in anderen Teilen der rechtsextremen Szene Anklang findende „Neuheidentum der Gegenwart" (Weißmann 2007a, S. 40) wird wohlwollend, aber skeptisch betrachtet, also nicht ablehnend, aber in Distanz, da es „die Individualisierung" fördere (statt der Vergemeinschaftung) und damit den „Zerfall des christlichen Abendlandes" fortsetze, in dem ein „religiöser Pluralismus" entstanden sei, der „alle mögliche Glaubensvarianten hervorbrachte, aber keine Gestaltung des Glaubenslebens anstelle des kirchlichen." (Ebd.)

Die *Sezession* sympathisiert mit einem katholischen Etatismus, einem politischen Katholizismus oder einem, mit Schmitt gedacht, „schwarzen Katholizismus" (Gerlich 2011, S. 30), der in Referenzname auf die „Figur des Großinquisitors" (ebd., S. 31) starke Sympathien für den Katechon und die damit verbundenen katholische Mystifizierung hegt. Mit Blick auf Carl Schmitt heißt es:

„Indem Schmitt die gnostische Zerrissenheit in die Einheit Gottes zurückbannt, widersteht er der Versuchung eines radikalen dualistischen Zerfalls, der Marcion in seinem Mythos des Kalten Krieges zwischen einem liebenden Erlösergott und einem strengen Schöpfergott erlegen war. Aber unweigerlich muß Schmitts Überspannung des ‚Gottmenschen' Christus zu dessen inwendiger Spaltung führen: in einen dank der Kirche siegreichen ‚Gott', und in einen gegen dessen Herrschaft in urprotestantischer Heilssuche leidend rebellierenden ‚Menschen'." (Gerlich 2011, S. 31)

Es geht der *Sezession* darum, ein unterstelltes Sinnvakuum der Gegenwart religiös neu zu besetzen, zu nutzen, dass die „prinzipielle Ablehnung" von Religion (Weißmann 2005a, S. 8) abgenommen habe und somit ein „Machtverlust der Religionskritik" (ebd., S. 9) zu attestieren sei, in dem trotz des Wandelns und der Veränderung von Religion diese politisch und gesellschaftlich wieder einen *prinzipiellen* Stellenwert zugesprochen bekommen hat, der perspektivisch auch mit der Überwindung der „Pseudoreligionen" bzw. „Zivilreligionen" einhergehen müsse, deren beginnendes Scheitern bereits attestiert wird (vgl. ebd.). Das Ziel ist, retrospektiv formuliert, aber prospektiv gemeint, klar benannt:

„Über den längsten Zeitraum der Geschichte war die Religion wenn nicht das einzige, so doch das entscheidende Konzept zur Welterklärung: sie bestimmte das Verhältnis zu den überirdischen Mächten, ordnete das Gemeinwesen im Politischen ebenso wie die Beziehung von Geschlechtern und Generationen, gab die wichtigen ethischen Handlungsanweisungen und spendete Trost angesichts der letzten Fragen. Religion ist ein Phänomen von langer Dauer, eine konservative Instanz ersten Ranges." (Weißmann 2005a, S. 12)

Es geht Weißmann hier um zweierlei: Einerseits handelt es sich um eine Apologie des Christentums, resp. des Katholizismus, da der Kampf der Aufklärung verachtet wird, wobei Weißmann einer katholischen Konterrevolution das Wort redet und die mittelalterliche Herrschaftsordnung mit ihrer Abstinenz jeglicher Legitimation zurück sehnt.[5] Zugleich und andererseits ist diese Vergottung von Religion als „konservative Instanz ersten Ranges"

---

5 Entscheidend an diesem neurechten Kampf gegen die Aufklärung ist, dass diese mit dem cartesianischen Weltbild nicht nur die alte Herrschaftsordnung des Klerus zerbrach, sondern im kontraktualistischen Staatsdenken erstmals überhaupt die Frage nach der Legitimation von Herrschaft auf die Agenda der Politik setzte, weil die scholastischen Herrschaftsmodelle aufgrund ihrer Behauptung, gottgewollt zu sein, niemals auch nur im Ansatz legitim, geschweige denn legitimiert waren und insofern der Zweifel zum deistischen Stachel im Fleisch der legitimationsfreien Herrschaft des Spätmittelalters wurde (vgl. Salzborn 2013).

aber nicht nur eine Sehnsucht nach der legitimationsfreien Herrschaft des Spätmittelalters, sondern überhaupt eine positive Referenz auf *alle Glaubenssysteme*, die die von ihnen Unterworfenen von Partizipation ausschließen und ihnen stattdessen eine Heilslehre als Surrogat für ein freies und glückliches Leben im Diesseits vorgaukeln – und da ist der politische Katholizismus, wie ihn die *Sezession* verfolgt, vom politischen Islam bzw. Islamismus nur wenig entfernt, sind sie *faktisch* Brüder im Geiste, die sich nur über die Frage der ausschließlichen Vormachtstellung uneinig sind.

Diese Zuspitzung kann man auch bei Ernst Nolte (2005, S. 47) in einem Interview in der *Sezession* nachlesen, wenn er auf der einen Seite eine kategoriale Differenz zwischen dem Islam und dem „postchristlichen Säkularismus des Westens" ausmacht, in seinem utopischen Idealbild aber letztlich auf dieselben anti-aufklärerischen und anti-individualistischen Wertvorstellungen referenziert, die Christentum und Islam im neurechten Verständnis verbinden:

„Wenn man die Religion aus der Geschichte der Menschheit wegdenkt, kann man ebensogut die Menschen wegdenken und eine konfliktlose Zivilisation imaginieren, wie sie, bildlich gesprochen, im Inneren von Ameisenstaaten vorhanden sein mag. Aber auch Ameisenstaaten führen Kriege, und die Kriege beziehungsweise die Verhaltensweisen religionsloser Ameisenmenschen könnten schlimmer sein als diejenigen, die sich in der historischen Existenz der Menschen antreffen und beklagen lassen." (Nolte 2005, S. 41)

Dass in diesem Gedanken auch eine Relativierung und Verharmlosung der Shoah liegt, wundert angesichts von Noltes generellem Geschichtsrevisionismus wenig (vgl. Wiegel 2001), ist aber dennoch Wert, explizit betont zu werden, da das Bild des Judentums, das in der *Sezession* gezeichnet wird, deutlich different zu dem des Christentums oder dem des Islam ist.

Dieser Kampf gegen die Aufklärung und die damit verbundene generelle Hinwendung zu einer Resakralisierung des Politischen (und damit, politiktheoretisch gesprochen, faktisch seine

Entpolitisierung; vgl. Salzborn 2012a) zeigt sich in der *Sezession* in einem übergeordneten Anspruch mit Blick auf die Mythologisierung des Nationalen – für das die Resakralisierung zentral ist. Für „Wesen und geistigen Bestand einer Nation", schreibt Wolfgang Dvorak-Stocker (2009, S. 18), seien Mythen unverzichtbar, wobei er deren Botschaft nicht in der Vergangenheit, sondern für die Zukunft sieht: „Ihre Botschaft lautet: Wie es war, so wird es sein." Damit konzeptualisiert Dvorak-Stocker genau das Programm, das Weißmann bereits mit Blick auf seine mythologische Verklärung der voraufgeklärten Menschheitsgeschichte konkretisiert hat. Dvorak-Stocker postuliert eine „mythische Weltsicht" (ebd., S. 19), die ergänzend zur wissenschaftlichen existiere und wie diese Aspekte zeige, die gleichermaßen „real" seien – und greift damit ein Motiv aus der Konservativen Revolution auf, nach dem der rationalen Vernunft die irrationale Emotion entgegengestellt und als gleichrangig apostrophiert wurde (vgl. Breuer 1993; Sontheimer 1994). Dass damit Fakten und Wissen analytisch auf die Ebene von Spekulationen und freien Erfindungen gestellt werden, zeigt die tiefe Ablehnung eines aufgeklärten Weltbildes und zugleich auch, dass es sich um ein hermetisch geschlossenes Denksystem handelt, das für rationale Argumente strukturell nicht zugänglich ist. So kann man dann auch bei Dvorak-Stocker lesen, dass die Mythen als „emotionales Fundament" der Nation „unverzichtbar" seien und – hier bezieht er sich auf eine Arbeit von Weißmann – ihre Wirkung durch „narrative Variationen, ikonische Verdichtung und rituelle Inszenierung" entfalte: „Mythen beinhalten einen Hoffnungsaspekt, ein Versprechen für die Zukunft." (Dvorak-Stocker 2009, S. 19) Dabei sei es gleichgültig, ob sich ein historisches Ereignis „genau so, ganz anders oder überhaupt nicht zugetragen hat." (Ebd., S. 20)

Damit wird Mythos zur freien Erfindung und, was für die religiöse Dimension zentral ist, der primitive Volksglaube, der in allen Religionen zu höchst differenzierten Um- und Fehldeutungen beigetragen hat, nun auf eine intellektualisierte Weise reaktiviert: Denn Mythos und Glaube erfüllen in diesem Weltbild lediglich eine funktionale Rolle, sie erfüllen subordiniert in einem System einer gemeinschaftlichen Homogenitätsschwärmerei die

Rolle der emotionalen Sinnstiftung, mit einem klar benannten Ziel, nämlich „für einen bestimmten Staat unter bestimmten Umständen auch sterben zu müssen" (ebd.). Dieser Gedanke ist, als in der neurechten Szene allgemein bekannte, aber nicht im Text ausgewiesene Referenz, die Paraphrasierung von Carl Schmitts Auffassung, nach der in der Freund-Feind-Logik die Bereitschaft zu töten und getötet zu werden, der wesentliche Kern des Politischen sei (vgl. Salzborn 2011). Diese Militarisierung ist die eigentliche Funktion von Mythos und Glaube, wie es auch in der *Sezession* weiter heißt:

„Diese immer noch an jeden gesunden jungen Mann ergehende Forderung läßt sich nur aus einem mythischen Verständnis der Nation heraus ableiten, insofern als der einzelne ohne innere Teilhabe an seiner Nation nicht wahrhaft zum Menschen werden kann." (Dvorak-Stocker 2009, S. 20)

Dafür bedarf es dann eines „unbefangenen Umgangs mit den eigenen Nationalsymbolen" (ebd., S. 21) auf der einen Seite und einer Entsorgung der nationalsozialistischen Vergangenheit auf der anderen Seite, wenn der Autor selbst Auschwitz zu einem „klassischen Mythos" erklärt (ebd.).

4.3 Das Eigene: Das Christentum

Die verbindende Grundlage der *Sezession* ist das Christentum, genauer gesagt ein politischer Katholizismus, der sich dadurch auszeichnet, das er nicht dogmatisch, aber kompromisslos ist: kompromisslos in seiner Haltung gegen die Aufklärung, gegen den Liberalismus und gegen die Vernunft. Sofern Weltanschauungen mit diesen Paradigmen kompatibel sind, werden ihre religiösen Momente in der *Sezession* diskutiert und in ihrer Kompatibilität mit den eigenen Vorstellungen erwogen, auch um das eigene Weltbild und dessen religiöse Absicherung zu erweitern und vertiefen. In einem Porträt, das Karlheinz Weißmann über Kurt Hübner schreibt, wird dies sehr deutlich formuliert, wenn Weißmann (2007b, S. 6) sich dessen Überlegungen zu eigen macht und schreibt, dass „die Bedeutung des Christentums als absoluter Religion" daraus resultiere, dass sie keine materiellen Werte vertrete und insofern prinzipiell mit jeder Kultur verbunden werden könne – was einen missionarischen, wie einen kulturimperialistischen, aber eben auch einen elitären Zug des eigenen Denkens anzeigt. In jeweiliger historischer Konstellation sei es die Aufgabe, die Welt mit dem „christlichen Geist" zu prägen, was auch erlaube, „den Wert der Tradition zu erkennen und das Verhältnis des Christentums zu anderen Religionen zu bestimmen, entweder im Sinn der scharfen oder der partiellen Abgrenzung, oder im Hinblick auf die vorbereitende Funktion, die eine ‚natürliche Religion' für die Offenbarung erfülle." (Ebd.)

Damit wendet sich die *Sezession* grundsätzlich gegen „Retortenreligionen" (Weißmann 2011a, S. 35), preist das „Felderlebnis" – also den Krieg – als Anlass für eine „ungeheure Entladung theologischer Energie" (ebd., S. 37) und proklamiert ein „volkskirchliches" Konzept, nicht im Sinne der Laienkirche, sondern im Sinne einer völkischen Kirche, bei der der Kirche (im Text mit Blick auf den Ersten Weltkrieg formuliert, aber wohl auch mit aktuellem Anspruch zu verstehen) die Funktion zufällt, „die Nation in ihrer Erniedrigung wieder aufzurichten und nach außen ihre Geltung zu behaupten." (Ebd., S. 38). Der Feind, gegen den sich dieses militarisierte Konzept eines völkischen Christentums richtet, ist einerseits das „weltoffene und damit instinktunsichere Mängelwesen Mensch", welches „auf Führung angewiesen" sei (Lehnert 2007, S. 8), andererseits „die Phobien und die aggressive Konsequenz der politischen Irrlehren der Moderne" (Stegherr 2009, S. 37), wobei es zwischen der „gottverleugnenden Moderne, ihren Ausgeburten Liberalismus und Sozialismus" und dem Katholizismus „keinen Kompromiß" geben könne (ebd.), wenn von der „Wahrheit des Katholischen" gesprochen wird (Stegherr 2007, S. 25).

Hierfür entwirft die *Sezession* ein Bild von der christlichen Kirche, deren Aufgabe darin gesehen wird, den „Verlockungen der modernen Häresien" entgegenzustehen (Stegherr 2009, S. 37) und dabei „Universalismus, Individualismus und Säkularisierung" zu trotzen (Lehnert 2007, S. 10):

„Allgemein kann dort von Kirche gesprochen werden, wo eine historische Kontinuität (subjektive Seite), eine geistige Konformität (objektive Seite) und eine ökumenische Gesinnung (das unterscheidet die Kirche von der Sekte) bestehen." (Lehnert 2007, S. 9)

Es ist möglicherweise redundant zu erwähnen, dass in *diese* Form der Pluralität der Religionen ausschließlich christliche Lehren einbezogen werden können, weil es Kirchen nur im Christentum gibt, wobei die *Sezession* ihre religiösen Allianzen auch explizit unter christlichen Vorzeichen formuliert, wie die Referenz auf die beiden Kirchenvorstellungen im folgenden Zitat zeigt:

„Die Kirche ist eine Institution, die den Menschen stabilisiert und entlastet. Sie tut das nur bei dem Menschen, der daran glaubt, daß in ihr der ‚Leib Christi' oder die ‚Gemeinschaft der Heiligen' zusammentritt, daß Jesus Christus für seine Sünden gestorben ist. Sie steht und fällt mit dem Glauben. Wo das Bewußtsein der Schöpfung und damit der Sündenhaftigkeit fehlt, ist die Kirche zu einem äußerlichen Gehäuse geworden. Damit ist sie als Institution tot, da die wichtigste Forderung, die Überdeterminiertheit, nicht mehr gegeben ist. Von dieser Institution läßt sich niemand mehr ‚verbrennen', sie ist nicht mehr Ausgangspunkt der Freiheit." (Lehnert 2007, S. 11)

Das „Unbehagen an der Kirche" habe dabei seinen Ursprung nicht in einer Kritik am Glauben, sondern „in den Folgen der Verweltlichung der Kirche" (ebd.).

4.4 Das Fremde: Der Islam

Die *Sezession* sieht in ihrem religiösen Weltbild den Widerspruch, der für den deutschen Rechtsextremismus im politischen Islam bzw. im Islamismus liegt – und der die rechtsextreme Szene in Deutschland spaltet: in einen Flügel, der wie die NPD sogar mit radikalislamischen Gruppierungen wie der mittlerweile verbotenen Hisb ut-Tahrir kooperiert und durch einen glühenden Antisemitismus, durch homophobe und zugleich homoerotische

Vorstellungen miteinander verbunden ist und einen Flügel, der wie Pro-NRW oder der Internetblog *Politically Incorrect* den eigenen fremdenfeindlichen Rassismus hinter plumpen antiislamischen Vorurteilen versteckt. Die *Sezession* steht zwischen beiden Flügeln, auf der einen Seite begreifen die *Sezession*-Autor(inn)en, dass vom politischen Islam für Deutschland und Europa aufgrund dessen politischen Herrschafts- und religiösen Monopolanspruchs eine Gefahr ausgeht, auf der anderen Seite bewundert man aber die Rigorosität und Beharrlichkeit im Islam, an seinem antimodernen Weltbild trotz aller Widersprüche und Konflikte festzuhalten: „Der Orient ist für Europa seit jeher beides gewesen: Faszination – und Schreckbild." (Seubert 2011, S. 15)

Am deutlichsten wird diese als furchtvolle Faszination zu beschreibende Grundhaltung der *Sezession* gegenüber dem Islam in zwei programmatischen Aufsätzen: In einem – kurzen – Beitrag mit dem Titel „Der Islam und die Rechte" setzt sich Weißmann mit dem französischen Kopf der Nouvelle Droite, Alain de Benoist, auseinander, der die Verschleierung muslimischer Frauen in Frankreich für unproblematisch hält und – in den mit dem Begriff „Tracht" freilich stark völkisch überwölbten Worten von Weißmann – „gegen eine solche Tracht nichts einzuwenden" habe (Weißmann 2005b). Weißmann erklärt die Haltung von Benoist damit, dass dieser in der Verschleierung die „mehr oder weniger legitime Bemühungen" sehe, sich „gegen einen Universalismus zu wappnen, der keine gewachsenen Überlieferungen und Lebensformen" anerkenne und zugleich durch sie „jene ‚Ganzheit'" verbürgt sei, die zu den „wesentlichen Merkmalen von de Benoists Kulturbegriff" gehöre. (Ebd., S. 50) Weißmann kritisiert an späterer Stelle an einer allzu positiven Bezugnahme auf den Islam die „Fixierung auf das normative Selbstverständnis bestimmter Religionen und Kulturen" (ebd., S. 51), was genau jene Spannung zwischen Faszination für den abstrakten Antiuniversalismus und Furcht vor dessen konkreter Substanz integriert.

Im selben Heft der *Sezession* findet sich das zweite Beispiel für ihre Grundhaltung bezüglich des Islam als einer furchtvollen Faszination, wenn Till Kinzel (2005) über „Politische Theologie" schreibt. Die Befassung mit politischer Theologie bedeute, dabei „nichts Geringeres als die Auseinandersetzung mit dem Selbstverständnis unserer Kultur beziehungsweise mit den in Spannung zueinander existierenden Elementen, die Geschichte und Politik Europas bestimmen" (Kinzel 2005, S. 34). Die existenzialistische Omnipotenzphantasie, mit der hier einer Sakralisierung von Gesellschaft das Wort geredet wird, ist zentral, da Kinzel in einem Beitrag den Begriff der politischen Religion aus der negativen Konnotation, wie sie ihm seit Voegelin (1938) anhaftet, zu befreien versucht, aber zugleich auch begreift, dass in diesem Emanzipationsbestreben, dem freilich eine Apologie Schmittscher Theologismen zugrunde liegt, eine immense Gefahr liegt, denn die einzige „faktisch ungebrochene Macht" einer „politischen Religion" besteht gegenwärtig, so Kinzel (2005, S. 39), im Islam. In diesem hermeneutischen Dilemma wählt Kinzel dann einen exkulpativen Weg der Problemlösung, um auf der einen Seite die politische Theologie bzw. die politische Religion begrifflich für die eigenen Anliegen retten zu können, zugleich aber das Fremde abzuwehren:

„Der Islam ist keine ‚politische Religion' im Voegelinschen Sinne einer innerweltlichen Erlösungsbewegung; aufgrund seiner theologisch-politischen Grundstruktur hat jedoch die Befolgung im westlichen Verständnis rein profaner Gesetzesvorschriften zugleich religiösen Verpflichtungscharakter, der im Widerspruch zu einem Staat steht, der seinem Anspruch nach die *libertas philosophandi* gewährleistet." (Kinzel 2005, S. 39)

Damit wird der Anspruch politischer Religionen in die Philosophie transferiert und dem Islam, vor allem mit Referenz auf Sure 2,1 abgesprochen, *überhaupt* einen philosophischen Anspruch haben zu können – da er grundsätzlich verbiete, die Offenbarungen des Koran anzuzweifeln. Da aber eine „politische Wirksamkeit" (ebd., S. 39) im Sinne einer politischen Religion existiere, diese aber im Kampf um den Begriff terminologisch, nicht faktisch geleugnet werden muss, ruft die *Sezession* den instrumentellen Kampf für die „Notwendigkeit einer philosophisch aufgeklärten Religionskritik" (ebd.) aus – die in keiner Weise verwechselt werden darf mit einer Kritik der Politischen Theologie, sondern die lediglich dem Ziel folgt, dem politischen Islam seinen philosophischen Charakter abzusprechen, um so begrifflich das furchtvolle Element (die politische Praxis der Islamisten) von dem faszinierenden (der politischen Religion bzw. der politischen Theologie) scheiden zu können.

Aber die Interpretation des Islam in der *Sezession* erfolgt keineswegs widerspruchsfrei. Manfred Kleine-Hartlage (2011a) phantasiert sich in einem Beitrag zum Rechtsterroristen Anders Breivik in eine klassische Opfermythologie des Rechtsextremismus, wenn er behauptet, dass sich Hass und Zorn bei den Islamfeinden „gegen ein Kartell von Machthabern" richte, die alle demokratischen Spielregeln missachten würden und „unter Verrat an ihren Völkern in einem kalten Staatsstreich die Zukunft unserer Kinder und Enkel" opfern würden, dass es sich beim eigenen Weltbild jedoch nicht um eine „Haß-Ideologie" handle, sondern dass diese von Menschen formuliert würde, die „in normalen Zeiten die Stützen der Gesellschaft" wären (ebd., S. 43). Kleine-Hartlage formuliert damit in der *Sezession* eine im Vergleich zur Grundausrichtung des Blattes erstaunlich naive, geradezu antiintellektuelle Position, die aber offenbar eine Teilströmung des Blattes repräsentiert, da er mehrfach als Autor zur Feder greift und nicht nur von einer „fremd*artigen* Kultur" schwadronieren darf (2011b, S. 45; Hervorhebung nicht im Original), sondern auch den Islam als „Kampfgemeinschaft" hinstellt, die sich dadurch auszeichne, dass die „islamische Feinderklärung" keine abstrakte, sondern „eine konkrete Feindbestimmung" verfolge, bei der „bei jedem einzelnen muslimischen Akteur deutlich erkennbar ist, ob und in welcher Funktion er zum Dschihad beiträgt" (Kleine-Hartlage 2013, S. 42) – und insofern eine offenkundig empirisch falsche Vorstellung von muslimischer Homogenität und Identität als Wirklichkeit des Islam propagiert wird.

Dass eine solche Phantasie der religiösen Kollektivhaftung das sonstige Niveau der *Sezession* untergräbt, zeigt sich an den Überlegungen von Weißmann zum Islam, dem es zwar – im traditionellen Duktus der Konservativen Revolution und der Neuen Rechten – auch um eine „Feindbestimmung" (Weißmann 2012, S. 24) geht, der aber gerade begreift, dass nicht die Phantasie einer Kollektivität jenseits der Empirie Basis von Analysen sein kann, sondern dass es eben die Widersprüchlichkeit des Islam ist, die zwischen liberalen Muslimen und islamistischen Weltanschauungstätern besteht, auf die der bundesdeutsche und europäische Rechtsextremismus fokussieren muss. Weißmann argumentiert gegen die „politisch-mediale Klasse, die Helferindustrie des Multikulturalismus" (ebd., S. 27) – und damit gegen das eigentliche Feindbild der Neuen Rechten – dass der Islam als homogene Einheit eben nicht existiere und sich damit die als notwendig empfundene „Feinderklärung" auch nicht gegen ihn richten könne, weil er eben nicht als „der realen Möglichkeit nach kämpfende Gesamtheit von Menschen" – Weißmann zitiert hier Carl Schmitt aus der Schrift *Der Begriff des Politischen* (1927/ 1932) – auftrete:

„Insofern bindet die Islamkritik […] fatalerweise Kräfte, die an derer Stelle eingesetzt werden müßten: zur Bekämpfung des weißen Masochismus und eines Establishments, das sich seiner bedient; vor allem aber zur Stärkung der nationalen und europäischen Identität." (Weißmann 2012, S. 27)

Außerdem müsse man den Islam auch als „eine Größe" begreifen, die sich „destabilisierend auswirken könnte auf die ‚neue Weltordnung'" und dies wiederum mache ihn „attraktiv […] für jede Kraft, die an einer Destabilisierung dieser Weltordnung" interessiert sei, ungeachtet dessen, „ob sie von links oder von rechts kommt". (Weißmann 2011b, S. 9)

Ähnlich denkt auch Ellen Kositza (2011) – mit Blick auf die ambivalente Haltung gegenüber dem Islam, an dem seine Rigorosität und Essentialität bewundert, seine Konkurrenz zu den eigenen Hegemonieansprüchen aber gefürchtet wird. Kositza befasst sich mit dem Kopftuch und betont, dieses sei „dem christlichen Abendland nicht fremd" und auch für die Germanen sei von „Frauenhaar eine magische Kraft" ausgegangen (ebd., S. 24) –

was eine bemerkenswerte Verbindung von Germanentümelei und Katholizismus darstellt, die die *Sezession* subtil an vielen Stellen durchzieht. Kositza wendet sich nachhaltig gegen den Feminismus und jede Emanzipation der Frau und unterstellt einen „grundlegenden Unterschied zwischen Mann und Frau" (ebd., S. 26), wobei es um ein Weltbild der „rigorosen Trennung eines weiblichen und männlichen Lebensprinzips" (ebd.) gehe. Gegen feministische Überlegungen wendet sie ein, dass man gegen diese das „Kopftuch auf Rezept" zur „Wiedererlangung von Würde, Geborgenheit und Seinsgewißheit" verordnen sollte, würde es möglich sein (ebd.), wobei auch in Kositzas Überlegungen der eigentlich instrumentelle Bezug auf den Islam ebenfalls deutlich wird, der im Kern nur aus ethnopluralistischen, d.h. völkischen Gründen kritisiert wird – und nicht aufgrund all der Momente, die eine liberale, aufgeklärte, feministische oder soziale Islamkritik formulieren würde, im Gegenteil:

„Die schwarzäugige Kopftuchträgerin an der Supermarktkasse befremdet mich weniger als ihre wildgefärbte, kaugummikauende Kollegin mit all den Ringlein in Lippe und Augenbrauen. Ebenso wähnte ich meine Kinder bei einer Ferestha Ludin als Englischlehrerin besser betreut als bei einem franseligen Sozialkundepädagogen, der zugleich für Die Linke im Kreistag sitzt und in seinen Klassenarbeiten Aufgaben stellt, deren Musterlösungen hanebüchen sind." (Kositza 2011, S. 25)

Weltanschaulich bemerkenswert ist hier die überhebliche Arroganz, mit der das Argument auch in sozialdarwinistischer Perspektive vorgetragen wird, vor dem historischen Hintergrund der oft als positives Gegenbild heroisierten Germanen, die – wie der Historiker Uwe Walter betont – doch vor allem als „zerstritten, faul und barbarisch" (Walter 2014) beschrieben werden müssen, so dass hier ein klassischer Fall von Projektion vorliegt, bei dem Kositza gerade das Zerrbild einer Frau ablehnt, das unbewusst ihrem eigenen Idealbild sozialtypologisch – und über die historischen Entwicklungen hinweg übersetzt – doch recht nahe kommt.

4.5 Das Andere: Das Judentum

Bedeutsam am christlichen Selbstbild der *Sezession* ist, dass man zwar sehr wohl Elemente anderer Religionen für diskussionswürdig erachtet, allerdings das Judentum kategorial aus einem möglichen Dialog ausschließt – sogar in einem Prozess historischer Exkulpierung. In den fast inquisitorisch formulierten Sätzen „Es gibt aber im Abendland keine außerhalb des Christentums liegende Tradition, die diesen [den ‚gläubigen Blick‘; Anm. d. Verf.] vermitteln könnte" (Lehnert 2007, S. 11) und „Das Abendland ist aus einem jahrhundertelangen Amalgamierungsprozeß entstanden, dessen Grundelemente Antike, Christentum und germanische Welt bilden" (March 2007, S. 16) liegen nämlich nicht nur frappante historische Fehler, wie die grandiose Überhöhung der Rolle der doch arg kultur- und zivilisationsfremden Germanen, sondern auch der terminologische Ausschluss jüdischer Kultur und Religion. Mehr noch: jüdischer Denktraditionen, die eben maßgeblich die Wende zum Subjekt und die Emanzipation von der Unfreiheit im Prozess der Aufklärung geprägt haben und bereits vorher einen Kernbestand desjenigen geografisch-kulturellen Kontextes (freilich einen, den die *Sezession* verachtet) ausgemacht haben, den man in rechtsextremen Kreisen seit Oswald Spenglers *Untergang des Abendlandes* (1918/22) gern als „Abendland" verklärt (vgl. auch Weiß 2011, 2017) – nämlich: das nicht nur christlich, sondern geistesgeschichtlich und intellektuell eben auch jüdisch und attisch (und, dies nur am Rande: nicht spartanisch, also nicht einfach „antik") geprägte Europa.

Es finden sich nicht viele längere Beiträge in der *Sezession* über das Judentum, diese sind aber vom Anspruch her grundlegend verfasst und in einer – für die sich intellektuell gebarende deutsche Neue Rechte erstaunlichen Deutlichkeit und Unmiss verständlichkeit antisemitisch. Ihrem eigenen Paradigma folgend, nach dem die „Jahre zwischen 1933 und 1945 und die Zeit seit 1949 (Gründung der BRD)" von jedem „Bürger eine Entscheidung zwischen Anti- und Philosemitismus gefordert haben und fordern" (Lehnert 2009, S. 36), positioniert sich die *Sezession* in unterschiedlichen Artikulationsformen antisemitisch: Wie das

Zitat zeigt, basiert die Überzeugung auf der Phantasie einer jüdischen Weltverschwörung, die Öffentlichkeit und Politik – hier: die Bundesrepublik seit ihrer Gründung – kontrolliere und so mächtig sei, dass sie eine Entscheidung erzwingen könne. Diese Phantasie ist auch demokratietheoretisch aufschlussreich, weil es objektiv keine Instanz im politischen oder rechtlichen System Deutschlands gibt, die einen solchen Bekenntniszwang auferlegen könnte (allein schon Art. 5 GG stünde dem radikal entgegen), so dass die Tiefe der Verankerung antisemitischer Überzeugungen bereits in der Unterstellung deutlich wird.

Für die *Sezession* gilt „der Holocaust als mythisches Zentrum des zwanzigsten Jahrhunderts" (Böhm 2007, S. 41), wobei es eine „jüdische Internationale" sei, die es „natürlich" gebe (ebd., S. 40), die „je brutaler Israel seine politischen (!) und militärischen Schlachten schlägt", diese umso entschiedener verteidige, wobei die „Erinnerung an den Völkermord" zu „einer Art Versicherungspolice" werde (ebd., S. 41) – womit ein Schuldabwehrantisemitismus, der Juden zum Vorwurf macht, aus der NS-Vergangenheit und ihrer Verfolgung und Vernichtung durch die Deutschen zu profitieren, verbunden wird mit einem antizionistischen Antisemitismus, der die israelische Politik entkontextualisiert und mit doppelten Standards misst, kombiniert mit dem Motiv der jüdischen Weltverschwörung, das sich durch alle Formen von Antisemitismus zieht und wesentliche Grundlage der NS-Vernichtungsideologie war (vgl. Salzborn 2010, 2014b).

Neben einem – so mein Vorschlag – als *Konjunktiv-Antisemitismus* zu bezeichnenden Antisemitismus, der die eigenen antisemitischen Positionen durch Referenz auf vermeintliche oder reale jüdische „Kronzeugen" artikuliert (was ein interessantes Indiz für Antisemitismus ist: denn nur der/die Antisemit/in kann glauben, dass eine ‚jüdische Quelle' in der öffentlichen Auseinandersetzung mehr Gewicht hätte, als eine nicht-jüdische – sofern es eben nicht um das inhaltliche Argument geht; vgl. zur Strategie: Schwietring 2014) oder seinen Antisemitismus hinter Formeln und Floskeln, nach denen man dies oder jenes nicht sagen dürfe oder es von unbenannten Dritten so formuliert werde, sind die dominierenden Formen von Antisemitismus in der *Sezession* der christlich-antijüdische und der völkische bzw. rassistische Antisemitismus, die integrativ formuliert werden. Das Bild des Judentums, das die *Sezession* vertritt, ist dabei nicht das Bild einer *fremden* Religion, wie beim Islam, der zwar für Europa abgelehnt, aber zugleich doch im außereuropäischen Kontext auch bewundert wird, sondern das Bild einer Religion als *das Andere*. Während Christentum und Islam in der *Sezession* als zwei Seiten einer Medaille erscheinen, auf der die eine Seite das Eigene und die andere Seite das Fremde markiert, besteht in diesem Widerspruch eine Symmetrie: die Symmetrie zwischen dem Eigenen und dem Fremden, bei dem sich die moralischen und religiösen Urteile unterscheiden, nicht aber die Symmetrie infrage gestellt wird (vgl. auch: Holz 2001). Juden gelten der *Sezession* hingegen als „Weltvolk" (Gerlich 2010a, S. 17) mit „messianischem Glutkern" (ebd., S. 18), wobei die Antisemit(inn)en, die die „universale Weltmacht" (ebd., S. 19) der Juden bekämpf(t)en, lediglich eine „wahnhaft überschießende Reaktion auf das erklärtermaßen ‚jüdische Projekt der Moderne'" verfolgt hätten (ebd.) – womit also der eigentlich wahnhafte Gedanke, nämlich dass die Moderne ein „jüdisches Projekt" sei und die Juden eine „universale Weltmacht" hätten, von der *Sezession* geteilt wird, lediglich die aus diesem Wahnweltbild sich ergebende Folge, nämlich die antisemitische Vernichtungspolitik der Shoah, als „überschießende Reaktion" bewertet und damit zwar vordergründig nicht gebilligt, aber auch erheblich verniedlicht und relativiert wird:

„Gleichwohl war die nationalsozialistische Judenvernichtung keine unausweichliche Konsequenz des deutschen Rassenantisemitismus; im wesentlichen stellte sie eine angst- und haßerfüllte Überreaktion auf die europäische Fundamentalrevolution der Moderne dar, an der Juden [...] maßgeblich beteiligt waren." (Gerlich 2010a, S. 20)

Das Judentum ist für die *Sezession* insofern *das Andere* – das, was generell nicht dazugehört, weder in Europa, noch auf dem Rest der Welt, die Religion, die die Grundfesten des eigenen Glaubens so sehr infrage zu stellen scheint, dass damit nicht nur das Bild des Eigenen bedroht ist, sondern die Religion und der Glaube, ja letztlich die gesamte Vorstellung der in völkisch-religiöse Einheiten geteilte Welt, generell infrage gestellt wird – da das Judentum oft in Verbindung mit der Aufklärung gebracht und für deren „Folgen" wie Individualismus und Universalismus verantwortlich gemacht wird, lässt sich sogar sagen, dass mit dem Bild, das die *Sezession* vom Judentum entwirft, *das Andere*, das die Existenz der Einheit aus Eigenem und Fremdem gefährdet, in den Blick genommen wird. Dieses *Andere*, das Judentum, ist für das völkisch-christliche Weltbild der *Sezession* elementar bedrohend – und wird deshalb in der Darstellung entweder (wie bereits dargestellt) ausgeschlossen oder sogar latenten Vernichtungsphantasien anheimgegeben: „Seit die ‚Judenfrage' eine Antwort in Gestalt der ‚Endlösung' erhalten hat, ist die Rede von ihr nachhaltig verpönt." (Gerlich 2010b, S. 16)

Die „jüdische Frage" sei „so alt wie das Judentum" (ebd.), stehe im Zusammenhang der „freiwilligen Selbstisolierung" (ebd.) und führe logisch dazu, dass das Judentum seit dem „anbrechenden Zeitalter der transzendentalen Obdachlosigkeit" „rückwirkend von seiner eigenen Konsequenz" getroffen (ebd., S. 17) werde, wobei die *Sezession* (wie die meisten Antisemit/innen) vor allem den abstrakten Gesetzescharakter des Judentums und die Vorstellung der religiösen Auserwähltheit zum Anlass für die eigenen antisemitischen Projektionen nimmt:

„So gab es neben dem selbstbezogenen Leben nach dem Ritualgesetz immer auch weltoffene Missionsbestrebungen des Diasporajudentums, welches den Protektionsvölkern einen universalistischen Monotheismus aufdrängte, der doch stets an die partikulare Existenz des jüdischen Gastvolkes gebunden blieb. Als Reaktion auf dessen rituelle Absonderung wie auf den fanatischen Absolutheitsanspruch eines Gottes, der die Kulte aller übrigen Religionen zu barbarischen Götzendiensten degradierte und damit die polytheistische Toleranz der hellenistischen Welt überstrapazierte, bildete sich ein griechisch-römischer Antijudaismus heraus, der im Vorwurf des Hasses auf das Menschengeschlecht (‚odium humani generis') gipfelte.

Für das, was die Juden den heidnischen Völkern abverlangten, wurde ihnen freilich erst von den Christen die volle Rechnung präsentiert. Der christliche Antijudaismus wurde ebenso fanatisch und intolerant, wie es der jüdische Antipaganismus und nicht minder der jüdische Antichristianismus von Anbeginn gewesen waren, da es zwischen den wiederstreitenden Auffassungen von Jesus als göttlichem Messias oder als vergottetem Magier keine Versöhnung geben konnte." (Gerlich 2010b, S. 17)

Die *Sezession* legt den Gedanken, nach dem schon Ende des 18. Jahrhunderts die Frage aufgekommen sei, „ob das Judentum überhaupt zu einer rein konfessionellen Glaubensgemeinschaft privatisiert werden dürfe, oder ob es nicht schon aufgrund seines Abstammungsprinzips an eine ethnisch definierte Volksgemeinschaft gebunden sei" (ebd., S. 18), anonymen „jüdischen Gelehrten" in den Mund – eine, wie gesagt, im Antisemitismus übliche Strategie, die sich aber hier allein schon an dem Begriff der „Volksgemeinschaft" selbst hermeneutisch entlarvt, weil dieser völkische und nationalsozialistische Begriff die doppelte Intention offenbart: Einerseits das Judentum dafür zu kritisieren, dass es sich eben nicht zu einer Konfession hat machen lassen (was eine Unterordnung und Einordnung in das Christentum bedeutet hätte), andererseits aber in der eigenen projektiven Phantasie zu glauben, dass das Judentum nur in dieser Alternative existieren könne: als Teil des Christentums oder als „Volksgemeinschaft", aber eben nicht als souveräne Religion oder als privater Glaube oder als sozioreligiöse Alternative neben und zum Christentum.

Das Judentum verfolge eine „antichristliche und antideutsche Stoßrichtung" (ebd., S. 19), die einer „universalistischen Mission" verpflichtet sei, in der die „borniertn deutschen Verhältnisse mit kosmopolitischem Geist und humanistischem Ethos" zu durchdringen seien (ebd.). In umkehrender Projektion heißt es denn auch, dass die „Utopie einer integralen jüdischen Existenz" von jüdischer Seite nur als „Degeneration ihres Wesens" (ebd., S. 20) erfahren worden sei, was – da eine solche existenzialistische Wendung eine freie Erfindung ist – lediglich auf die Exklusionsphantasien der *Sezession* verweist: Juden sind im christlich-antisemitischen Weltbild der *Sezession* nicht einfach *fremd* oder *anders*, sondern *das Andere* – sie stellen in der antisemitischen Phantasie alles infrage, wofür die *Sezession* streitet und werden demgemäß in der antisemitischen Vorstellung ident mit der Moderne, der Aufklärung und allen universalistischen Weltbildern, die dem Menschen Freiheit, Individualität und Glück versprechen, gesetzt. Dagegen positioniert sich die *Sezession*: als völkisch-christlicher Katechon mit neuheidnischen Affinitäten und einer furchtvollen Faszination für radikalislamische Überzeugungen.

4.6 Neurechte Religionsverständnisse

Kontextualisiert man die Religionsverständnisse, wie sie sich auf Grundlage einer systematischen Analyse der *Sezession* als wichtigstem neurechten Theorieorgan im bundesdeutschen Rechtsextremismus zeigen, dann ist zunächst die kontinuierliche und intensive Befassung mit den drei monotheistischen Religionen zu konstatieren. Die Themen Religion, Glaube und Mythos sind omnipräsent und werden nicht nur randständig, sondern fortwährend und auch in eigenen Schwerpunktheften diskutiert. Trotz des Fokus auf die monotheistischen Religionen gibt es in der *Sezession* grundsätzliche Affinitäten zu neuheidnischen, respektive germanischen Glaubensvorstellungen, die allerdings nicht den dominanten Zug der Selbstverständigung ausmachen, sondern eher als implizite Inspirationsquelle für einen politischen Katholizismus dienen, der auf völkisch-organizistischen Grundannahmen basiert und insofern die Schnittmenge weniger in religiösen, denn politischen Motiven zu suchen ist – die latente Affinität des „schwarzen Katholizismus" der *Sezession* zum Neuheidentum basiert auf einem gemeinsamen völkischen Nenner, nicht auf religiös begründeten, systematisch entfalteten Anknüpfungspunkten.

Die *Sezession* orientiert dabei, wie fast das gesamte rechtsextreme Spektrum in der Bundesrepublik (mit Ausnahme der neuheidnischen und esoterischen Orientierungen vor allem in der neonazistischen Musikszene) auf ein christliches Selbstbild, formuliert dieses aber (im Unterschied zur restlichen Szene) in der Tradition der Konservativen Revolution und im Selbstanspruch der Neuen Rechten elaboriert und theologisch informiert, also nicht intuitiv und oberflächlich, sondern durchdacht und vertiefend. Die Zuspitzung des politischen Katholizismus zu einem völkischen Katholizismus wird dabei maßgeblich in Anlehnung an Carl Schmitt und Juan Donoso Cortés formuliert, die die zentralen ideengeschichtlichen Kronzeugen sind für den Kampf gegen die Aufklärung, den politischen Liberalismus und die Freiheit des Menschen als Subjekt und Individuum, das frei von allen Zwängen des Kollektivs emanzipiert agiert.

Aufgrund der ethnopolitischen Homogenitätsschwärmereien und der völkischen Gesellschaftsmodelle, die im neurechten Spektrum den gesellschaftstheoretischen Basalkonsens bilden, ist es logisch und folgerichtig, dass die *Sezession* mit Blick auf das Judentum nicht nur ablehnend, sondern weltanschaulich überzeugt antisemitisch agiert. Das Judentum ist für die *Sezession* nicht einfach fremd oder anders, sondern *das Andere*, es symbolisiert im völkisch-katholischen Feindbild die grundsätzliche Infragestellung aller eigenen Überzeugungen, sowohl politisch, wie religiös: politisch, weil im antisemitischen Weltbild das Judentum assoziiert wird mit allen Vorstellungen, die man ablehnt und bekämpft – vom Individualismus über die Aufklärung, die Emanzipation und den Liberalismus, aber auch den Sozialismus und den Kapitalismus, die Urbanität und Weltgewandtheit, die Rationalität und den Verstand; religiös, weil der jüdische Monotheismus dem Menschen die Illusion genommen hat, Gott sein zu können (vgl. Grunberger/Dessuant 1997, S. 262 u. 300) und dies im christlichen Antisemitismus zu einer einschneidenden narzisstischen Kränkung geführt hat.

Ungewöhnlich für die neurechte Spielart des Rechtsextremismus ist mit Blick auf die *Sezession* allerdings, dass der Antisemitismus nicht nur als Geschichtsrevisionismus und damit sekundärer Antisemitismus artikuliert wird, sondern auch ganz offen in seiner völkischen und rassistischen Artikulationsform, die mehrheitsgesellschaftlich wegen des Nationalsozialismus und der Shoah stigmatisiert ist und auch in vielen Bereichen des Rechtsextremismus – nicht aus Einsicht, sondern aus Sorge vor strafrechtlicher Verfolgung – nicht offen artikuliert wird. Dass

Stereotype aus dem Motivarsenal des christlich-antijudaistischen Antisemitismus in der *Sezession* latent wie manifest einen breiten Raum einnehmen, überrascht vor dem Hintergrund des christlich-militanten Weltbildes hingegen nicht.

Während sich das rechtsextreme Spektrum mit Blick auf das Christentum als *positiver Religionsidentifikationsfläche* weitgehend (mit Ausnahme der Neuheid/innen) einig ist, wie mit als *negativer Religionsidentifikationsfläche* in seiner antisemitischen Haltung zum Judentum im Sinne eines integrativen Grundkonsensus verbunden, ist die Haltung zum Islam für die rechtsextreme Szene in Deutschland ein zentrales religionspolitisches Debattenfeld: die Haltungen reichen von einer dezidierten Ablehnung des Islam bis zu bündnispolitischen Überlegungen für Allianzen zwischen Neonazismus und Islamismus. Die *Sezession* nimmt hier eine spezifische Mittlerfunktion wahr, die zwar nicht in einer homogenen Position formuliert wird, sondern innerhalb der Zeitschrift selbst ebenfalls umstritten ist, die sich aber auf die Formel bringen lässt, den Islam in seiner Form des Islamismus als Bruder im Geiste und damit Verbündeten im Kampf gegen Aufklärung und Judentum zu begreifen, zugleich aber aufgrund konkurrierender Hegemonieansprüche von Christentum und Islam – die beide, im Unterschied zum Judentum, missionarische Religionen sind –, aber auch von völkischen und islamistischen Weltordnungsmodellen gerade auch die gleichzeitige Konkurrenz und Feindschaft zu betonen. Damit steht die *Sezession* dezidiert zwischen einer eindeutig antiislamischen und einer eindeutigen proislamischen Position, wie sie sonst die rechtsextreme Szene der Bundesrepublik prägen.

5 Ist das Antisemitismus?

Die Verharmlosung der Judenfeindschaft durch inszenierte Naivität und Ignoranz

Götz Kubitschek, der sich selbst gern als Intellektuellen inszeniert, es aber als verantwortlicher Redakteur der *Sezession* und
Verleger des Antaios-Verlags nur zum Agitator gebracht hat,
reüssiert gerne mit veröffentlichten Briefwechseln – wohl um ein
Image zu kreieren, das an editierte Briefwechsel einflussreicher
Denker erinnern soll. Nur dass die Selbststilisierung durch die
Veröffentlichung zu Lebzeiten das eigene Anliegen, sich selbst
zur Geistesgröße zu erklären, bereits durch den Vorgang als solchen kompromittiert und in seiner kleinbürgerlichen Spießigkeit
eskamotiert. Hierzu gehört auch, dass Kubitschek mit seiner ihm
intellektuell fraglos überlegenen, aber in seinem Schatten agierenden Frau Ellen Kositza (eigentlich: Ellen Schenke) in einem
kleinen Provinznest in Sachsen-Anhalt in einem Bauernhof lebt,
dieser aber als „Rittergut Schnellroda" firmiert. Dem Hang zur
narzisstischen Selbstinszenierung ist es allerdings geschuldet, dass
ein Briefwechsel von Kubitschek mit Marc Jongen publiziert
wurde, der seineszeichens mit dem Image des „Parteiphiloso-
phen" der AfD kokettiert (auch wenn er betont, dieses Etikett sei
ihm von „den Medien aufgeklebt" worden) – was die spießbür-
gerliche Groteske komplettiert. In diesem „Austausch" von den
beiden finden sich nun aber zahlreiche Formulierungen, an denen auch das Verhältnis der völkischen Rebellen zum Antisemitismus deutlich wird (vgl. Jongen/Kubitschek 2016).

Besonders zwei Passagen aus dem Briefwechsel zeigen auch
hier, wie tief der Antisemitismus im neurechten Denken verankert ist und darüber hinaus auch, dass die völkischen Rebellen
nicht erfassen können oder wollen, dass sie antisemitisch denken.
Offenbar haben sie ihr völkisches Weltbild in einer derart für
selbstkritische Reflexionen unzugänglichen Weise verinnerlicht,
dass sie tatsächlich glauben, von Antisemitismus sei „nur" zu

sprechen, wenn eine bestimmte moralische Etikettierung (gut vs. böse) vorgenommen werde – und insofern nicht zu reflektieren in der Lage sind, dass es sich bei Antisemitismus um ein Weltbild und damit eine bestimmte Art zu denken und zu fühlen, handelt (vgl. Salzborn 2010). Der von Kubitschek gegenüber dem *Spiegel* geäußerte Satz, in dem er – was nicht für alle seine Weggefährt(inn)en gilt – anerkennt, dass „der Holocaust [...] ein riesiges Verbrechen" war, um dies gleich als „Bruch in der deutschen Geschichte" (und nicht als Zivilisationsbruch durch die und von den Deutschen) in den national-sinnstiftenden Pathos einzugemeinden, zeigt überdies seine technokratisch-instrumentelle Referenznahme auf die Shoah, bei der das „Singuläre" nicht „in der Zahl der Ermordeten" liege, sondern für ihn „in der industriellen Methode, in der Gründlichkeit" (zit. n. Rapp 2016) – eine Wortwahl, die die deutsche Barbarei noch hinter dem in der deutschen Sprache meist positiv besetzten, aber zutiefst zwanghaft-verfolgenden Begriff der „Gründlichkeit" verbirgt.

Bei Kubitschek (in: Jongen/Kubitschek 2016, S. 46 f.) liest sich in dem Briefwechsel die auch durch diesen sprachlichen Formelkompromiss in keiner Weise revidierte antisemitische Grundierung des Denkens dann folgendermaßen: Er habe sich „auch mit der welthistorischen Rolle des Volkes ohne Staat" (sic!) befasst, womit er das „Judentum" meint, das „nicht auf einem Territorium, sondern aufgrund intensivster Identitätserzählung, Abstammungsdisziplin (sic!) und dem Bewußtsein göttlichen Auserwähltseins sich als unverwechselbare Gruppe" behauptet habe. Von den „Vernetzungsstrategien des weltweit hervorragend aufgestellten Judentums" könne man lernen, wobei es ein Fehler sei, „den Juden ihre besondere und zweifelsohne welthistorische Rolle abzusprechen". Die Geschichte dabei auf den „Kampf zwischen judaischem und christlichem Entwurf" zu reduzieren und dies mit den Etikettierungen „gut und böse, aufbauend und zersetzend, schaffend und raffend" zu versehen, sei, so Kubitschek, „falsch und gefährlich". Bei Jongen (in: Jongen/Kubitschek, S. 47) kann man den Antisemitismus nicht weniger offen nachlesen, wenn er argumentiert, dass er „weiterhin die heuchlerischen politischen Instrumentalisierungen des Holocaust" kritisieren möchte und nicht schweigen wolle, „wenn unsere Bundeskanzlerin die Torheit begeht, die Verteidigung des Staates Israel zur Staatsraison Deutschlands" zu erklären. Um diese Varianten antisemitischer Ressentiments artikulieren zu können, treibt Jongen allerdings eine Sorge um: „Wie kann ich das noch glaubhaft tun mit einem Wolfgang Gedeon in der eigenen Partei, der uns kaum verklausuliert erklärt, daß ‚die Juden unser Unglück sind'?"

Unterstellt man Kubitschek und Jongen nicht eine bewusste politische bzw. philosophische Strategie öffentlich inszenierter Selbstverdummung – und dafür spricht der gesamte Kontext der zitierten Passagen nicht – dann glauben beide offenbar wirklich, dass das, was sie formulieren, kein Antisemitismus sei. Das sagt viel über ihre tiefe Verankerung in völkischen Denkmustern, weil sie – mit Ausnahme eines rassistischen Vernichtungsantisemitismus (wobei der rassistische Zug in dem Terminus „Abstammungsdisziplin" sogar deutlich anklingt) – gemeinsam fast jede Artikulationsform von Antisemitismus äußern, die es gibt: Kubitschek referiert auf einen christlichen Antijudaismus, glaubt an eine weltpolitische Vormacht des „Judentums", lügt eine Religion zu einem „Volk" um, ethnisiert damit die jüdische Religion und erklärt dieses „Volk" dann als „ohne Staat", als würde es des jüdischen Staat Israel nicht geben, Jongen legt beim antiisraelischen Antisemitismus damit nach, dass er die Verteidigungsnotwendigkeit Israels infrage stellt und überdies die deutsche Schuld an der Shoah abwehrt. Zugleich fachsimpeln beide aber darüber, was am „Fall Gedeon" problematisch für die AfD und/oder die völkische Bewegung gewesen sei.

Es ist ein Dokument überheblicher Arroganz und maßloser Ignoranz, das Kubitschek und Jongen produziert haben, an dem sich aber zugleich in aller Deutlichkeit die antisemitische Grundierung des gesamten rechten Weltbildes zeigt, gerade weil beide in festem Glauben vor sich hinschreiben und nicht merken, wie dabei das antisemitische Ressentiment in fast vollem Umfang aus ihnen heraus spricht. Der männlich-gockelnden Eitelkeit von Kubitschek und Jongen ist es geschuldet, dass sie ihre antisemitischen Ressentiments auch noch veröffentlicht haben, um damit (in versuchter Abwehr des Falles Gedeon) eine Entlastung – ein tiefer Wunsch der völkischen Rebellen – von der deutschen NS-Täterschaft zu erlangen.

5.1 Die Abwehr der NS-Vergangenheit und der Wunsch nach kollektiver Unschuld

Und dieser tiefe Wunsch nach Abwehr der NS-Vergangenheit ist sozialpsychologisch nicht zu trennen von heutigen völkischen und rassistischen Positionierungen im rechten Diskurs. Der Umgang mit der NS-Geschichte kann das im Detail zeigen, exemplarisch anhand eines langen Interviews, das der AfD-Spitzenfunktionär Alexander Gauland im April 2016 mit *Der Zeit* geführt hat. In diesem Gespräch fragte *Die Zeit* Gauland nach der Bedeutung der von ihm an anderer Stelle verwandten Formulierung „Sittengesetz eines Volkes", das verteidigt werden müsse. Darauf antwortet Gauland:

„Das ist das, woraus sich ein Volk entwickelt hat, aus Geschichte, Tradition, aus Umbrüchen. Sie können die Formulierung auch durch das Wort ‚Identität' ersetzen, und diese Identität verteidigen andere Völker sehr viel stärker. Das hat natürlich mit Auschwitz zu tun. Ich war kürzlich das erste Mal in Auschwitz, wobei ich festgestellt habe, dass es mich nicht mehr ergriffen hat, anders als bei meinem Besuch in Buchenwald. Es ist wie gefrorener Schrecken. Wenn man die vielen Haare und Pinsel und Koffer sieht, hat man plötzlich das Gefühl, das ist versteinert, das spricht nicht mehr. Ich glaube, dass Auschwitz, auch als Symbol, viel in uns zerstört hat." (Gauland 2016a)

Die sich aufdrängende und naheliegende Rückfrage, ob es nicht die Deutschen waren, „die da etwas zerstört haben", scheint auch die erste Assoziation der *Die Zeit*-Journalisten Bernd Ulrich und Matthias Geis gewesen zu sein, die das Gespräch mit Gauland geführt haben, so dass sie direkt nachfassen, worauf Gauland wiederum entgegnet:

„Richtig, aber es ist dabei sehr viel mehr kaputtgegangen. Die Nazis haben viele Dinge berührt, die durch diese Berührung plötzlich nicht mehr sagbar wurden. Der Nationalstolz, den jeder Engländer, jeder Franzose empfindet, ist doch bei uns enorm hinterfragt, nach dem Motto: Dürfen wir das eigentlich noch sagen?" (Gauland 2016a)

Auch hier folgt der assoziativ und intuitiv naheliegende Einwand der Interviewer, dass es eben „außerhalb der deutschen Geschichte [...] kein Verbrechen wie Auschwitz gegeben" hat, was Gauland, der insgesamt in dem Interview obsessiv fixiert ist auf den Nationalsozialismus, auch an Stellen, an denen er eigentlich nicht Thema sein müsste (bereits die Frage nach den „Sittengesetzen" hat Gauland ja selbst und ohne argumentative Not auf den Nationalsozialismus und Auschwitz bezogen), kontert mit:

„Ja. Hitler hat sehr viel mehr zerstört als die Städte und die Menschen, er hat den Deutschen das Rückgrat gebrochen, weitgehend." (Gauland 2016a)

Das Interview ist ausgesprochen aufschlussreich für das Selbstverständnis der AfD mit Blick auf den Nationalsozialismus, nicht nur bezüglich der vorsätzlich formulierten Positionierungen, sondern gerade mit Blick auf das Unbewusste, das hier auch aus Gauland spricht – und unredigiert sichtbar macht, dass die völkischen Rebellen in der und um die AfD herum ein geradezu besessenes Verhältnis zum Nationalsozialismus haben, das nur lange Zeit in seiner antiaufklärerischen, geschichtsrevisionistischen und antisemitischen Implikation nachhaltiger kaschiert wurde, als beispielsweise bei der NPD.

Die geschichtspolitisch in Gaulands Versuchen zur Entlastung der eigenen Schuld zum Ausdruck kommende verleugnete deutsche Täterschaft im Nationalsozialismus verbindet sich mit dem Wunsch nach eigener (kollektiver) Unschuld, dem Phantasma des eigenen Opferstatus. Nicht die Deutschen haben etwas *getan*, sondern den Deutschen wurde etwas *angetan*, durch die rhetorische Separierung von Hitler – als personalisierter Inbegriff des Bösen und des NS – und seinem Volk wird Schuld gleichermaßen exterritorialisiert, wie verleugnet. Es scheint im Weltbild von Gauland keine Täter(inn)en mehr zu geben, außer Hitler und vielleicht noch ein paar führende Nazis.

Das ignoriert – ob vorsätzlich oder unbewusst ist gleichgültig –, dass das NS-Regime eine große Zustimmung in der deutschen Bevölkerung hatte, und dass die überwältigende Mehrheit der Deutschen an der Massenvernichtung der europäischen Jüdinnen und Juden aktiven und passiven Anteil hatte: Sei es durch aktives Handeln bei Enteignungen, Plünderungen, Denunziationen, Erschießungen, Deportationen usw., sei es durch Beschweigen und Unterlassen von Widerstand, sei es durch die Verbreitung von antisemitischen und rassistischen Ressentiments, sei es durch das Verschweigen der Verbrechen oder das Profitieren aus Zwangsarbeit und der sogenannten Arisierung von Betrieben und Besitztümern. Und es ignoriert, dass die völkische Volkstums- und antisemitische Vernichtungspolitik deshalb in einer derart barbarischen Weise umgesetzt werden konnte, weil es einen sehr weitreichenden Konsens zwischen NS-Führung und deutscher Bevölkerung gab.

Grundlage für Gaulands Geschichtsbild ist eine positive Identifizierung mit der deutschen Nation, das heißt, „Deutsch-Sein" wird weder infrage gestellt, noch findet eine Auseinandersetzung mit den negativen Seiten deutscher Geschichte statt. Somit kann man sagen, dass keine (oder nur eine stark eingeschränkte) Ambivalenzwahrnehmung existiert, sondern lediglich der Versuch der Betonung und Überhöhung dessen, was als positiv wahrgenommen wird. Das hat auch die Landtagsfraktion der AfD in Baden-Württemberg gezeigt, als sie Anfang 2017 die Streichung von Landesmitteln für eine KZ-Gedenkstätte forderte und dies damit zu begründen versuchte, dass es eine „ausgewogene Erinnerungskultur" geben müsse, wobei eine „einseitige Betonung der dunklen Geschichtskapitel bei gleichzeitiger Verdrängung unserer historischen Leistungen" abgelehnt werde. Ziel, so die AfD, sei eine „positive Identifikation mit Deutsch und unserer Geschichte" (AfD BW 2017). Man wolle darüber hinaus, wie es in einem anderen Antrag hieß, Zuschüsse für Fahrten zu „Gedenkstätten nationalsozialistischen Unrechts" umwidmen für Fahrten zu „bedeutsamen Stätten der deutschen Geschichte" (zit. n. Muschel 2017).

Diese Identifizierung mit der deutschen Nation ist das Zentrum des Denkens. Ziel der geschichtspolitischen Intervention von Gauland ist es insofern auch, Deutsche *generell* als Opfer des Nationalsozialismus darzustellen. Bemerkenswert an dieser Projektion ist der indirekt artikulierte Wunsch, da der Status des Opfers in geschichtspolitischen Debatten oftmals wie ein Adelstitel *wirkt* – und das, obgleich jedes Opfer von Gewalt sich wünschen würde, diese nie erlitten zu haben, da der Opferstatus *real* alles andere als wünschenswert ist. Der projektive Neid drückt sich in Bezug auf den Nationalsozialismus dann wiederum in der in zahlreichen empirischen Studien als Einstellung nachgewiesenen Auffassung aus, Jüdinnen und Juden würden versuchen, Profit aus der NS-Vergangenheit zu ziehen (vgl. Salzborn 2014b).

Es geht damit um die Abwehr von (so empfundener) Minderwertigkeit und von Schuld: das eigene Schlechte wird dabei ebenso auf die Juden projiziert, wie der Neid auf vermeintliche oder reale Fähigkeiten und Erfolge – wie auch die scheinbar bewundernden Ausführungen von Kubitschek zeigen, deren „Bewunderung" aber eben an antisemitische Weltverschwörungsphantasien anschließt. Hierbei werden die Wege einer offenen Bezugnahme auf zentrale Elemente der NS-Ideologie in der AfD bisher nicht nur, aber vor allem über den Umweg der historischen Entlastung des Nationalsozialismus beschritten. An das geschichtsrevisionistische Geschichtsbild von Gauland schloss im Januar 2017 ebenfalls Björn Höcke, AfD-Fraktionsvorsitzender im Thüringer Landtag, an und verband den deutschen Opfermythos von Gauland und die Versuche der historischen Entlastung nun mit einer antisemitischen Positionierung, die zugleich eine massive Gewaltandrohung gegen die Bundesrepublik Deutschland enthielt.

Höcke hatte in einer Rede bei einer Veranstaltung der Jungen Alternative in Dresden erklärt, die „Bombardierung Dresdens" sei ein „Kriegsverbrechen" gewesen und man sei „bis heute" nicht in der Lage, „unsere eigenen Opfer zu betrauern" – was angesichts der flächendeckenden Kriegerdenkmäler in Deutschland einschließlich der umfangreich in der offiziellen Erinnerungskultur verankerten wie durch unzählige Gedenkorte manifestierten

Erinnerung an das Thema Flucht und Vertreibung der Deutschen nach dem Ende des Zweiten Weltkriegs schlichtweg eine unverfrorene und schamlose Lüge ist. Höcke führte dies aus, um eine „erinnerungspolitische Wende um 180 Grad" zu fordern, die „großartigen Leistungen der Altvorderen" in den Mittelpunkt zu rücken und das Holocaust-Mahnmal in Berlin als „Denkmal der Schande" zu bezeichnen, das man sich „in das Herz seiner Hauptstadt gepflanzt" habe (Höcke 2017). Höcke verband dies mit der offenen Gewaltandrohung: „Die AfD ist die letzte revolutionäre, sie ist *die letzte friedliche* Chance für unser Vaterland." (Ebd.; Herv. nicht im Orig.)

Diese Rede von Höcke zeigte die eigentliche Substanz der Aussagen, wie sie auch von Gauland formuliert wurden – und machte deutlich, dass sich ein geschichtsrevisionistischer Antisemitismus verbindet mit einem ahistorischen und wahrheitswidrigen Glauben an eine deutsche Opferidentität. Die gegenwärtig noch hegemoniale Form dieser damit geschaffenen historischen Tarn- oder Deckidentität (vgl. Brainin u. a. 1993, S. 64) besteht somit in der Stiftung des Mythos kollektiver Unschuld: Dabei will man über „deutsche Opfer" reden, ohne *tatsächlich* über den Nationalsozialismus zu sprechen. Der historische Kontext soll verschwinden, die ursächlichen Zusammenhänge von deutscher Volkstums- und Vernichtungspolitik auf der einen und Umsiedlung der Deutschen und Bombardierung deutscher Städte als Konsequenz dieser Politik auf der anderen Seite sollen aus dem Gedächtnis herausredigiert werden, ohne dass sie jemals ernsthaft im gesellschaftlichen Diskurs reflektiert worden wären. Dem stets halluzinierten Vorwurf einer deutschen Kollektivschuld, den es tatsächlich von alliierter und assoziierter Seite als politische Handlungsmaxime nicht gegeben hat (vgl. Frei 1997, S. 621 ff.; Salzborn 2003, S. 17 ff.), wird mit einer Geschichtsinterpretation begegnet, die geradewegs auf die Schaffung eines Mythos deutscher Kollektiv*unschuld* zusteuert.

Die Tatsache, mit dem Nationalsozialismus einer Lehre gefolgt zu sein, die den Deutschen besondere Privilegien in der Welt versprach, und das Faktum, während des Nationalsozialismus seine eigenen Aggressionen auf Mitmenschen projiziert zu haben, die im

Akt der Projektion in Untermenschen verwandelt worden waren, führte bei der überwältigenden Mehrheit der Deutschen dabei nicht etwa zu Scham, sondern provozierte die kindliche Ausrede, man sei „nur" dem Führer gefolgt. Das erklärt, wie schon Alexander und Margarete Mitscherlich betont haben, die

„Neigung vieler Deutscher, nach dem Kriegsende die Rolle des unschuldigen Opfers einzunehmen. Jeder einzelne erlebt die Enttäuschung *seiner* Wünsche nach Schutz und Führung; er ist mißleitet, verführt, im Stich gelassen und schließlich vertrieben und verachtet worden, und dabei war er doch nur folgsam, wie die erste Bürgerpflicht es befahl." (Mitscherlich/Mitscherlich 1980, S. 53 f.)

Diese infantile Haltung „vergisst" nicht nur die historischen Fakten, sondern sie dreht das Opfer-Täter-Verhältnis zu den eigenen Gunsten um, da zwar ein Akt der Zerstörung und Vernichtung bedauert wird – jedoch der an der eigenen Substanz und der der eigenen Wünsche. Gauland bringt das in dem zitierten Interview in wenigen Sätzen auf den Punkt, Höcke sagt in der zitierten Rede dasselbe, formuliert aber noch deutlicher als Gauland und verbindet seine geschichtsrevisionistische Position mit einer expliziten Gewaltandrohung.

Die bereits in der Zeit nach Ende des Zweiten Weltkriegs zu attestierende Schuldabwehr und Vergangenheitsverleugnung ging somit einher mit einer geradezu rituellen Kultivierung der eigenen Unschuld und des eigenen Opferstatus. Wenn nun dieser deutsche Mythos kollektiver Unschuld heute von der Neuen Rechten und der AfD wieder reaktiviert wird, dann hat das nicht nur geschichtspolitische Implikationen, denn wem es gelingt, den Nationalsozialismus zu entsorgen oder ihn zu bagatellisieren, sein in Begriffen geronnenes Weltbild zu verharmlosen, seine raum- und volkspolitischen Konzepte aus dem NS-Kontext zu lösen, dann eröffnet sich damit die Möglichkeit, eben jene Begriffe in der Gegenwart zu verwenden und mit ihm verbundene Konzepte wie das der völkisch-repressiven „Volksgemeinschaft" zunächst wieder verbal zu reanimieren, um es dann auch umsetzen zu können. Und genau hierin liegt der tiefe Sinn der Instrumentalisierung der deutschen Geschichte durch die AfD: Wer den Nationalsozialismus aus der Erinnerung entsorgt, kann NS-Konzepte umsetzen, ohne als Nazi oder Rechtsextremist/in zu gelten. Exakt deshalb gab es in der AfD auch so viele Stimmen, die den völlig eindeutigen, offen und direkt artikulierten und insofern unmissverständlichen Antisemitismus von Wolfgang Gedeon nicht als solchen erkennen *wollten*: weil eben diese Einsicht in das Offensichtliche die Realblockade für die gesamte Politik der AfD bedeutet hätte.

5.2 Die Spitze vieler Eisberge: Der Fall Gedeon und der tiefsitzende Antisemitismus

Der Fall Gedeon, der auch den Anlass für den schriftlichen Dialog von Kubitschek und Jongen bildete, ist im Kern schnell erzählt: Gedeon wurde für die AfD im Frühjahr 2016 Mitglied des Landtages von Baden-Württemberg und hat sich in seinen Schriften umfangreich, unmissverständlich und eindeutig antisemitisch geäußert. Das ist, für ein Mitglied eines deutschen Parlamentes, für sich genommen bereits ein Skandal. Der noch größere Skandal war aber das Verhalten der AfD, mit dem Fall Gedeon umzugehen – und an diesem Verhalten der Partei kann man mehr über den Antisemitismus in der AfD erfahren, als schon aus dem, was Gedeon von sich gibt. Denn der Umgang zeigt, wie tief verwurzelt antisemitisches Denken in der AfD ist und warum die AfD zwar programmatisch betrachtet bisher keine explizit antisemitische Partei ist, aber fraglos eine Partei für Antisemit(inn)en.

Was hatte Gedeon geschrieben? In einem Buch hat er geschichtsrevisionistische Neo-Nazis wie Horst Mahler, Ernst Zündel und David Irving als „Dissidenten" bezeichnet und die Auffassung vertreten, dass sich in der Rechtsprechung „der zionistische Einfluss in einer Einschränkung der Meinungsfreiheit" äußere (zit. n. Saure/Maegerle 2016). Für Gedeon arbeiten Juden an der „Versklavung der Menschheit im messianischen Reich der Juden", mit dem Ziel der Durchsetzung einer „Judaisierung der christlichen Religion und Zionisierung der westlichen Politik" (zit. n. Bender/Soldt 2016). Gedeon im Wortlaut:

„Wie der Islam der äußere Feind, so waren die talmudischen Ghetto-Juden der innere Feind des christlichen Abendlandes [...] Als sich im 20. Jahrhundert das politische Machtzentrum von Europa in die USA verlagerte, wurde der Judaismus in seiner säkular-zionistischen Form sogar zu einem entscheidenden Wirk- und Machtfaktor westlicher Politik. [...] Der vormals innere geistige Feind des Abendlandes stellt jetzt im Westen einen dominierenden Machtfaktor dar, und der vormals äußere Feind des Abendlandes, der Islam, hat via Massenzuwanderung die trennenden Grenzen überrannt, ist weit in die westlichen Gesellschaften eingedrungen und gestaltet diese in vielfacher Weise um." (Gedeon, zit. n. Bender/Soldt 2016)

So weit, so offensichtlich – aber bevor es im Juli 2016 zur rein kosmetischen Spaltung der AfD-Fraktion im Stuttgarter Landtag kam, war die Partei und ihr Führungspersonal händeringend darum bemüht, Expert(inn)en zu finden, die etwas statt ihrer zu Gedeon hätten sagen sollen. Die Frage, die Petry und Co. vordergründig umtrieb: Ist das Antisemitismus, was Gedeon vertreten hat? Man kann diese verzweifelte Suche nach Gutachter(inn)en (vgl. Krauss 2016), die statt der Partei diese Frage beantworten sollten, als rhetorische Strategie abtun. Viel nahe liegender ist es aber, sie ernst zu nehmen und die Partei dafür in Verantwortung zu nehmen, was sie getan hat. Dann sieht man: Gedeon hat sich in aller Deutlichkeit und Unmissverständlichkeit antisemitisch geäußert und in zahlreichen Facetten antisemitisches Gedankengut von sich gegeben. Dass man nun in der AfD ernsthaft fragte, ob das von Gedeon geäußerte denn überhaupt antisemitisch sei, zeigt, dass man in der Partei offensichtlich den Inhalt der Aussagen selbst nicht für problematisch hielt, sondern sich einen Gesinnungs-TÜV wünschte, der diese Bewertung übernehmen sollte – weil man offenbar, eine andere plausible Erklärung gibt es nicht, selbst mindestens Teile des Weltbildes von Gedeon für unproblematisch hält.

Dieser Umgang zeigt zweierlei: Zum einen, dass die AfD selbst jede Verantwortung für ihr eigenes Handeln externalisieren wollte, nur um keine/n der eigenen Kamerad(inn)en verschrecken zu müssen – im Zweifel hätte eben irgendein/e (sowieso von der AfD und ihren Anhänger(inn)en mehr oder weniger verhasste/r) Wissenschaftler/in gesagt, Gedeon sei Antisemit, aber nicht man selbst; zum anderen, dass der Antisemitismus in der Partei tief verankert ist und die AfD Antisemit(inn)en anzieht wie ein Magnet, denn wenn man selbst bei Gedeon nicht zu sehen in der Lage ist, dass seine Äußerungen antisemitisch sind, wo beginnt denn dann für die AfD Antisemitismus? Beim umgesetzten Massenmord?

Dass man in der AfD Antisemitismus nicht als solchen erkennt, entweder, weil man nicht einräumen möchte, dass man selbst antisemitische Positionen teilt, oder weil man Antisemit(inn)en nicht für das in Haftung nimmt, was sie sagen, zeigen zahlreiche andere Fälle, bei denen von der AfD nie offiziell und unmissverständlich gesagt wurde, dass es sich um Antisemitismus handelt. Man hat stattdessen inhaltliche Distanzierungen unterlassen, weshalb Gedeon auch nur eine Spitze der antisemitischen Eisberge ist, die immer umfangreicher sichtbar werden.

Die antisemitischen Fälle in der AfD sind so umfangreich, dass die meist übliche rechte Strategie, diese als Einzelfälle zu verniedlichen, substanzlos geworden ist. Bereits 2015 hatte der AfD-Lokalpolitiker Gunnar Baumgart aus Bad Münder die nazistischen Geschichtsrevisionisten und Holocaust-Leugner Ernst Zündel, Germar Rudolf und Fred Leuchter verteidigt und auf Facebook einen Artikel verlinkt, der behauptete, dass „kein einziger Jude" durch „Zyklon B oder die Gaskammern umgekommen" sei. Baumgart, der betonte, dass, hätte er Kinder, diese „den Geschichtsunterricht in Deutschland nicht besuchen" dürften, erklärte nach mehreren Strafanzeigen, die gegen ihn gestellt wurden, aus der AfD austreten zu wollen, „um Schaden von der Partei abzuwenden". (Zit. n. Rathmann/Thimm 2015)

Aber auch andere Funktionseliten der AfD haben sich antisemitisch geäußert (vgl. auch Riebe 2016), wie etwa deren hessischer Schatzmeister Peter Ziemann, der 2013 über „satanische Elemente in der Finanz-Oligopole" und „freimaurerisch organisierte Tarnorganisationen" phantasiert hatte (zit. n. Pfahl-Traughber 2016). Oder deren brandenburgischer Politiker Jan-Ulrich Weiß, der dem britischen Investmentbanker Jacob Rothschild in den Mund gelegt hatte, „wir" würden Medien und Regierungen steuern (zit. n. ebd.). Oder der nordhessische AfD-Kreistagsabgeordnete Gottfried Klasen, der dem Zentralrat der Juden die „politische Meinungsbildungshoheit sowie die politische Kontrolle über Deutschland" unterstellte (zit. n. Meyer/Tornau 2016). Ende Oktober 2016 verteidigte Björn Höcke bei einer AfD-Kundgebung in Gera die kurz zuvor zum wiederholten Male wegen Holocaust-Leugnung verurteilte nazistische Multifunktionärin Ursula Haverbeck (vgl. Krohn 2016). Und im Berliner Wahlkampf 2016 exponierte sich der stellvertretende AfD-Landesvorsitzende Hugh Bronson mit einem die Shoah relativierenden Auschwitz-Vergleich, als er twitterte: „Extreme sind urdeutsch, wie Menschen in Zügen: Entweder Auschwitz oder Refugees Welcome. Beides falsch!" (Zit. n. Bombosch 2016). Kay Nerstheimer, der für die AfD im Wahlkreis Lichtenberg 1 bei der Berliner Landtagswahl das Direktmandat gewonnen hat, vermutet hinter dem Ersten und Zweiten Weltkrieg „Kräfte", die nun auch einen dritten Weltkrieg verursachen wollen würden und phantasiert die Bundesrepublik zu einer „BRD Treuhandgesellschaft mit Sitz in Frankfurt am Main", glaubt also an eine Finanzverschwörung (zit. n. Gupta 2016). Dass Nerstheimer bei deren Konstituierung nicht zur AfD-Fraktion im Berliner Abgeordnetenhaus gehörte, ist die gleiche verlogene Kosmetik wie bei der Spaltung der Stuttgarter Landtagsfraktion, die medienwirksam inszeniert, die Kritik am Antisemitismus der Partei abwürgte, Ende 2016 aber schon wieder rückgängig gemacht wurde.

Gedeon selbst hat, offenbar von jeder Erkenntnis völlig unberührt, nach der öffentlichen Diskussion über ihn noch nachgelegt und einen Kritiker, der seine antisemitischen Äußerungen in *Der Zeit* analysiert hatte und Mitarbeiter beim Zentrum für Antisemitismusforschung an der Technischen Universität Berlin ist (vgl. Funck 2016), gefragt, „von welchen nichtstaatlichen Stellen" dessen Arbeit finanziert werde, das würde, so Gedeon, „sicher manchen Leser interessieren" (2016). Dass Gedeon hier die Frage nur antisemitisch stellte, ohne sie selbst zu beantworten, baut auf das antisemitische Suggestivpotenzial, bei dem sich Antisemit(inn)en ihren Wahn nur zuraunen müssen, ohne ihn explizit zu machen. Und in der AfD-Landtagsfraktion von Baden-Württemberg finden sich auch nach deren inzwischen vollzogenen Wiedervereinigung weiterhin Abgeordnete, die Gedeons Aussagen nicht für antisemitisch halten und ihn, der inzwischen fraktionslos ist, weiter unterstützen (vgl. Soldt 2016a).

Dass der antisemitische Wahn immer öfter und immer deutlicher auch als offener Antisemitismus artikuliert wird, zeigen die bisherigen Beispiele. In ihrem Umgang mit dem Fall Höcke ist die AfD nach dem Fall Gedeon nun aber im Januar 2017 noch einen Schritt weitergegangen: Seitdem die Parteiführung Höcke nach seiner geschichtsrevisionistischen und antisemitischen Rede dadurch den Rücken gestärkt hat, dass man einen Rauswurf aus der AfD zunächst kategorisch ausschloss, hat sie, wie *Der Spiegel* schreibt, jede „demokratische Satisfaktionsfähigkeit" verloren: „Sie ist zu einer Partei für Nazis und deren Mitläufer geworden. Und wer sie wählt, muss wissen: Er gehört dazu." (Kuzmany 2017) Diese Einschätzung teilten laut einer Forsa-Umfrage 62 Prozent aller Bundesbürger(inn)en, also fast zwei Drittel (vgl. o. V. 2017). Dass dann wenige Wochen später doch von der Partei ein Parteiausschlussverfahren gegen Höcke angestrengt wurde, war wieder einmal eine rein strategische Reaktion auf die öffentliche Stimmung gegen Höcke und die AfD (vgl. Bender/Locke 2017) – und reihte sich ein in eine lange Kette von halbherzigen Parteiausschlussverfahren, bei denen nicht die inhaltliche Problematik von rassistischen, antisemitischen oder geschichtsrevisionistischen Aussagen im Mittelpunkt stand oder steht, sondern stets nur das strategische Kalkül mit Blick auf potenzielle Zustimmung in der Bevölkerung (vgl. Sander 2017).

Insofern ist lediglich eine Frage der Zeit, wann aus der Partei für Antisemit(inn)en auch eine dezidiert antisemitische Partei werden wird. Den Weg dahin zeigt die obsessive Bemühung der AfD, NS-Begriffe wie „Volksgemeinschaft" und „völkisch" wieder positiv besetzen zu wollen – denn das schließt die völkische und antisemitische Vernichtungspolitik der deutschen Volksgemeinschaft nicht nur ein, sondern diese Vernichtung ist die historische Wahrheit der Begriffe. Das völkische Weltbild ist die zentrale Grundlage für Antisemitismus – und auch die zentrale Grundlage für die antisemitische NS-Vernichtungspolitik. Dass man der AfD diese Politik politisch und medial durchgehen lässt, zeigt zugleich das Dilemma einer dramatischen Normalisierung von Antisemitismus in der deutschen Gesellschaft.

5.3 Antisemitismus im Kontext: Das gefährliche Schweigen der Mehrheitsgesellschaft

Auf dem Höhepunkt der Debatte über die antisemitischen Äußerungen des damaligen FDP-Politikers Jürgen Möllemann Mitte 2002, dessen Partei in aller nur denkbarer Undeutlichkeit um die naheliegende Erkenntnis herumlavierte (vgl. Salzborn/ Schwietring 2003), titelte das Satiremagazin *Titanic* (H. 7/2002) mit einem Foto von Adolf Hitler und der Headline „Schrecklicher Verdacht: War Hitler Antisemit?". Diese Headline könnte den Stand der gesellschaftlichen und politischen Auseinandersetzung mit Antisemitismus in der Bundesrepublik auch heute gut zusammenfassen: Es gibt zahlreiche antisemitische Artikulationen in der Öffentlichkeit, die mit aller Deutlichkeit und Eindeutigkeit vorgetragen werden – und es fehlt an der offensichtlichen Einsicht, dass es sich um Antisemitismus handelt, ja geradezu manisch wie panisch versuchen die beteiligten Akteurinnen und Akteure immer wieder, das Eindeutige zu bagatellisieren, zu trivialisieren oder zu leugnen.

Dass der Antisemitismus in Deutschland nach wie vor vorhanden ist und auch in den kontinuierlich durchgeführten Einstellungsuntersuchungen kein Rückgang bei antisemitischen Einstellungen erkennbar ist, ist das eine. Etwas Anderes ist es aber, dass die Gleichgültigkeit der Demokratinnen und Demokraten zunimmt, Antisemitismus als etwas zu tolerieren, was als öffentlich sagbar gilt und damit den völkischen Rebellen kampflos das Feld zu überlassen. Die Unwilligkeit und Unfähigkeit Antisemitismus zu erkennen, zu benennen, zu kritisieren und dann entsprechend des verfassungsrechtlichen Auftrages des Antidiskriminierungsschutzes (Art. 3 Abs. 3 GG) auch konsequent aus der Öffentlichkeit auszugrenzen, sind ein Problem für die Demokratie.

Dabei ist es noch gar nicht lange her, da folgten auf antisemitische Ausfälle auch reihenweise Gegenstimmen aus Politik, Gesellschaft und Wissenschaft. Aber, so haben Werner Bergmann und Wilhelm Heitmeyer (2005) vor wenigen Jahren konstatiert: Die Grenzen des Sagbaren in Sachen Antisemitismus haben sich verschoben. Etwas schärfer im Ton, aber sachlich genauso treffend schrieb Salomon Korn, dass die „Schonzeit" für Juden in Deutschland vorbei sei – und das bereits im Jahr 2002, die heutigen Radikalisierungen noch gar nicht einbeziehend. Seit den öffentlich nur mangelhaft sanktionierten antisemitischen Äußerungen von Walser 1 (Rede in der Paulskirche 1998) und Walser 2 (*Tod eines Kritikers* 2002), Jürgen Möllemann, Martin Hohmann, der bezeichnenderweise nach seinem Ausschluss aus der CDU inzwischen für die AfD aktiv ist, und Jakob Augstein fühlen sich die Antisemit(inn)en in Deutschland immer mehr bemüßigt, ihre Ressentiments öffentlich zu kommunizieren (vgl. Salzborn 2011c).

Institutionen wie der Zentralrat der Juden wissen davon ein trauriges Lied zu singen, die Beschimpfungen werden nicht nur seit Jahren immer mehr, sondern auch immer drastischer und erfolgen vor allen Dingen mit bewusstem Selbstbekenntnis, d.h. nicht mehr anonym (vgl. Salzborn 2005b; Schwarz-Friesel/Reinharz 2012). Es ist kein Zufall, dass es in den letzten Jahren einen Zuwachs an antisemitischen Straftaten gibt, der Weg vom antisemitischen Denken der Gewalt zur Gewalt gegen Sachen und Menschen ist ein kurzer – noch zumal, wenn man sich nicht mehr in der Minderheit wähnt. Mit Blick auf die letzten Jahre ist ohne Frage ein Radikalisierungsprozess zu attestieren, der sowohl quantitativ, wie qualitativ erfolgt ist: nimmt man mit der Beschneidungsdebatte und der Diskussion um das „Gedicht" von Günter Grass nur zwei der größeren öffentlichen Debatten der letzten Jahre, dann ist die Intensität im Sinne einer Verdichtung im Vergleich zu den Jahren davor extrem hoch; zugleich spricht es aus dem Jargon der Barbarei immer offener und in medialen Debatten wird die Feststellung, dass jemand sich antisemitisch äußert, mit dem Hinweis auf einen *angeblichen* Antisemitismus-*vorwurf* verniedlicht – so, als sei nicht der Antisemitismus, sondern die Kritik das Problem. Zugleich wird allenthalben und von vielen Medien Antisemitismus faktisch hofiert, da er nicht als grundsätzlich im Widerspruch zu den verfassungsrechtlichen Grundwerten gekennzeichnet wird, sondern zu einer Meinung, die neben anderen tolerierbar sei, verkommt. Wer sich heute als Antisemit/in offen äußert, muss nicht nur keine Sanktionen befürchten: weder eine strafrechtliche noch eine politische oder mediale. Dies ist eng verbunden mit dem öffentlichen Klima, das sich auch konstituiert durch die empathische Teilnahmslosigkeit vieler Deutscher gegenüber den menschen(rechts)verachtenden Grausamkeiten, denen sich die Bürger(inn)en Israels durch den alltäglichen Terror von Hamas, Hisbollah und anderen undemokratischen und barbarischen Rackets ausgesetzt sehen. Die eigene, nicht aufgearbeitete NS-Vergangenheit wird nun nicht nur auf die Juden projiziert und ihnen absurderweise Täterschaft unterstellt, sondern zugleich werden auch die völkisch motivierten und antisemitisch agierenden palästinensischen Terrorist(inn)en mal klammheimlich, mal ganz offen mit Sympathie bedacht. Es scheint fast, dass jeder, der heute in Deutschland aggressiv gegen Israel hetzt, mindestens eine nicht-aufgearbeitete Nazi-Vergangenheit in der bundesdeutschen Erinnerungslandschaft verbirgt (vgl. Brunner u.a. 2011; Lohl 2010; Peisker 2005).

Der wesentliche Motor für die durch den Katalysator der Paulskirchen-Rede von Martin Walser begonnene öffentliche Hinnahmebereitschaft von Antisemitismus waren die antisemitischen Großdemonstrationen, zu denen es im Sommer 2014 in zahlreichen deutschen Städten gekommen ist; Demonstrationen gegen Israel, auf denen antisemitischen und israelfeindliche Parolen gerufen und Transparente mit den Konterfeis verschiedener Diktatoren und Fahnen radikaler und terroristischer Organisationen gezeigt wurden. Es wurde der Name Adolf Hitlers skandiert, Israel mit dem NS-Regime verglichen und „Jude, Jude, feiges Schwein, komm heraus und kämpf allein" oder „Heut' machen wir die Juden fertig" gebrüllt. Was auf den ersten Blick nach einer zwar entsetzlichen, aber nicht ganz so ungewöhnlichen Demonstration aus dem neonazistischen Spektrum aussah, war allerdings etwas ganz anderes, denn die Demonstrationen werden gemeinsam getragen von pro-palästinensischen Gruppen, von Rechtsextremen und von (sich selbst als links verstehenden) Antiimperialisten.

Und hier schließen sich die Kreise: kann man doch im neurechten Religionsverständnis bereits die (furchtvolle) Faszination für den radikalen Islamismus erkennen, der dann die antisemitischen Islamisten ebenso zu Brüdern im Geiste werden lässt, wie das innerhalb der Linken weitgehend isolierte und kleine, aber hochaggressive und militante Spektrum der Antiimperialisten, für die man in der *Sezession* auch schon seine Sympathien entdeckt hat: im April 2016 wurden dort die „offenen Flanken des Antiimperialismus" diskutiert und dafür geworben, „die Reste des linken antiimperialistischen Lagers überflüssig zu machen", um sie in einen „Antiimperialismus von rechts" zu integrieren (Kaiser 2016, S. 14 u. 17). Und nicht zufällig schloss Höcke terminologisch in seiner Dresdner Rede im Januar 2017 ja auch an den antisemitischen Denkraum an, den Martin Walser mit seiner Paulskirchen-Rede 1998 eröffnet hatte. In dieser Rede hatte sich Walser gegen eine kritische Reflexion der Vergangenheit und die „Moralkeule" Auschwitz gewandt, deren Allgegenwärtigkeit er halluzinierte – und sprach von einer „Dauerpräsentation unserer Schande", von einem „grausamen Erinnerungsdienst" und einer „Routine des Beschuldigens" in den Medien (Walser 1998).

6 Virtuelle Verschwörungswelten, realer Verschwörungswahn: Die identitäre Mobilisierung von Affekten

Nachdem Donald Trump die amerikanische Präsidentschaftswahl im November 2016 gewonnen hatte, machte das Schlagwort von einer „postfaktischen" Gesellschaft die Runde. Dieses Schlagwort vernebelt aber mehr, als es erhellt. Denn mit diesem Etikett wird ein Weltbild kaschiert, das auf der Adelung von aggressiven Affekten und dem Hass auf Fakten und Tatsachen basiert: ganz im Gestus der Gegenaufklärung wird einer (Re-) Mythologisierung und (Re-)Sakralisierung der Politik das Wort geredet, in deren Mittelpunkt die Mobilisierung von Aggressionen steht. Wut, Zorn und Hass sollen in Stellung gebracht werden gegen eine Weltordnung, die sich an Vernunft, Rationalität und Fakten orientiert. Diese Haltung begrifflich als „postfaktisch" zu verharmlosen, verschleiert, dass der Angriff der Antidemokraten über weite Teile auf einem mythologischen Verschwörungsglauben basiert, der tatsächlich weitgehend nicht nur Ideologie ist, sondern – vorsätzliche und/oder unbewusste – Lüge. Diese Lügen werden auf kurze Slogans gebracht, die intuitiv auf Zustimmungsfähigkeit hoffen, weil sie sich ausschließlich an Affekte richten und aufgrund ihrer Mobilisierungspotenziale, gerade in der virtuellen Welt, keine andere Funktion haben, als eine praktische: es geht nicht um Diskussion oder gar Aufklärung, sondern ganz im Gegenteil um die Aktivierung von aggressiven Affekten zur Mobilisierung eines möglichst verstandesfreien Handelns.

6.1 Verschwörungsmythen und Affektmobilisierung

Die in den Modus von Verschwörungsmythen formulierten Lügen werden nicht geglaubt, weil sie rational oder kognitiv überzeugend sind, sondern weil sie ein Weltbild festigen, das gerade nicht den Prinzipien der Aufklärung folgt, sondern lediglich dazu dienen, Pseudo-Belege für Vorstellungen zu liefern, die im Widerspruch zu allen rationalen Erkenntnissen stehen. Deshalb sind diese Verschwörungsvorstellungen auch keine Theorien, weil sie Wirklichkeit nicht erklären oder verstehen wollen, sondern jene lediglich an ihre psychische Devianz anpassen möchten. Ihr Anspruch ist nicht theoretisch, sondern praktisch. Es sind die Phantasien von einer regredierten Welt, der Traum von einem harmonischen und widerspruchsfreien (völkischen) Selbst, in dem alles nur einer Logik gehorcht, nämlich der eigenen – keine Widersprüche, keine Ambivalenzen, nur (gemeinschaftliche) Identität. Das ist das Ziel der affektiven Mobilisierungsstrategien: den Verstand zu suspendieren.

Öffentlich sichtbar wird die zunehmende Dominanz von Verschwörungsphantasien in der rechten Szene seit dem Jahr 2014, als auf die gemeinsamen antisemitischen Demonstrationen von Islamisten, (linken) Antiimperialisten und Rechtsextremisten, die Proteste von Pegida in Dresden sowie von ihren lokalen Ablegern, aber auch die prorussischen und antiamerikanischen „Montagsdemonstrationen" folgten (vgl. Salzborn 2015b). Verbunden waren und sind diese Proteste seither durch das Moment des Verschwörungsglaubens: Die einen glauben an eine Verschwörung internationaler Mächte mit dem Ziel der Errichtung einer „neuen Weltordnung" (bevorzugt unter amerikanischer und/oder israelischer Führung), die anderen an die einer multikulturellen Gesellschaft, beide phantasieren geheime Aktivitäten von Politik und Medien, die angeblich den Protest „des Volkes" begrenze oder unterdrücke. Während demokratische Medien dabei als „Lügenpresse" verunglimpft werden, weil sie die rassistischen Partikularinteressen eben auch als solche benennen, werden Propagandamedien wie dubiose Internetblogs oder das russische Fernsehen glorifiziert – weil sie den eigenen Wahn zur Wahrheit erklären.

Gerade die sozialen Medien haben dabei einen virtuellen Raum entstehen lassen, in dem jede/r jenseits von sachlicher oder fachlicher Kompetenz und auch jenseits einer Prüfung, ob die verbreiteten „Meinungen" faktenbasiert sind oder frei erfunden bzw. auf vorsätzlichen Lügen basieren, veröffentlichen und für

Dritte zugänglich machen kann. Die zahlreichen rechten Internetblogs sind dabei insofern eine Form von alternativen Suggestivmedien, die den Anliegen der völkischen Rebellion in die Hände spielen: denn selbst wenn man außer Acht lässt, dass die journalistische Sorgfaltspflicht für Blogger/innen nicht gilt, sie ja auch in der Regel über keine „handwerkliche", also journalistische Ausbildung verfügen, die es ihnen ermöglichen würde, Quellen seriös zu prüfen und ihre Echtheit zu verifizieren, sondern fast ausnahmslos Informationen (bzw. das, was dafür ausgegeben wird – oft eben Lügen) aus zweiter oder dritter Hand ungeprüft übernehmen und auf diesem Weg tendenziell den eigenen Deutungen anpassen, ist auf diese Weise ein Raum entstanden, in dem die auch schon vorher vorhandenen rassistischen und antisemitischen Einstellungen nun Teil der halböffentlichen Auseinandersetzung geworden sind und auf diese Weise multipliziert und tausendfach verbreitet werden können, ohne dass sie auf tatsächlichen Fakten basieren würden. Auf diesem Weg werden Vermutungen und Gerüchte Schritt für Schritt zu einem System von Scheinwahrheiten verdichtet, das sich nicht an der äußeren Realität (also dem, was tatsächlich passiert ist) orientiert, sondern nur an einem Verschwörungsglauben, also der Frage, wie Halbwissen und Gerüchte in ein bereits vorhandenes (völkisches) Weltbild eingefügt werden können.

Dieser Verschwörungsglaube zielt darauf, politische und gesellschaftliche Entwicklungen rationalen Betrachtungen zu entziehen und stattdessen die Emotionalität und Affekthaftigkeit des Politischen zu steigern, wenn hinter diesen Entwicklungen unbekannte, unfassbare und omnipotente Mächte vermutet werden, die im Sinne einer Verschwörung agieren und die tatsächlichen politischen Agenden steuern würden. Das Motiv der Verschwörung ist historisch wie systematisch ein antisemitisches, gleichwohl kann diese Verschwörungsphantasie im gegenwärtigen Rechtsextremismus zahlreiche Ausprägungen annehmen, neben den nach wie vor prägnanten und dominanten des Antisemitismus und des Antiamerikanismus (vgl. Beyer 2014; Jaecker 2004, 2014; Markovits 1997) auch solche, die vor den Gefahren einer angeblichen Islamisierung Europas warnen. Das Schlagwort der Islamisierung ist im völkischen Denken dabei ein Element von geopolitischer Bevölkerungspolitik, weil es nicht primär auf den Islam (als Religion) oder die Muslime (als Subjekte) orientiert, sondern auf eine Verbindung von völkischen und raumordnerischen Aspekten abhebt: es geht um eine Ablehnung und Furcht vor dem Aufenthalt bzw. Zuzug von Muslimen *nach Deutschland bzw. Europa.*

Der Glaube, es würde zu einer bevölkerungspolitischen Islamisierung Europas kommen, der oft auch mit dem seit Oswald Spenglers *Untergang des Abendlandes* (1918/22) kulturpessimistisch und apokalyptisch aufgeladenen Begriff des „Abendlandes" verbunden wird (vgl. Thöndl 2010), ist Teil einer umfassenderen Verschwörungsphantasie. Die Verschwörungsphantasie zielt darauf, die ethno- und geopolitischen Grundlagen des „deutschen Volkes" bzw. der „deutschen Rasse" (je nachdem, ob eine kulturalistische oder eine rassistische Position vertreten wird) als gefährdet anzusehen – durch Zuwanderung und „Überfremdung", durch Medien- oder Finanzdominanz, durch Parlamentarismus und Parteiendemokratie, durch Aufklärung und Rationalität. Die konkreten Verschwörungsmythen werden dabei fast so schnell produziert, wie die Ereignisse stattfinden, die den Anlass für ihre Formulierung bilden – was mit der Logik der Verschwörung selbst zu tun hat: Sie bedarf keiner Fakten, keiner Realität, keiner Wirklichkeit außer ihrer selbst, um zu funktionieren. Es bedarf eben nur eines Anlasses, nicht einer Ursache, damit Verschwörungsphantasien formuliert werden – egal, ob die Agitation der rechten Szene sich im Einzelfall gegen eine unterstellte amerikanische oder israelische (Geheim-)Dominanz in der Weltpolitik, eine angebliche Islamisierung Europas, die globalen und als unkontrollierbar empfundenen Finanzmärkte, die als „Lügenpresse" verunglimpften demokratischen Medien, die in antidemokratischer Absicht im NS-Jargon als „Alt-" oder „Systemparteien" titulierten Repräsentationsinstitutionen der Demokratie oder einfach gegen die in verachtender und entpersonalierender Weise begrifflich entmenschlichten „Die-da-Oben" wendet (vgl. Feustel u.a. 2016).

Zum antifeministischen und antidemokratischen Inbegriff der völkischen Parolen ist dabei der integrativ wirkende, hoch emotionalisierte Slogan „Merkel muss weg" geworden – mit ihm gelingt es, den ganzen Zorn und Hass auf die Demokratie (kulminierend in Merkels Funktion als Bundeskanzlerin), die Gleichberechtigung (kulminierend in ihrer Rolle als Frau) und die Aufklärung bzw. die Vernunft (kulminierend in ihrer universitären Ausbildung als Physikerin) in einer extrem zugespitzten Forderung zu integrieren, die überdies noch suggeriert, die Entwicklung politischer und ökonomischer Prozesse würde an einer Person hängen, so dass der völkische Affekt personalisiert und konkretisiert wird und sich damit in seiner emotionalen Appellstruktur bereits gegen jede Form von Rationalität richtet (siehe zu Merkel auch: Schramm 2016). Die stellvertretende AfD-Fraktionsvorsitzende im Thüringer Landtag, Wiebke Muhsal, bringt dieses gesamte Ressentiment auf die wörtliche Formulierung, Merkel sei der „personifizierte Untergang unseres Landes" (2016).

Personalisierung und Moralisierung von Kritik appellieren an ein Gesellschaftsverständnis, das abstrakte Strukturen nicht begreift, dafür aber konkrete Menschen in die Verantwortung für ein System nehmen möchte, das zugleich als anonym und unfassbar verklärt wird. Hinter einer nicht-verstandenen Struktur ökonomischer und politischer Prozesse wird nach konkret identifizierbaren Menschen gefahndet, die verantwortlich gemacht werden können. Merkel wird hier zum personifizierten Feindbild, auf das sich Wut abreagiert, die aus der intellektuellen Unfähigkeit resultiert, die Struktur der modernen Gesellschaft zu begreifen. Die Struktur der modernen Vergesellschaftung wird intellektuell nicht begriffen, aber gerade deshalb infantil gegen sie rebelliert. In ihrer gefühlten Ohnmacht folgt die völkische Rebellion damit einem strukturell antisemitischen Weltbild, das personalisierend und moralisierend auftritt und das verbunden ist in seiner Angst vor dem Abstrakten und seiner Furcht vor dem Verstand.

Die Ursache ist dabei eine wahrgenommene Differenz zwischen Abstraktem und Konkretem, die jedoch tatsächlich eine antinomische Einheit bilden: während das Abstrakte in der modernen Gesellschaft von den völkischen Rebell(inn)en verteufelt wird, wird das Konkrete glorifiziert: Die völkische Denklogik der Parole „Merkel muss weg" meint, die Probleme in den Griff bekommen zu können, wenn der verteufelte Teil der bürgerlichen Gesellschaft angegriffen wird – und fühlt sich dabei einer anonymen, unheimlichen und scheinbar omnipotenten Macht ausgesetzt, die er mit dem Affekt gegen Merkel personalisieren und damit seinen aggressiven Affektivität eine Zielrichtung geben kann. Im Fadenkreuz der Parole gegen Merkel steht damit faktisch alles, was die völkischen Rebell(inn)en verachten: das abstrakte Gesetz, der Verstand, die Individualität, die Freiheit, kurzum: die aufgeklärte Moderne.

Eine der kuriosesten Erscheinungen, die den genuin demokratiefeindlichen Gehalt der Verschwörungsideologie zeigt, ist der Einsatz von Wahlbeobachtern – allerdings nicht in autokratischen Regimen, sondern in Deutschland: so lancierte die rechtsextreme Monatszeitschrift *Zuerst!*, die auf Breitenwirkung orientiert und auch in vielen Bahnhofsbuchhandlungen erhältlich ist[6], beispielsweise ein Kurzinterview mit einem „Wahlbeobachter", der aus dem separatistischen und international nicht anerkannten Gebiet „Bergkarabach" die Landtagswahl in Baden-Württemberg im März 2016 „beobachtet" hat und dabei – getreu des Weltbildes – ins Raunen über „Übergriffe gegen AfD-Wahlkämpfer" geriet, wobei er selbst einräumte, auf Einladung der AfD zur „Wahlbeobachtung" nach Deutschland gekommen zu sein, nachdem wiederum AfD-Politiker zuvor in der südkaukasischen Schattenrepublik „Wahlbeobachter" gespielt hatten (vgl. Poghosyan 2016). Darin zeigt sich das hermetische System des

---

6 Die Zeitschrift *Zuerst!* ist mangels Intellektualität dezidiert nicht dem Spektrum der Neuen Rechten zuzuordnen, interagiert aber eben trotzdem mit diesem und bietet beispielsweise kontinuierlich AfD-Spitzenfunktionären in Interviews ein Forum bzw. wendet sich die AfD damit *explizit* an eine *neonazistische Klientel*. Vgl. Frohnmaier 2016; Gauland 2016b; Lohr 2017; Mieruch 2016; Pretzell 2016; Stein 2016; Tritschler/Frohnmaier 2015; Wurlitzer 2016. Siehe hierzu auch Speit 2016b.

Verschwörungswahns deutlich: die „Wahlbeobachtung" wird nicht nach international anerkannten, auf der Basis rationaler Übereinkünfte getroffenen Kriterien durchgeführt, sondern – noch unter Einbezug eines in seiner Funktion nicht legitimierten Politikers, da der vermeintliche Staat, für den er zu handeln vorgibt, gar nicht existiert und er insofern keine demokratische Legitimation hat, weder innenpolitisch, noch international – basiert auf erfundenen Willkürvorstellungen, eben dem, was man selbst in seinem völkischen Weltbild für undemokratisch erklärt, nur weil es dem eigenen (antidemokratischen) Weltbild widerspricht.

Der Verschwörungsglaube zieht aber deutlich weitere Kreise, als nur diese extrem absurde Form. So wird in den *Burschenschaftlichen Blättern*, dem Organ des Dachverbandes Deutsche Burschenschaft (DB), mit Blick auf die Flüchtlingssituation in Deutschland und Österreich von einem „Ausnahmezustand" und einem „Prozeß der Zersetzung" gesprochen (Marburger Burschenschaft Germania 2015, S. 175) und die Existenz einer „inzestuösen ‚Systempresse'" phantasiert, die „wesentlich gefährlicher" sei, als „jedes staatlich gelenkte Pressemonopol, weil sie die Zensur verschleiert". Diese „Systempresse" sei geprägt von einem „Klüngel" eines „Milieus der Meinungsmacher", das in „seinem Aufbau der politischen Kaste der Parteienoligarchie nicht unähnlich" sei. (Poensgen 2015, S. 8 ff.) Die DB profitiert maßgeblich vom Aufstieg der AfD, denn aufgrund des internen Radikalisierungsprozesses bei den Burschenschaften, hin zu offen NS-affinen Positionen, in Verbindung mit einer drastischen Entintellektualisierung ihrer Mitglieder, verlieren sie in den Unionsparteien seit geraumer Zeit erheblich an Einfluss und schielen nun auf die Mitarbeiterposten der AfD-Fraktionen.

Auch die neurechte *Sezession* spricht vom „permanenten Ausnahmezustand", in dem Merkel während der Flüchtlingskrise die „linksliberale Gutmenschenideologie der bundesrepublikanischen Elite" retten wollte, wobei die Medien „die politische Klasse" nicht kontrollieren würden, sondern „Teil des Establishments" seien (Menzel 2016, S. 2). Und in der auflagenstarken Wochenzeitung *Junge Freiheit* ist die Rede vom „anschwellende Strom" von Flüchtlingen, der sich „ins Sehnsuchtsland Deutsch-

land Bahn" breche, als „Produkt von politischen Fehlentschei-
dungen und Interessen", bei denen „Flüchtlinge als Waffe" fungieren würden (Stein 2015b, S. 1). An den Universitäten herrsche,
mit Blick auf die Initiierung von Zivilklauseln, eine „Gesin-
nungsdiktatur", es existierten „zeitgeistige Denkverbote", man
befinde sich „unter geistiger Besatzung" (Schumacher 2015, S. 2).
Die Erfolge der AfD bei Landtagswahlen seien Folge eines „sti-
ckigen Zwangskonsenses", bei dem „eine abgehobene politisch-
mediale Klasse" das „Publikum mit dem Dämmschaum politischer Korrektheit" umschlossen habe: „Die Bürger haben den
von oben verordneten Konsens satt und begehren dagegen auf."
(Stein 2016c, S. 1)

Die immer und immer wieder wiederholten, dabei variierten
und stets das eigene Weltbild stabilisierenden Verschwörungsmythen sind, das sollte nicht vergessen werden, ihrer Struktur
nach Phantasien, infantile, regressive Phantasien, die – politisch
gewendet und damit alles andere als ungefährlich – vor allem
etwas über die Person sagen, die sie vertritt. Denn dass, was den
Kern von Verschwörungsmythen ausmacht, sind die zumeist
unbewussten und verdrängten, bisweilen aber auch bewussten
Wünsche und Sehnsüchte, die Ausdruck eigener Wünsche nach
Teilhaben und Teilwerden mit der omnipotent phantasierten
Macht des völkischen Kollektivs sind. Die antisemitische Phantasie einer jüdischen Weltverschwörung ist dabei der deutlichste
Ausdruck eines solchen Wahnweltbildes, von dem der Nationalsozialismus in barbarischer Weise gezeigt hat, dass es dem völkischen Ideal der Weltbeherrschung durch Vernichtung entsprang
– ein projektiver Verschwörungswahn der antisemitischen Vernichtung, der selbst eben genau jenes weltbeherrschende und
unterjochende System als völkisch-antisemitisches „Tausendjähriges Reich" errichten wollte, das er in der Verschwörungsphantasie antisemitisch erfunden und projiziert hatte. Es ist eben so,
dass das, was den Anderen im Verschwörungsmythos vorgewor-
fen und vorgehalten wird, eigentlich das Eigene ist – die verdrängten und verleugneten Anteile des Selbst, die eigenen Wünsche, die zugleich als so monströs erfasst (aber eben dabei nicht
begriffen) werden, dass sie, zunächst, nur in ihrer projektiven

Form formuliert werden. In den unzähligen Verschwörungsmythen können insofern die verzerrten Wünsche und Phantasien derer gelesen werden, die an sie glauben. Der Verschwörungsglaube als scheinbare Angst vor Verfolgung und Unterdrückung ist insofern Ausdruck wie zugleich Drohung derer, die nichts anderes wollen, als zu verfolgen und zu unterdrücken.

6.2 Die Verstärkerfunktion sozialer Medien

Ein wesentlicher Multiplikations-, Resonanz- und Mobilisierungsraum für die Parolen der völkischen Rebellen sind die sozialen Medien (vgl. zum systematischen Kontext: Kemper u.a. 2012; Kneuer 2013; Kneuer/Salzborn 2016). Die zentrale mediale Funktion, die soziale Netzwerke für den Angriff der Antidemokratien erfüllen, besteht darin, dass tagesaktuelle bzw. populäre Themen aufgegriffen werden, die man mit einer möglichst einsilbigen, oft grafisch visualisierten Deutung versieht, die Tatsachen instrumentell verfälscht und jede Form von Ambivalenz oder Widersprüchlichkeit in der Rezeption zerstört. Das Ziel ist es, Menschen an sich zu binden, die zwar bereits teilweise bzw. diffuse rechte Einstellungen haben, aber (noch) politisch unorganisiert sind. In sozialen Netzwerken agiert die extreme Rechte dabei mit der Strategie der „Diskurspiraterie" (Wamper u.a. 2010) durch Kampagnenpolitik, bei der Teilen und Liken als Moment niedrigschwelliger Agitation und Integration fungieren. Elemente dieser Strategie sind dann beispielsweise Versuche, auf Twitter Hashtags zu „kapern" (also durch massenhafte Tweets ein zunächst nicht mit rechten Inhalten gefülltes Hashtag zu dominieren, um so die subkulturelle Teilöffentlichkeit von Twitter im Sinne einer rechten Gewinnung „kultureller Hegemonie" zu dominieren und damit Einstellungen zu prägen) oder Videos auf Youtube „umzulabeln", also rechte Propagandafilme mit Titeln aus einem völlig anderen Kontext zu versehen (z.B. mit Headlines, die vorgeben, Trailer prominenter Kinofilme zu sein) und so Nutzer/innen auf die eigenen Seiten zu locken. Im Jahr 2014 gehen laut einer Erhebung von jugendschutz.net rund 77 Prozent der gesichteten 6.200 rechtsextremen Seiten auf das Social Web zurück (vgl. jugendschutz.net 2015, S. 3), was die Relevanz der sozialen Medien auch quantitativ zeigt.

Die völkischen Rebell(inn)en machen sich dabei technische Spezifika des Internet zunutze, die nicht nur, aber besonders ihrem Anliegen auf Affektmobilisierung und Verstandessuspendierung entgegenkommen. So agiert *jede/r* Internetnutzer/in, so lange er/sie es nicht reflektieren, online primär nicht als mündige/r Bürger/in, sondern als unmündige/r Verbraucher/in. Siva Vaidhyanathan (2011) beschreibt dies als „Googlization of Everything", also einen Prozess, in dem nicht kompetentes Wissen zu mündigem Handeln führt, sondern umgekehrt Marktakteure wie Suchmaschinenbetreiber/innen in einem für den technischen Laien unsichtbaren Prozess Ergebnisse vorsteuern (durch Algorithmen, durch systematischen Ausschluss von Seiten aus Suchergebnissen, durch gesponserte Links in Suchergebnissen, durch den Einsatz von automatisierten SocialBots usw.) und damit nicht wir das Internet beherrschen, sondern das Internet uns (vgl. Reischl 2008).

Ein Beispiel: der Berliner AfD-Abgeordnete Andreas Wild verwendete in seiner Agitation gegen Merkel den Nazi-Begriff der Umvolkung, als er behauptete, Ziel von Merkel sei es, „Deutschland umzuvolken" (vgl. Ide 2016). Wer jetzt in einer Internetsuchmaschine nach dem Wort „Umvolkung" sucht, wird vor allem leicht erreichbare Nazi-Propagandaseiten im Internet finden, die das – wenn es schon latent vorhanden ist – Weltbild des/der unmündigen Bürger/in weiter bestärken und festigen. Um zu erkennen, dass die Idee der „Umvolkung" bereits auf einem völkischen Volksverständnis auffusst, in dem Gesellschaften ausschließlich als ethnisch-homogene Gemeinschaften verstanden werden und darin auch die historisch und sozial falsche Vorstellung liegt, ein gesamtes „Volk" könne, z.B. durch Zuwanderung verändert werden, bedarf es an historischem Faktenwissen, sprachlicher Reflexionsfähigkeit und sozialwissenschaftlicher Analysefähigkeit – die dafür notwendigen Grundlagen lassen sich unter anderem in der umfangreichen geschichts- und sozialwissenschaftlichen Literatur über den Nationalsozialismus oder in der vergleichenden Nationalismusforschung finden, die in der realen Welt als verfügbares Wissen in den Bibliotheken stehen, das eben nicht mit einem Suchbegriff abrufbar, sondern nur durch intensive Auseinandersetzung und die Fähigkeit zur (Selbst-)Kritik erlernbar ist. Denn die Wahrheit ist, dass ein „Volk" immer die Summe seiner Bevölkerung ist, also als Kollektiv überhaupt nicht existiert, sondern nur als der Zusammenschluss zahlreicher Individuen, die sich in unzähligen Fragen unterscheiden können, so lange sie der demokratische Wille verbindet.

Zugleich generiert das Internet durch sein Echtzeitsurrogat eine Beschleunigung von Politik im Sinne von Carl Schmitt, bei der nicht intensiv diskutiert, abgewogen und verworfen, sondern schnell entschieden wird. Damit rückt der Verstand zugunsten des Affektes in den Hintergrund, Empörung prägt die politischen Debatten und degradiert sie zu emotionalen Bekenntnissen:

„Die politischen Prozesse der Meinungsbildung und der Entscheidungsfindung haben sich tiefgreifend verändert. Die Halbwertzeit von Überzeugungen, Stimmungen und politischen Konstellationen reduziert sich stündlich. […] Selbst aufmerksamen Zeitgenossen fällt es schwer, den Überblick zu behalten, Wichtiges von Unwichtigem, Historisches von Anekdotischem, Substanzielles von Kokolores zu unterscheiden. Die atemberaubende mediale Schwarmbildung sorgt zuverlässig dafür, dass tagelang jeweils nur ein Großthema auf der Agenda steht und so lange durch den Fleischwolf der Event- und Skandalgesellschaft gedreht wird, bis nur noch unverdauliche Einzelteile auf dem Komposthaufen des gerade Vergangenen zurückbleiben." (Mohr 2011)

Die Gefahr für die Demokratie liegt darin, dass Schein-Wissen nicht nur zu sachlich falschen Entscheidungen führen kann, sondern dass in einem fortwährend beschleunigten emotionalen Prozess weder die Abwägung von konkurrierenden Interessen, noch der substanzielle Austausch differenter Positionen möglich ist. Damit wird demokratische Politik durch affektive Meinungsmache ersetzt. Überdies zerklüftet die Funktion der Massenmedien als „komplexitätsreduzierende Verbreitungsinstanzen in der Mitte der Gesellschaft" (Schrape 2010, S. 203) zunehmend und verschiebt sich mit Blick auf das Internet von Fakten auf Meinungen. Einher geht damit die Orientierung auf kurze Texte, vor allem aber auf Visuelles, das notwendigerweise kontextualisiert werden müsste, um verständlich zu sein. Während das Material von Foto- und Fernsehjournalisten in einer Demokratie einer professionellen Sorgfaltspflicht unterliegt, sind im Ausschnitt veränderte oder technisch nachbearbeitete Fotografien im Internet (z.B. durch Ergänzung oder Entfernung einer Person oder eines Gegenstandes) Anlass zur Stiftung von Empörung, die sachunangemessen ist und Politik auf eine punktuelle Visualisierung reduziert. In welchem Umfang zu reinen Propagandazwecken gefälscht wird, zeigt das Beispiel der AfD Stade, die in einer Wahlkampfbroschüre mit einer Fotografie gearbeitet hat, in die nachträglich ein Antifa-Symbol montiert wurde. Das echte Foto zeigte einen Angriff auf einen am Boden liegenden griechischen Polizisten durch einen schwarzgekleideten Demonstranten im Jahr 2009 – in der von der AfD genutzten Version wurde dem Angreifer das Logo der „Antifaschistischen Aktion" auf den Rücken montiert und mit der Behauptung flankiert, der bundesdeutsche Rechtsstaat läge „am Boden", wobei die Innere Sicherheit in einer kleinen norddeutschen Provinzstadt (Stade) durch Antifa-Aktionen gefährdet sei (vgl. Stegers 2016).

Im Videodokument, das über zahlreiche Online-Plattformen von jedem verbreitet werden kann, verhält es sich ähnlich: die „YouTubifizierung der Politik" (Keen 2008, S. 79) reduziert Politikinhalte oft auf einen (für sich genommen: nahezu aussagelosen) kurzen Videoclip, der abermals weder zeitlich noch örtlich valide zugeordnet werden kann, wenn er nicht aus professioneller Quelle stammt: „Der Amateurjournalismus trivialisiert und korrumpiert die ernsthafte Debatte. Er ist der größte Albtraum der politischen Theoretiker aller Zeiten, […], nämlich das Absinken der Demokratie zur Herrschaft des Mobs und der Gerüchteküche." (Keen 2008, S. 64) Die neurechte Identitäre Bewegung hat genau diese Strategie zu ihrem zentralen Konzept gemacht, wie ihre zahlreichen nur für die Bild- oder Videoaufnahme inszenierten Aktionen zeigen – deren Strategie schon ab dem Punkt aufgeht, wenn über sie *überhaupt* visuell in den Medien berichtet wird, weil ihr einziges Ziel die öffentlichkeitswirksame Inszenierung von völkischen und anti-demokratischen Politikinhalten ist, die (z.B. durch Perspektiv- und Ausschnittwahl, aber auch durch in der Schnittfolge zusammenmontierte Orte und Ereignisse) so inszeniert und gefilmt sind, dass der virtuelle Eindruck entsteht, eine Handvoll identitärer Aktivisten sei eine große Masse von Menschen.

Das Internet kann fraglos ein Hilfsmittel für die Verbreitung und Vertiefung von Informationen und damit die Pluralisierung von Entscheidungsgrundlagen in einer Demokratie sein – faktisch setzt dies aber den/die mündige/n Bürger/in voraus, den/die das Internet seinerseits vorgibt, mit zu erschaffen. Dieser Teufelskreis basiert auf zwei Fehlannahmen, die auf funktionale Rollen verweisen, die Internet-Nutzer/innen in der Demokratie einnehmen: zum einen sind wir online in aller erster Linie Verbraucher/innen – und werden von den Anbietern von Websites auch so behandelt, als Kund(inn)en, als Marktteilnehmer/innen, als Personen, denen eben bestimmte Produkte *verkauft* werden sollen – was rechten Akteur(inn)en deshalb in die Hände spielt, weil sie letztlich auch nur ihre Ideologie „verkaufen" wollen (im Sinne einer emotional überwältigenden Aufdrängung) und es in ihrem Interesse ist, dass ihre Unterstützer/innen gerade eines nicht sind: aufgeklärt und mündig, denn das wäre der Anfang vom Ende jeden Einflusses völkischer Propaganda. Damit ist die zweite Dimension des Internet-Missverständnisses verknüpft: Online-Angebote wie soziale Netzwerke oder Mikroblogging-Dienste (vgl. Jungherr 2009, 2015) dienen funktional der sozialen Integration und der Vernetzung mit mehr oder weniger Gleichgesinnten, sie fokussieren also auf eine soziale und nicht auf eine politische Dimension und fördern überdies nicht die kontroverse Diskussion, sondern die wechselseitige Versicherung der Richtigkeit und Bestärkung der eigenen Einstellung.

Die damit in sozialen Medien entstehenden Filterblasen (*filter bubbles*; vgl. Pariser 2011) führen durch ihre soziale Schließung dazu, dass nach und nach aufgrund der zunehmenden Homogenität der Netzwerkstrukturen immer weniger Fakten, aber auch immer weniger politische, d.h. kontroverse Diskussionen geführt werden, sondern gänzlich frei von Wahrheit *und* Wirklichkeit selbstbestärkende und den sozialen Zusammenhalt festigende, aber eben erfundene Positionen verbreitet werden, die keiner Realitätskontrolle mehr unterliegen und eben nur deshalb geglaubt werden, weil der gemeinsame Glaube an die präsentierte völkische Deutung den jeweiligen sozialen Zusammenhalt festigt. Ihre öffentliche Verstärkung erfahren dieses Filterblasen dann dadurch, dass ihnen von Politik und Medien eine unproportional große Aufmerksamkeit geschenkt wird, die ihrerseits wiederum suggeriert, der virtuelle Wahn sei tatsächlich die wirkliche Welt. Genau so entstehen schlussendlich Falschwahrnehmungen bezüglich der realen Stimmung in der bundesdeutschen Bevölkerung, die dazu führen, dass die völkischen Verschwörungsideologen ihre erlogenen Wahrheitsalternativen als ausgegrenzt darstellen können und durch die mediale Resonanz, die sie mit diesem Surrogat erzielen, wiederum der Glaube entsteht, man müsse auch diese vermeintlich ausgegrenzten Positionen anhören und ihnen eine Stimme verleihen.

Der einzige Ausweg aus diesem Dilemma ist die konsequente Ausgrenzung der völkischen Positionen aus allen öffentlichen Debatten – da nur so die, in Umkehrung von Elisabeth Noelle-Neumann gedacht, *Gerüchtespirale* durchbrochen werden kann. Denn genau diametral zu der von Noelle-Neumann (1980) beschriebenen „Schweigespirale", bei der Menschen aufgrund ihrer Annahme, ihre Position sei nicht mehrheitsfähig, mit ihr öffentlich zurückhaltend umgehen, agieren die völkischen Rebell(inn)en: sie folgen einer permanent raunenden *Gerüchtespirale*, bei der sie sich durch die wahrheitswidrige Unterstellung, ausgegrenzt zu sein, permanent Gehör für ihre antidemokratischen Positionen verschaffen und sie dadurch verbreiten können. Wenn es gelingt, die *völkische Gerüchtespirale* wieder zum Verstummen zu bringen, dann können tatsächliche Herausforderungen der repräsentativen Demokratie auch wieder ernsthaft diskutiert und Probleme korrigiert werden. Aber nur dann.

7 Männlich, halbgebildet, situiert, egoistisch: Der soziale Bodensatz der Antidemokraten

Seit Jahrzehnten zeigen empirische Einstellungsuntersuchungen, dass es in Deutschland einen konstanten Anteil von etwa einem Fünftel Antisemit(inn)en und einem Viertel Rassist(inn)en in der Gesamtbevölkerung gibt (vgl. Heitmeyer 2001 ff.; Salzborn 2014b). Hier und da ändern sich die Werte kurzfristig, der anti-aufklärerische Bodensatz ist aber stabil. Nicht jeder davon ist ein organisierter Neonazi: Manche dieser Menschen sind zwar in rechtsextremen Organisationen zusammengeschlossen, andere wiederum sympathisieren mit rechten Parteien, die meisten fallen im Alltag durch ihre politischen Aktivitäten aber zunächst einmal nicht weiter auf – weil sie sich selbst nicht als Rechtsextreme sehen und dieses Etikett weit von sich weisen würden. Heute nennt sich diese Gruppe gern selbst „besorgte Bürger", ihre Einstellungen sind rassistisch und völkisch-nationalistisch, die Aufklärung und rationales Denken sind ihnen genauso verhasst, wie die Gleichberechtigung.

Bemerkenswert an diesem Teil von besorgten Rassist(inn)en ist, dass sie zwar ein ganzes Ensemble an rechtsextremen Positionen vertreten, allerdings in keinem Fall als Rechtsextremist/in bezeichnet werden möchten. Es geht um sozial durchaus gut integrierte Menschen, meist aus der unteren und mittleren Mittelschicht, oft mit akademischer Bildung, nicht selten männlich und mit solidem Einkommen, aber eben erheblichen irrationalen Ängsten. Ihre Einstellungen sind stramm rechts, das wollen sie sich aber nicht eingestehen und erfinden deshalb Etiketten, die es ihnen ermöglichen, im Selbstbild möglichst weit von der analytischen Fremdbeschreibung „Rechtsextremist/in" entfernt zu sein.

Für diese Klientel war es in Zeiten vor der AfD schwierig, eine politische Heimat zu finden. Auf der Angebotsseite des politi-

schen Systems fanden sich entweder offen neonazistische Partei-
en wie die NPD oder die DVU – oder eben konservative Parteien,
die sich, ganz gleich, ob aus inhaltlichen oder instrumentellen
Gründen, um Abgrenzung nach Rechtsaußen bemühten. Es fehl-
te an einer Partei, die das gesamte antiaufklärerische Ressentiment in sich vereinigte, aber zugleich fortwährend bestritt,
rechtsextrem zu sein. Dann kam die AfD – und Bernd Lucke und
Hans-Olaf Henkel dienten einige Zeit dazu, den Glauben an den
glänzenden Lack über dem von Anfang an tief erodierten Rost
der AfD aufrecht erhalten zu können (vgl. zur Frühgeschichte der
AfD: Bebnowski 2015; Friedrich 2015; Häusler 2016; Häusler/
Roeser 2015; Kemper 2013).

Seit der Spaltung der Partei im Sommer 2015 sind die Fragmente des konservativen Lacks der AfD längst abgeblättert, noch
hält sich aber nicht zuletzt durch den samtweichen Umgang der
Medien mit der AfD das Image einer zumindest nicht vollwertig
als rechtsextrem zu klassifizierenden Partei (vgl. Salzborn 2016),
wobei sich nicht nur die Partei, sondern auch die Wähler/innen
der AfD in rasanter Weise radikalisieren: Im September 2016
stuften sich nach Forsa-Umfragen AfD-Anhänger/innen auf
einer Skala von 1 bis 10 (1 wäre links-, 10 rechtsaußen) im
Schnitt bei 6,2 ein, der Durchschnitt aller Wahlberechtigten lag
hingegen bei 4,5, wobei die Tendenz der rechten Selbstwahrnehmung bei AfD-Anhänger/innen steigend war (vgl. Güllner 2016,
S. 18). Und bei diesen Werten muss man noch die sogenannte
soziale Erwünschtheit berücksichtigen, der folgend sich gerade
Personen mit Fragmenten rechter Einstellungen bei Umfragen
tendenziell aufgrund des Glaubens, dies könnte als unerwünscht
gelten, eher nicht ganz so offen zu ihren Positionen bekennen.
Die Radikalisierung der AfD-Klientel hebt sich dabei deutlich
von der gesamten Restbevölkerung ab, so dass die soziale Spaltung, die die AfD provoziert und für die sie verantwortlich ist,
auch Teile ihrer potenziellen Wähler/innen zunehmend vom
demokratischen-pluralistischen Konsens der Bundesrepublik
entfernt und damit deutlich wird, dass die Motive, AfD zu wählen, ihre Ursprünge in rechten Einstellungen haben:

„AfD-Sympathisanten stimmen allen sechs erfassten Dimensionen rechtsextremer Einstellungen stärker zu, als jene, die keine Sympathie für die AfD haben. Und auch hier zeigt sich ein deutlicher Anstieg rechtsextremer Einstellungen bei den AfD-Sympathisanten von 2014 auf 2016, während bei Befragten, die keine Sympathien für die AfD angaben, die Zustimmung bei drei der sechs Dimensionen sinkt und bei den anderen drei Dimensionen nahezu unverändert bleibt. Der deutlichste Zuwachs unter den AfD-Sympathisanten lässt sich bei der Ausländerfeindlichkeit beobachten, zu der 2014 noch 13 %, 2016 aber nunmehr 23 % der AfD-Sympathisanten neigten. […] Erneut bestätigen auch hier die Zusammenhangsmaße die vorherigen Befunde: Für alle Dimensionen gilt, dass die Sympathie für die AfD 2016 noch stärker als 2014 mit Rechtsextremismus zusammenhängt." (Hövermann/Groß 2016, S. 175 f.)

Da die Einsicht der AfD-Klientel in ihre rechten, resp. sexistischen, rassistischen und antisemitischen Motive aber fehlt, ist die AfD auch eine Erscheinung im politischen System der Bundesrepublik, die nur sehr eingeschränkt mit den populistisch agierenden Bewegungen am rechten Rand im Rest von Europa zu vergleichen ist (vgl. Salzborn 2015c; siehe auch Decker u.a. 2015; Melzer/Serafin 2013) – vielleicht am ehesten noch mit der österreichischen Freiheitlichen Partei Österreichs (FPÖ), einer rechtsextremen Partei mit betont populistischem Image, die sich schon lange als Kraft der Antidemokrat(inn)en im demokratischen System Österreichs etabliert hat (vgl. Grigat 2017; Pelinka 2002; Schiedel 2007). Der deutsche Wunsch, Nazi-Positionen formulieren zu können, ohne dabei als Rechtsextremist/in identifiziert zu werden, ist in einem Land besonders ausgeprägt, in dem die Frage nach der Täterschaft der *eigenen* Großeltern (nicht im übertragenen, sondern im wörtlichen Sinn) bis heute fast nie gestellt wird (vgl. Brunner u.a. 2011; Lohl 2010; Peisker 2005).

Und das ist auch das Spezifische an der AfD und ihrem Erfolg in einem Segment der Gesellschaft, das ökonomisch und sozial Teil der Mitte ist, weltanschaulich aber am rechten Rand steht: den eigenen, immer als zu klein empfundenen Wohlstand, um jeden Preis gegen diejenigen verteidigen zu wollen, die ihn symbolisch überhaupt erst ermöglicht haben – und die im rechtsextremen Weltbild dann zum homogenen Kollektiv der „Ausländer" fusionieren. Denn der heute rassistisch agierende Teil der Mittelschicht scheint unbewusst zu ahnen, dass die Ursache für den eigenen Wohlstand nicht die unter dem Terminus „Wirtschaftswunder" herbeiphantasierten Leistungen der eigenen Großeltern waren. Der Ursprung für die eigenen Privilegien, die die AfD stellvertretend mit völkischen und rassistischen Parolen zu verteidigen vorgibt, war historisch die schier unfassbar große Bereitschaft der Alliierten, den Deutschen nach Nationalsozialismus und Massenvernichtung der europäischen Jüdinnen und Juden überhaupt noch einmal eine Chance zu geben. In einem noch viel tieferen Sinn, als dies die Migrationsforschung (vgl. Bade/Oltmer 2004) betont, wenn sie darauf hinweist, dass das „deutsche Wirtschaftswunder […] ohne Gastarbeiter gar nicht möglich gewesen" wäre (Bauer 2010), liegt der Ursprung des deutschen Wohlstandes also im Ausland.

Sich dies einzugestehen, würde nicht nur eigene Unfähigkeiten sichtbar werden lassen, sondern auch durch die Hintertür die Frage nach der NS-Täterschaft in der jeweils eigenen Familiengeschichte wieder auf die Agenda setzen. Mit der AfD verbunden ist nun das gefühlte Versprechen, beides vermeiden zu können und für beides Projektionsflächen angeboten zu bekommen. Weil dies sozialpsychologisch nicht funktionieren kann, wird das radikalisierte Milieu, für das die AfD als Partei und Pegida als Bewegung auf der Straße stehen (vgl. Arzheimer 2015; Vorländer u.a. 2016), immer aggressiver und gewaltbereiter: denn das, was abgewehrt wird, ist die Last der eigenen Vergangenheit und der eigenen sozioökonomischen Unfähigkeit, die man projiziert und dabei zugleich verleugnet und umso brutaler bei den anderen sucht und verfolgen muss. Dass dieser Zusammenhang von rechter Rhetorik und aktiver Gewalttätigkeit nicht nur indirekt attestierbar ist (allein im Jahr 2015 gab es nach Angaben des Bundeskriminalamtes 1.031 Anschläge gegen Unterkünfte, in denen Flüchtlinge untergebracht waren oder werden sollten, im Jahr 2016 waren es 921 Anschläge; vgl. Kuhn 2016; siehe hierzu auch Röpke 2017), sondern auch direkt, zeigt der Fall von Nino K., der im Sommer 2015 bei Pegida als Redner aufgetreten ist und dann im September 2016 einen Anschlag auf eine Moschee in Dresden verübt hat (vgl. Schlitter 2016).

7.1 Egoismus und Demokratieferne

Die zentralen Elemente, die man gegenwärtig bei denen, die sich im Rahmen der Polarisierung des Meinungsklimas nach Rechtsaußen absetzen, attestieren kann, sind Egoismus und Demokratieferne. Egoismus, weil es nicht ernsthaft um Angst *vor* etwas, sondern um Angst *um* etwas geht: um die eigenen (gefühlten) Privilegien. Diese Privilegien werden als gefährdet wahrgenommen und verbunden mit nationalem Pathos, in dem nur deshalb Kritik an der Politik formuliert wird, weil diese nicht die jeweils subjektiven, höchst persönlichen Partikularinteressen durchsetzt. Es geht nicht um die wirklichen Lebensumstände, sondern lediglich um die auf einer falschen Selbstwahrnehmung basierende Grundhaltung, bei der man die persönlichen Lebensumstände generell als signifikant schlechter wahrnimmt. Die Referenznahme auf angebliche Ängste ist dabei, auch wenn sie subjektiv tatsächlich so wahrgenommen werden mag, objektiv ein rhetorisches Stilmittel um die völkische Rebellion moralisch zu imprägnieren – denn die Ängste mögen da sein, realistisch begründet sind sie nicht:

„Wem zum grassierenden Fremdenhass nichts anderes einfällt, als mantrahaft herunterzubeten, die Menschen hätten begründete Ängste und die Politik müsse darauf eingehen, sonst wählten sie halt die AfD oder demonstrierten mit Pegida, der bewirtschaftet Ressentiments und lässt sich von den rechten Bewegungen vor sich hertreiben." (Bröckling 2016, S. 6)

Diese auf einer falschen Selbstwahrnehmung basierende Grundhaltung zeigte sich auch schon in den repräsentativen Daten des ARD-Deutschlandtrends vom Januar 2015, in dem Pegida-Sympathisanten die Sicherheit ihrer persönlichen Lebensumstände generell als signifikant schlechter wahrnehmen, als der Rest der Bevölkerung. Eine empirische Studie der TU Dresden, die im Dezember 2014 und Januar 2015 bei mehreren der Pegida-Veranstaltungen erhoben wurde, zeigte, dass der „typische" Pegida-Demonstrant aus der Mittelschicht kommt, gut ausgebildet ist und für die regionalen Verhältnisse über ein leicht überdurchschnittliches Einkommen verfügt und berufstätig ist. Überdies ist er 48 Jahre alt, männlich und religiös wie auch parteilich ungebunden. Nur ein Viertel der Befragten war dabei tatsächlich durch die Themenfelder „Islam, Islamismus oder Islamisierung" motiviert. (vgl. Vorländer 2015; Vorländer u.a. 2016)

Den Zulauf, den die Demonstrationen viele Monaten lang hatten, erklärt also nicht nur ihr Inhalt, sondern mehr noch ihr Kontext: die Angst vor Krieg und Terrorismus in der Bevölkerung war groß, das Thema war politisch und medial generell auch ohne Pegida sehr präsent, so dass auch noch so verrückte Anliegen als weniger verrückt erschienen, weil sie sich im Fahrwasser einer allgemeinen Besorgtheit bewegten. Und dabei gibt es die Demonstrationen gegen „Überfremdung" oder „Islamisierung" seit Jahren und auch die antiamerikanische und prorussische Stoßrichtung der deutschen Friedensbewegung war schon in den 1980er Jahren groß (vgl. Herzinger/Stein 1995). Das von Pegida verwandte Schlagwort „Islamisierung" ist dabei lediglich ein Vorwand, um rassistische und völkische Positionen wieder öffentlich zu platzieren. Außerdem darf man nicht vergessen: die rechte Szene hat gerade in Sachsen in den letzten Jahren immer wieder in ähnlicher Größenordnung mobilisieren können und auch die rechtsextremen Demonstrationen gegen die Wehrmachtsausstellung in den 1990er Jahren gingen in die Tausende, was die Teilnehmer(innen)zahlen angeht.

Nun ist sicher richtig, dass nicht jede/r, der/die an diesen Demonstrationen teilnimmt, ein Neonazi ist (auch wenn aus diesem Milieu stark mobilisiert und teilgenommen wurde und wird); gleichwohl zeigt sich gegenwärtig das tatsächliche Mobilisierungspotenzial, das die rechte und antidemokratische Szene in der Bundesrepublik hat: Zusammengesetzt aus einem russlandnahen, antisemitischen und antiamerikanischen Friedensbewegungsspektrum, das sich selbst oft sogar als links versteht und einem offen rassistischen Milieu mit kriminellen Tendenzen, die sich nicht nur bei dem einschlägig vorbestraften Hauptinitiator der Pegida-Bewegung zeigen, sondern auch massenhaft im gesamten Hooligan-Milieu finden. Ein wichtiger Unterschied zwischen beiden Spektren ist dabei allerdings ihre soziale Heterogenität: Während die antiamerikanischen Friedensdemonstrationen eine erhebliche Zugkraft auf gesellschaftlich tendenziell desintegrierte Personen ausüben, wird der rassistische Pegida-Protest getragen von sozial mehr oder weniger etablierten und situierten Personen, die um den Verlust ihres sozialen Status fürchten, ohne dass dieser wirklich bedroht wäre. Eine FoLL-Studie an der Uni Göttingen (vgl. Büdenbender u.a. 2014) konnte dabei zeigen, dass bei den Friedensdemonstrationen ein erhebliches Moment der sozialen Integration darin besteht, dass ihre Teilnehmer/innen – oft: erstmalig in ihrem Leben – bei der Teilnahme nicht mehr das Gefühl haben, „der Spinner" zu sein, sondern sich mit zahlreichen Gleichgesinnten zusammenfinden und insofern ihre nach wie vor bestehende Verrücktheit nun allein dadurch, dass sie sozial geteilt wird, nicht mehr als solche empfinden und dadurch auch emotional gestärkt werden.

Mit Blick auf die AfD ist die Sozialstruktur fast identisch, wie die von Pegida-Anhänger/innen: Die AfD ist von Anfang an eine Partei, deren Wählerschaft geprägt ist durch „Ängste vor Abstieg, Statusverlust, vermeintlicher Überfremdung und Islamisierung sowie vor einem angeblichen Verlust der deutschen Identität" (Hövermann/Groß 2016, S. 168). Peter Matuschek, Bereichsleiter Politik- und Sozialforschung bei Forsa, fasst deren Sozialstruktur folgendermaßen zusammen:

Die AfD „ist vor allen Dingen eine Männerpartei, […], sie wird eher von älteren als von jüngeren gewählt und sie zeichnet sich vor allem dadurch aus, dass die Anhänger überdurchschnittlich hohe Einkommen haben im Vergleich zum Rest der Wählerschaft, aber pessimistische Wirtschaftserwartungen. […] Das heißt, es ist eine Wählerschaft, die, obwohl es ihnen objektiv ökonomisch gut geht, von gewissen Statusängsten geprägt ist." (Matuschek, zit. n. Maas/Richter 2016)

Das pessimistische Selbstbild der AfD-Anhänger/innen entspricht dabei nicht der sozioökonomischen Realität, es ist insofern objektiv falsch: nur 28 Prozent der AfD-Anhänger/innen verfügen über ein monatliches Haushaltsnettoeinkommen von unter 2.000 Euro, womit die AfD in etwa gleichauf ist mit den Anhänger/innen der CDU, die Zahlen der tatsächlich sozial Schwachen bei SPD- oder Linkspartei-Anhänger/innen sind deutlich höher. Kurz gesagt: die AfD-Klientel ist nicht besonders arm, sondern ganz im Gegenteil – und, wie *Die Zeit* schreibt, eben *in keiner Weise* ein „Sammelbecken der Abgehängten" (mbr 2016).

Es geht also um ein soziales Milieu, das *gerade nicht* sozial schwach ist, sondern dies (entgegen der Faktenlage) nur glaubt bzw. Angst vor Statusverlust hat – was im Übrigen sozioökonomisch auch bei Angehörigen der Unter- bzw. Oberschicht der Fall sein kann (sprich: auch dort können falsche Selbstwahrnehmungen existieren, die zum Motiv für die Unterstützung der AfD werden können), *mehrheitlich* real aber die Mittelschicht betrifft. Es geht, soziologisch gesprochen, insofern um das Phänomen der relativen Deprivation, also eben nicht erfahrene, sondern befürchtete: Wichtig am Begriff der Deprivation ist, dass er nicht nur und auch nicht primär auf diejenigen abhebt, die *wirklich* ihren sozialen oder ökonomischen Status verloren haben, sondern auf diejenigen, die dies glauben oder sich davor fürchten – deshalb *relative* und nicht absolute Deprivation. Relative Deprivation basiert auf der subjektiven Angst vor und dem Glauben an eigene Zurücksetzung, die selten auch real sein kann, es in der Regel aber eben nicht ist.

Bernd Sommer (2010, 2016) hat auf der Basis umfangreicher Analysen von quantitativen Datenmaterial ergänzend darauf hingewiesen, dass die in der relativen Deprivation zum Ausdruck kommenden subjektiven Benachteiligungsfühle wenig als erklärender Faktor für rechtsextreme und rassistische Einstellungen taugen, sondern umgekehrt selbst bereits Ausdruck des Ressentiments gegenüber Menschen sind, denen es aufgrund ihrer objektiven sozialen Situation generell sozioökonomisch schlechter geht (wie z.B. Flüchtlingen). Insofern ist das Sozialmilieu der AfD auch nicht das der tatsächlich sozial Deklassierten, sondern rekrutiert sich vor allem aus demjenigen Teil der (unteren und mittleren) Mittelschicht, der ein rassistisches, antisemitisches und völkisches Weltbild hat und überdies auch über ein gewisses Maß an formaler Bildung, etwa in Form von abgeschlossenen Fachausbildungen oder akademischen Abschlüssen, verfügt, trotzdem aber konsequent eine antiintellektuelle Grundhaltung vertritt, die sich in der Weigerung ausdrückt, vernunftbasiert Fakten anzuerkennen. Dass ältere, antiintellektuelle Männer den sozialen Bodensatz der völkischen Bewegungen dominieren, gilt im Übrigen nicht nur für Pegida und die AfD, sondern auch im internationalen Vergleich rechter Bewegungen, wie Ronald F. Inglehart und Pippa Norris (2016) in einer breiter angelegten Vergleichsstudie über den *Cultural Backlash* gezeigt haben.

Der Erfolg der AfD basiert massenpsychologisch auf der Möglichkeit zur Identifizierung, die gerade deshalb funktioniert, weil sich Führung wie Basis als zu kurz gekommen begreifen. Die AfD ist, vereinfacht gesprochen, die Partei der Durchschnittlichen und Mittelmäßigen, die sich deshalb als deklassiert empfinden, weil sie sich selbst für überdurchschnittlich halten. Insofern kann man auch sagen: es geht denen, die die AfD wählen, objektiv im ökonomischen Sinn i. d. R. nicht schlecht, subjektiv aber schon; und vor allem begreifen sie sich als zu kurz gekommen und mit dem Anspruch, ihre eigenen, egoistischen Interessen unvermittelt und unmittelbar durchsetzen zu wollen – auch ungebremst durch die Interessen anderer.

Und deshalb ist die besagte Klientel auch als demokratiefern zu bezeichnen: Denn in einer Demokratie wird über Interessenkonflikte gestritten und es ist nötig, ständig wechselnde Mehrheiten zu erlangen, wenn man die eigene Position umgesetzt sehen möchte. Mit Meckern und Nörgeln kommt man nicht weit, das ewige Lamento von „denen da oben", die sowieso nur machten, was sie wollen, ist zugleich auch das Lamento einer extrem politikfaulen Klientel, die sich bequem darin eingerichtet hat, selbst nicht tatsächlich politisch aktiv werden zu müssen, in Parteien, Gewerkschaften oder anderen Interessenorganisationen – und die stattdessen ihre eigene politische Faulheit dadurch kompensiert, dass sie an völkischen Masseninszenierungen wie denen von Pegida teilnehmen und auf diese Weise die eigene Passivität, die gepaart ist mit destruktiven Affekten, in ihrem Selbstbild als Bestandteil politischen Engagements halluzinieren können.

7.2 Die völkische Rebellion

Die Erkenntnis, dass rechte Parteien gerade nicht – wie es das Vorurteil sagt – besonders erfolgreich sind bei den real deklassierten Menschen, sondern gerade bei denen, denen es objektiv gut geht, die sich aber subjektiv für etwas Besseres halten, ist nicht neu: Schon Seymour Martin Lipset hat den Nationalsozialismus als „Mittelklassen-Extremismus" bzw. als spezifische Mittelklassenbewegung interpretiert und 1959/60 den analytischen Begriff „extremism of the center" geprägt. In diesem Konzept verband er politische und sozioökonomische Dimensionen miteinander, die viel mit der Sozialstruktur der heutigen völkischen Rebellion gemeinsam haben: denn dieser antipluralistische und monistische Mittelklassen-Extremismus zielt in seiner sozialpolitischen Orientierung, so Lipset, auf die verärgerten, orientierungslosen, desintegrierten, differenzierungsunfähigen und damit eben letztlich autoritären Personen auf jedem Level der Gesellschaft (vgl. Lipset 1960, S. 175). Auch Ralf Dahrendorf hat mit Blick auf den Nationalsozialismus betont, dass die Zerstörung der Demokratie „ein Werk des Mittelstandes" (1961, S. 267) war und die frühen empirischen Studien von Erich Fromm (1980) und von Theodor W. Adorno u.a. (1973) zeigen genau diesen Kern der völkischen Rebellion.

Fromm hat in seiner bereits in der späten Weimarer Republik durchgeführten, aber erst Jahrzehnte später veröffentlichten Studie *Arbeiter und Angestellte am Vorabend des Drittens Reichs* auf einen Charaktertypus hingewiesen, der heute – jenseits von sozialer Schicht- oder Klassenzugehörigkeit, also quer zu allen sozialen Fragen, aber eben mit starker Relevanz im Segment der unteren und mittleren Mittelschicht – die *völkische Bewegung der Mittelmäßigen* prägt, die glauben, etwas Besseres zu sein und sich deshalb als zu kurz gekommen wähnen: den rebellisch-autoritären

Charakter. Neben dem konservativ-autoritären Charakter, der sich dadurch auszeichnet, sich mehr oder weniger bedingungslos unter die jeweils herrschende Autorität unterzuordnen (und deshalb in jeder politischen Ordnung stets funktional-angepasst agiert), ist dieser rebellisch-autoritäre Charakter derjenige, der im völkischen und rassistischen Weltbild „zwei Bedürfnisse zugleich" befriedigt bekommt, nämlich die „rebellischen Tendenzen und die latente Sehnsucht nach einer umfassenden Unterordnung" (Fromm 1980, S. 249).

Dieser rebellische Typ, der – wie bereits in der soziologischen Literatur der 1940er Jahre der USA diskutiert – stets auch psychopathische Züge inkorporiert, verbindet die „negative Übertragung der Abhängigkeit" mit dem Drang, „pseudorevolutionär gegen jene vorzugehen, die in seinen Augen schwach sind" (Adorno 1973, S. 328). Die Orientierung der völkischen Rebell(inn)en ist also im Kern einerseits eine unterwürfige und infantil-devote, andererseits aber zugleich eine zutiefst demütigende und nach rebellierender Macht gierende Haltung. Der Kern der völkischen Rebellion ist insofern ein zutiefst autoritärer.

Unter einem Autoritätsverhältnis ist dabei nicht einfach ein erzwungenes Verhalten zu verstehen, da zu jedem Autoritätsverhältnis die gefühlsmäßige Bindung einer untergeordneten zu einer übergeordneten Instanz gehört, wobei die Komponenten des Gefühlskomplexes manchmal bewusst und manchmal unbewusst vorhanden sind (vgl. Fromm 1936, S. 79 f.). Den „tragenden Kern eines Autoritätsverhältnisses" (ebd.: 78) bilden Liebe und die Angst vor Liebesverlust und nicht – wie landläufig oft angenommen – die Macht der Autorität und die Angst vor Folgen einer Pflichtverletzung.

Entscheidend ist, dass non-personale Autoritätsverhältnisse (die Hingabe und der Glaube an ein Volk, eine Kultur oder eine Nation) nicht nur Indikatoren sind, um Autoritarismus empirisch messen zu können, sondern selbst Ausdruck von diesem (vgl. Herrmann/Schmidt 1995). Das Individuum wird an eine Person (einen als charismatisch empfundenen politischen Führer), eine Gruppe (eine rechte Bewegung oder Partei) oder eine Idee (wie die der völkischen Volksgemeinschaft) gebunden, *weil* ihm die Dialektik von Gehorsamkeit und Macht Lust und Befriedigung verschafft:

„Wo dieser Charakter Macht spürt, muss er sie beinahe automatisch verehren und lieben. Dabei ist es gleich, ob es um die Macht eines Menschen, einer Institution oder eines durch die Gesellschaft anerkannten Gedankens handelt." (Fromm 1936, S. 115)

Der Autoritarismus appelliert an Triebimpulse im Individuum, wobei die äußere Gewalt durch Sublimierung und Reaktionsbildungen in das individuelle Über-Ich transformiert und zwar so, dass sie in eine innere Gewalt verwandelt wird. Die Autoritäten als Vertreter der äußeren Gewalt werden verinnerlicht und das Individuum handelt entsprechend ihrer Gebote und Verbote nun nicht mehr allein aus der Furcht vor äußeren Strafen, sondern aus der Furcht vor der psychischen Instanz, die es auf diese Weise in sich selbst aufgerichtet hat (vgl. ebd., S. 84). Das an Sigmund Freuds *Massenpsychologie und Ich-Analyse* (1921) angelehnte Vergesellschaftungsmodell, namentlich die Ersetzung des Über-Ichs des Individuums durch eine externe Autorität, die Adorno (1951a, S. 416) als Externalisierung beschrieben hat, ist letztlich *der* Schlüssel für eine Verständnis der Wahlerfolge der AfD: denn dieser Prozess der affektiven Partizipation an der völkischen Rebellion durch Aufgabe von Verstand und Subjektivität bedeutet für das Individuum nicht nur die (Teil-)Aufgabe der eigenen (potenziell selbstreflexiven) Persönlichkeit, sondern beinhaltet zugleich das Versprechen, an einem großen, machtvollen, einflussreichen und überragenden Kollektiv teilhaben zu dürfen:

„Der charismatische ‚Führer' [...] terrorisiert sie [seine Anhänger; Anm. d. Verf.] mit der Vorstellung zahlloser gefährlicher Feinde und erniedrigt die ohnehin beschädigten Individualitäten zu Kreaturen, die nur noch reaktiven Verhaltens fähig sind. Er treibt sie in ein moralisches Vakuum, in dem die Stimme ihres inneren Gewissens ersetzt wird durch ein externes Über-Ich: den Agitator selbst. Er wird zum unersetzbaren Führer in einer konfusen Welt, zum Zentrum, um das sich die Gläubigen sammeln und in dem sie Sicherheit finden können. Er bietet ihren Trost für ihr Unbehagen, übernimmt die Verantwortung für den Fortgang der Geschichte und wird zum externen Ersatz für ihre nicht integrierte Individualität. Sie leben durch ihn." (Löwenthal 1990, S. 144 f.)

Insofern ist der rebellische Autoritarismus immer auch kollektiver Narzissmus (vgl. Clemenz 1998; Bohleber 1992), denn die autoritäre Unterwerfung befriedigt zugleich omnipotente Verschmelzungs- und Größenphantasien; dadurch, dass sich der unterwürfige Rebell seinem „Führer", seiner Partei oder seiner Weltanschauung unterordnet, darf er auch das Surrogat erleben, Teil eines (vermeintlich) mächtigen Kollektivs zu sein – des völkischen Kollektivs, das sich im völkischen Weltbild im (Abwehr-) Kampf gegen zahlreiche andere Mächte befindet:

„Wenn, wie beim Gruppennarzißmus, das Objekt nicht der einzelne, sondern die Gruppe ist, der er angehört, kann sich der einzelne dieses Narzißmus voll bewußt sein und ihn ohne Hemmungen zum Ausdruck bringen. Die Behauptung, daß ‚mein Vaterland' (oder meine Nation oder meine Religion) am wunderbarsten, kultiviertesten, mächtigsten, friedliebendsten usw. ist, klingt durchaus nicht verrückt. Im Gegenteil, es klingt nach Patriotismus, Glaube und Loyalität. Außerdem erscheint es als ein realistisches und vernünftiges Werturteil, da es von vielen Mitgliedern der gleichen Gruppe geteilt wird. Dieser Konsensus bringt es fertig, die Phantasie in eine Realität umzuwandeln, da Realität für die meisten Menschen durch den allgemeinen Konsensus erzeugt wird und sich nicht auf vernünftige oder kritische Überlegungen gründet." (Fromm 1973, S. 182)

Dabei können all jene, die sich selbst als zu kurz gekommen fühlen, paradoxerweise davon profitieren, dass sich die völkischen Rebell(inn)en in keiner Weise für sie als Subjekte, sondern ausschließlich als Objekte ihrer eigenen Machtphantasien interessieren – denn auch wenn die völkischen Agitator(inn)en sich letztlich genauso nur für die Befriedigung ihres eigenen Egoismus und ihrer eigenen Machtphantasien interessieren, wie diejenigen, die ihnen unter Suspendierung ihrer Selbstkritikfähigkeit folgen, geben sie jenen das Gefühl der Geborgenheit, gerade weil sie

ihnen „nicht das Gefühl" geben, „intellektuelle Einsichten gewonnen zu haben oder als eigenständige Individuen anerkannt"
zu werden, sondern weil ihnen ermöglicht wird, „sich in ihrer
unveränderten Minderwertigkeit einzurichten" (Löwenthal 1990,
S. 39). Genauer müsste man heute formulieren: sich in der unveränderten, *gefühlten* Minderwertigkeit einzurichten, die auf Basis
einer falschen Selbstwahrnehmung zustande kommt.

8 Faszination Russland: Aleksandr Dugin und die neurechte Utopie der heilig-heilen Welt

Aleksandr Gel'evič Dugin ist einer der einflussreichsten Intellektuellen in Russland, seine Bücher werden an den dortigen Militärakademien gelesen, medial ist er dauerpräsent – und er ist der intellektuelle *Shooting Star* schlechthin in der rechten Szene Deutschlands. Nachdem Dugin schon in den 1990er Jahren vor allem in der neurechten Szene rezipiert wurde, ist er als intellektueller Stichwortgeber heute in rechten Kreisen wieder stark gefragt (vgl. Dugin 2014b; Paulwitz 2014). Will man wissen, wie eine Weltordnung der völkischen Rebell(inn)en tatsächlich aussehen würde, würden sie sich politisch durchsetzen, kann man sehr viel davon bei Dugin nachlesen (vgl. Leggewie 2016).

Dugins theoretischer Anspruch besteht darin, eine „Meta-Ideologie der Feinde der offenen Gesellschaft" (Dugin, zit. n. Mathyl 2002, S. 887) zu formulieren und sich dabei auf die „russischen Wurzeln" (Dugin 2014a, S. 123) zu berufen (vgl. Kipp 2002). Sein Kernanliegen lässt sich in seiner normativen Dimension als antiliberal, antiwestlich, antiamerikanisch und antisemitisch klassifizieren, in seiner geopolitischen Zielrichtung als antinational, eurasisch, imperial und reichisch, in seiner historischen Grundierung als antiwissenschaftlich und mythologisch, traditionalistisch und christlich-orthodox, in seinem Menschenbild als antiindividualistisch und antipersonal sowie als religiös-kulturell und kollektivistisch. Dugin ist ein erklärter „radikaler Gegner der Verwestlichung, des Liberalismus und des entweihten Lebensstils", wie er in seinem Buch 2005 *Pop-kul'tura i znaki vremeni* (Popkultur und Zeichen der Zeiten) erklärt (zit. n. Clowes 2011, S. 43). Sein Weltbild kombiniert, in den Worten von Edith W. Clowes (2011, S. 54): „an extreme religious-fanatical mentality with a conservative utopian temperament."

8.1 Dugins Denknetze zwischen Eurasismus, Konservatismus und Neuer Rechter

Dugin gehört zu den schillerndsten Persönlichkeiten des russischen Politik- und Geisteslebens der Gegenwart. Seine politische und intellektuelle Biografie liest sich wie eine Achterbahnfahrt, die ihn von ganz rechts nach ganz links und wieder zurück zu führen scheint, die einflussreiche Stationen im russischen Publikations- und Verlagswesen umfasst, Tätigkeiten als Universitätsprofessor und Politikberater, Stichwortgeber bis hinein in höchste Kreise des Kreml und Vordenker in geostrategischen und identitätspolitischen Fragen (vgl. Klitsche-Sowitzki 2011, S. 132 ff.).[7] Ebenso oft, wie er schon als Berater von Vladimir Putin deklariert wurde, wurde dies auch dementiert, sein Einfluss schwankt zwischen direkter Politikberatung und informeller Hegemoniegewinnung im politischen und kulturellen Diskurs.

Die Faszination, die Dugin damit gerade für die westeuropäische Rezeption ausübt, hat vor allem mit dieser selbstinszenierten Indifferenz zu tun: Dugin zeichnet von sich selbst das Bild des einflussreichen, aber unabhängigen Intellektuellen, der sich in seiner ungeheuren Belesenheit scheinbar aus höchst gegensätzlichen Denktraditionen bedient und mit der Aura des Originellen umgibt. Dugin, der seine Quellen und Referenzen nicht nur nicht verschweigt, sondern sich damit rühmt, Autoren wie Martin Heidegger, Karl Haushofer, Julius Evola oder Carl Schmitt überhaupt erst nachhaltig in der russischen Debatte verankert zu haben, profitiert dabei von einer ideengeschichtlichen Blindheit in der westlichen Öffentlichkeit, bei der etwa hinter seinem Etikett „Nationalbolschewist", mit dem er sich vor allem in den 1990er Jahren schmückte (vgl. Dugin 1997b), eine Wende nach

---

7 Siehe zu Dugins Relevanz im Verhältnis zu anderen einflussreichen Intellektuellen im aktuellen Russland: Bluhm 2016a. Dugins Werk liegt nur rudimentär in deutscher Übersetzung vor, die meisten seiner Arbeiten sind nur auf Russisch erschienen. Für die Unterstützung bei der Recherche und die Übersetzung der im Folgenden aus dem Russischen zitierten Passagen von Dugin danke ich Ellen Diehl (München).

Links vermutet wird, ohne dabei an den ideengeschichtlichen Ursprung des nationalbolschewistischen Konzepts in der Konservativen Revolution zu denken (vgl. Dupeux 1985). Dabei war Dugin politisch nie wirklich links, sein Nationalbolschewismus vielmehr Ausdruck seiner biografischen Entwicklung als radikaler Antikommunist im zusammenbrechenden bolschewistischen Sowjetsystem Anfang der 1990er Jahre, dem er – tatsächlich stark geprägt durch die Rezeption der Klassiker der Konservativen Revolution und des klassischen Eurasismus – nur insofern verbunden war, als er (ganz im Geiste von Ernst Niekisch) soziale Elemente in seine autoritäre, nationale und imperiale Theoriebildung integrierte und dabei in einem weitreichenden und unübersichtlichen Netzwerk der „roten", „braunen" und „weißen" Nationalisten Russlands eben als Nationalbolschewist galt (vgl. Cremet 1999; Mathyl 2002).

Um Rolle und Relevanz von Dugin für die völkischen Rebell(inn)en zu versehen, muss man sowohl die Denknetze, in die er Dugin „verwoben" ist (vgl. zum methodischen Gedanken der Verwebung bzw. des Gewebes: Llanque 2008) analysieren, als auch seine weltanschaulichen Prämissen akzentuieren, die sich zwischen eurasischem Imperialismus und der Idee eines „neuen geopolitischen Evangeliums" (Dugin, zit. n. Luks 2004, S. 75) bewegen. In der Literatur, die sich kritisch mit Dugin befasst, werden dabei zwei Aspekte stets besonders hervorgehoben: Einerseits seine Bezüge zur im antisowjetischen Exil 1921 initiierten, sogenannten Eurasier-Bewegung der 1920er Jahre (vgl. Böss 1961; Riasanovsky 1967), andererseits die Bedeutung des Nationalbolschewismus für seine Theoriebildung – beides ist zutreffend, aber zugleich auch ungenau.

Vor allem Leonid Luks (2004) und Andreas Umland (2004) haben in ihren Arbeiten gezeigt, dass es maßgebliche Unterschiede zwischen den Eurasiern der 1920er Jahre und der neoeurasischen Bewegung gibt, deren intellektueller Kopf Dugin ist. Und: das Etikett Nationalbolschewismus ist, gerade für Dugins Werkphase der späten 1980er und frühen 1990er Jahren fraglos treffend, allerdings muss auch hier betont werden, dass sein „Neo-Nationalbolschewismus" vor allem – hier folge ich Markus

Mathyl (2002) – Anleihen bei den deutschen Nationalbolschewisten um Ernst Niekisch und damit die Konservative Revolution nimmt und weniger an den nationalbolschewistischen Strömungen der frühen oder der späten Sowjetunion. Überdies wäre es aufgrund der geopolitischen und mythologischen Schriften von Dugin (1993, 1997a, 1999, 2012a) aus den letzten zwei Jahrzehnten verfehlt, den Nationalbolschewismus zum Zentrum seines Denkens zu erklären, statt ihn lediglich als eine temporäre Station in seiner Theorieentwicklung zu begreifen.

Umland bezeichnet den Begriff „Neoeurasismus" zumindest „teilweise als Etikettenschwindel" (2004, S. 438), weil er – was freilich dem Interesse Dugins entspricht – die Kontinuitätslinien im Denken stärker betont, als die Diskontinuitäten. Da Dugin im April 2001 maßgeblich an der Gründung der Bewegung Evrazija (Eurasien) beteiligt war, deren Vorsitzender er wurde und das geopolitische Konzept „Eurasien" einen der beiden Schlüsselanker seines Denkens ausmacht, ist die gegenwärtige neoeurasische Bewegung in Russland trotz allem *die* Bewegung Dugins, deren zentrale Vordenker für Dugin vor allem Nikolaj Trubeckoj, Petr Savackij und Nikolaj Alekseev sind (vgl. Dugin 1997a, Buch 2, Teil 3). An der Gründung der Bewegung Evrazija waren bereits hochrangige Eliten der russischen Oligarchie aus dem Bereich des Geheimdienstes, des Generalstabs sowie der islamischen und orthodoxen Geistlichkeit beteiligt, wobei die Bewegung in dem Anspruch gegründet wurde, „Putin bedingungslos zu unterstützen und dabei das weltanschauliche Vakuum in seiner Umgebung" zu füllen (vgl. Mathyl 2002, S. 896). Der Einfluss der Bewegung, wie auch der von Dugins Thinktank und Verlag Arctogaia/ Arktogaja, der intensive publizistische Aktivitäten entfaltet und vor allem das Internet als Forum nutzt, das – wie Dugin sagt – ein geeignetes Medium sei, die fast totale Freiheit gegen die Demokratie selbst zu richten (vgl. ebd., S. 897, Fn. 37), reicht dabei bis heute in höchste Regierungskreise. Dugin ist offizieller Berater des Parlamentspräsidenten und verfügt über direkte Kontakte in die russische Präsidialadministration und wenn er im Interview mit dem *Spiegel* erklärt, er „kenne Putin nicht" und „habe keinen Einfluss auf ihn" (Dugin 2014a, S. 123), dann ist das ein typischer

Ausdruck, die eigene Rolle zu mystifizieren und zu heroisieren, da für Dugin gleichzeitig auch klar ist: „Diejenigen, die Putin angreifen, greifen die Mehrheit an. [...] Deswegen sind die Leute, die Putin nicht unterstützen, psychisch nicht normal." (Ebd., S. 124)

Mit Blick auf Dugins neoeurasisches Netzwerk, das von Anfang an hervorragende Beziehungen zu neurechten Theoretikern wie Alain de Benoist, Jean-François Thiriart, Claudio Mutti und Robert Steuckers unterhalten hat, lassen sich zum klassischen Eurasismus einige signifikante Unterschiede erkennen, auf die Leonid Luks aufmerksam gemacht hat, wobei es sich bei beiden Gruppierungen „um leidenschaftliche Verfechter des kulturellen Partikularismus und um radikale Gegner universaler Ideen" (2004, S. 64) handelt. Dennoch unterscheiden sich Eurasier und Neoeurasier in ihrer genuin antiwestlichen Einstellung dadurch, dass sich das Feindbild der Eurasier auf den gesamten Westen richtete, dass der Neoeurasier aber vor allem auf die angelsächsischen bzw. atlantischen Seemächte, deren „Interessen denen der Kontinentalmächte diametral widersprechen" (ebd., S. 65); Anleihen an Carl Schmitts *Land und Meer* (1942) und sein Einfluss auf die neoeurasische Ideologie sind schon allein an diesem Faktum unübersehbar, da die Kontinentalmächte – im Unterschied zu den als „Thalassokratien" bezeichneten Seemächten, die für eine Vereinheitlichung von Kulturen, den *Melting Pot* und die unversalistische Auflösung von (Kultur-)Grenzen kämpfen würden – „im Boden verankert" seien und die „kulturelle Eigenart einzelner Völker" für sie ein „kostbares Gut" darstelle (Luks 2004, S. 65 f.):

„[...] Dugin [zeichnet] das Bild einer uralten Auseinandersetzung zwischen atlantischen Seemächten (,Thalassokratien'), welche auf die versunkene Welt von Atlantis zurückgehen und jetzt von den ,mondialistischen' USA angeführt werden, und den eurasischen Landmächten (,Tellurokratien'), die ihre Wurzeln im mythischen Land ,Hyperborea' haben und unter denen Russland heute die wichtigste Komponente darstellt." (Umland 2004, S. 441)

Vor diesem Hintergrund wird auch deutlich, warum Dugin gerne

151

betont, dass er die „Wurzeln deutscher Kultur" liebe, es diese aber nicht mehr gebe und Deutschland „heute eine Art Gegen-Deutschland" sei in dem man die „eigenen Autoren" nicht mehr lese – worin sich bereits ein essentialistisches Nationenverständnis andeutet, bei dem der „deutsche Geist" eben mit identitären und antiliberalen Autoren wie Herder, Heidegger, Haushofer und Schmitt verbunden wird (vgl. Dugin 2014a, S. 122).

Während der Eurasismus eine geopolitische Strategie der Isolation verfolgte, orientiert der Neoeurasismus auf Expansion und die Stiftung imperialer Herrschaftsräume. Die Neoeurasier befinden sich dabei in einem fortwährenden Kampf gegen den Westen und den „Mondialismus" – so der abschätzige Terminus für den Universalismus, der vor allem mit Amerika identifiziert wird – während die Eurasier danach strebten, die kulturelle Heterogenität des bolschewistischen Russlands durch Integration zu überwinden. Kurz gesagt: der gegenaufklärerische Anspruch des Eurasismus war defensiv, der des Neoeurasismus ist offensiv und aggressiv. Dabei orientieren die Neoeurasier überdies auf ein konspiratives, von Weltverschwörungsannahmen geprägtes Weltbild, und eine Glorifizierung von (auch apokalyptische Züge annehmender) Gewalt wie militärischer Konfrontation mit dem Ziel der „totalen Bezwingung des Westens, statt einer Abgrenzung von seinen kulturellen Einflüssen" (Luks 2004, S. 71). Im mit dem Satz „Eurasien über Alles" überschriebenen *Manifest der eurasischen Bewegung* von 2001 heißt es:

„Wir müssen die Traditionen des russischen Volkes wiederbeleben, zu der Wiederherstellung des Bevölkerungswachstums der Russen beitragen, und die Sinne für die dem Volke eigentümliche organische Geistigkeit und Ethik, die hohen Ideale, den lebendigen und den leidenschaftlichen Patriotismus wieder erwecken. Ohne die Wiedergeburt der russischen Nation hat das eurasisches Projekt keine Chance auf Verwirklichung. Diese Erkenntnis liegt unserer gesamten Weltanschauung zugrunde. [...]
Das Eurasische ist eine neue und lebensfrische Weltanschauung, die sich vornehmlich an die Jugend wendet, an Leute, deren Bewußtsein noch nicht durch die chaotischen Sprünge von einem lebensfernen Theorien-

modell zum nächsten, noch weniger angemessenen Modell verdorben ist. Das eurasische Ideal ist der mächtige, leidenschaftliche, gesunde und schöne Mensch, und nicht der Kokainsüchtige, der Bastard aus weltlichen Diskos, der asoziale Kriminelle oder die Prostituierte. Wir können andere, positive Werte anbieten, statt der Verehrung des Mißgestalteten und Krankhaften, statt des Zynismus und der Kriecherei vor dem kümmerlichen Ersatz des wirklichen Lebens. Wir erlauben nicht, daß unsere Kinder erschossen, vergewaltigt, erniedrigt, pervertiert, verkauft und rauschgiftsüchtig gemacht werden. Unser Ideal ist das Fest der körperlichen und geistigen Gesundheit, der Kraft und des Heldenmuts, der Treue und der Ehre." (Eurasien über Alles: Das Manifest der eurasischen Bewegung 2001)

Die maßgeblichen Publikationsorgane der neoeurasischen Bewegung, die *Elementy* (1992–1998) und (seit 2001 deren Nachfolgeorgan) die *Evrazijskoe obozrenie* sind geprägt von Dugin (vgl. Luks 2000, 2002). Die 1992 gegründete *Elementy* suchte sogar in ihrem Namen die Anleihe bei der französischen *Éléments* der dortigen Nouvelle Droite um Alain de Benoist. Die Begeisterung von Dugin für Köpfe nicht nur der Neuen Rechten wie Benoist oder Thiriart, sondern auch der Konservativen Revolution weisen auf die spezifischen Amalgamierungsprozesse im Denken der Neoeurasier um Dugin hin, die die Programmatiken der Eurasier durch die Brille der Konservativen Revolution lesen, was sich in der apokalyptischen und martialischen Orientierung in der Raumtheorie ebenso zeigt, wie in der maßgeblich von Carl Schmitt beeinflussten Wendung der Differenzierung in (bodenorientierte, völkische) Land- und (kosmopolitische, liberale) Seemächte und Schmitts Überlegungen zur „völkerrechtlichen Großraumordnung mit Interventionsverbot für raumfremde Mächte" (Schmitt 1939), die die maßgebliche nationalsozialistischen Doktrin zur Argumentation gegen amerikanisches Engagement im Zweiten Weltkrieg war (vgl. Salzborn 2008). Insofern ist Dugins Nationalbolschewismus biografisch vor allem eine frühe Adaption des Denkens der Konservativen Revolution, sozusagen führt sein Weg der philosophischen Integration der Konservativen Revolution ins russische Denken, den er markant

mit seinem 343 Seiten starken, gleichnamigen Buch *Konserva-*
tivnaja revoljucija (Die konservative Revolution) von 1994 dokumentiert, vom Antimarxisten der 1980er Jahre über den Nationalbolschewisten der frühen 1990er Jahre, um sich zunehmend
vom sozialen Element in seiner Theorie zu verabschieden und die
metaphysischen und mystischen Dimensionen zu stärken (vgl.
Dugin 2002b). Bemerkenswert mit Blick auf sein Buch *Konserva-*
tivnaja revoljucija ist, dass für Dugin die mit eigenständigen Ka-
piteln hervorgehobenen wichtigsten „Klassiker" der Konservativen Revolution Julius Evola, Carl Schmitt und Jean-François
Thiriart sind, er also in seine Lesart der Konservativen Revolution die europäische „Neue Rechte" unmittelbar integriert. Ideengeschichtlich im Sinne eines intellektuellen Vorläufers logisch,
aber durchaus ungewöhnlich ist überdies, dass Dugin (Kap. IV)
Herder ebenfalls umstandslos in die Konservative Revolution
einordnet.

8.2 Antiamerikanischer Anti-Mondialismus und eurasischer Imperialismus

Den zentralen Dreh- und Angelpunkt in Dugins Weltbild bildet
die Ablehnung des Universalismus, den er als „Mondialismus"
begreift und der für ihn vor allem durch die Juden und durch
Amerika repräsentiert wird. Dugin wirft den Juden vor, das universalistische und das demokratische Prinzip begründet und
andere Völker mit verschwörerischen Methoden dazu verleitet zu
haben, diesen zu folgen, wobei er unterscheidet zwischen „sub-
versiv zerstörerischen Juden ohne Nationalität" und von ihm
sogenannten traditionalistischen Juden, die aber deutlich in der
Minderheit seien (vgl. Mathyl 2002, S. 895). Zugleich sieht Dugin
im „fundamentalistische Islam" aufgrund von dessen „feindlicher
Haltung gegenüber Banken, Wuchertum und liberaler Ökono-
mie" einen „natürliche Verbündeten" im „Kampf gegen den
Westen" (Hielscher 1995, S. 468). Gegen den universalen, aufgeklärten, zivilisatorischen Ansatz der westlichen Aufklärung stellt
Dugin einen partikularistischen Eurasismus:

„Eurasien hat einen globalen Charakter, es ist ein Synonym für Multipolarität. [...] gegen die unipolare amerikanische Dominanz [...]. Zum engeren Begriff: Eurasien – das sind Russland und seine Partner. Die Türkei, Iran, China, Indien. Der postsowjetische Raum, der sogar die Mongolei einschließt. Und einen Teil Osteuropas – Bulgarien oder Serbien. Wie genau die eurasische Integration vonstattengehen wird, muss man sehen." (Dugin 2014a, S. 124)

Dugins geopolitisches Machtzentrum ist Moskau (vgl. Dugin 1997a, 2012a, 2012b). Russland sei eine „besondere Form der Zivilisation – keine europäische, keine asiatische, sondern eine orthodoxe" (Dugin 2014a, S. 122). Von Moskau ausgehend sieht Dugin drei Achsen als „geopolitische Zukunft Russlands", die für den eurasischen Block bei einer „Neuverteilung der Welt" strategisch von exponierter und grundsätzlicher Bedeutung seien: die westliche Achse Moskau-Berlin zur Verbindung von „europäischem Reich und Eurasien", die östliche Achse Moskau-Tokyo als „panasiatisches Projekt" und die südliche Achse Moskau-Teheran als „mittelasiatisches Reich" (Dugin 1997a, Buch 1, Teil 4, Kap. 4). Auch wenn dies in der Aufzählung möglicher eurasischer Partner im vorstehenden längeren Zitat etwas aufgeweicht und zugleich erweitert wird, liegen Dugins geopolitischen Machtachsen ordnungspolitische Vorstellungen zugrunde, die zwar einem wissenschaftlich-rationalen Sinn komplett widersprechen, die aber trotzdem einer strengen hermetischen Logik folgen und von einer systematischen Teilung der Welt mit kategorialer Segmentierung ausgehen. Die ethisch-historischen Kategorien von Dugin sind dabei mystischen und mythologischen Ursprungs – und erscheinen genau deshalb als aberwitzig, weil sie sich jeder Vorstellung von Aufklärung widersetzen und wissenschaftlich keiner Überprüfung (ganz gleich, welcher) standhalten. Dugin denkt in antagonistischen Gegensatzpaaren, die essentialistisch und damit irreversibel verstanden werden, deren geopolitisch-mystischer Ausgangspunkt der Gegensatz von Eurasismus und Atlantismus ist, womit Dugin eine Sakralisierung der Geografie vollzieht.

Während in Dugins Theorie der Eurasismus für das Element Erde und damit für das Land und den Kontinent steht, steht der

Atlantismus für das Element Wasser und damit für die See und die Insel. Damit verbunden wird die Entgegensetzung von Tellurokratien und Thalassokratien, die von Rom und Karthago, die von Raum und Zeit, die von Herzland und Weltinsel, die von Held und Händler, die von Kämpfer und Kapitalist und die von Tradition und Moderne wie auch die von traditionaler Religion und Antichrist (vgl. Ingram 2001, S. 1034 ff.; Parland 2005, S. 112 ff.):

„Das Hauptgesetz der Geopolitik ist die Behauptung des fundamentalen Dualismus, der im geografischen Aufbau des Planeten und in der historischen Typologie der Zivilisationen wiedergespiegelt ist. Dieser Dualismus äußert sich in der Antithese von ‚Tellurokratie' (Land-Mächte) und ‚Thalassokratie' (Meeres-Mächte). Der Charakter einer solchen Opposition führt zur Antithese von einer Handelszivilisation (Karthago, Athen) und einer militärisch-autoritären Zivilisation (Rom, Sparta). In anderen Termini, Dualismus zwischen ‚Demokratie' und ‚Ideokratie'.
Schon der ursprünglich gegebene Dualismus hat die Qualität einer Feindschaft, einer Alternative zweier ihn bildender Pole, obwohl die Stufe der Feindschaft von Fall zu Fall variieren kann. Die ganze Geschichte der menschlichen Gesellschaften kann also als eine betrachtet werden, die aus zwei Elementen besteht – aus einem ‚Wasserelement' (‚wässerigem', ‚dünnflüssigem') und einem ‚Landelement' (‚hartem', ‚beständigem')." (Dugin 1997a, S. 15)

Zentral an diesen dualistischen Gegensatzpaaren ist, dass sie Eigenschaften symbolisieren, also mit der Erde und damit der Tellurokratie, sprich: Russland, eben stabile Ordnungen in dauerhaft sesshaften Kontexten bei ausgeprägter Hierarchie verbunden werden, mit dem Wasser und damit der Thalassokratie, sprich: Amerika, hingegen bewegliche und weiche (Un-)Ordnungen, geprägt von nomadischen Wanderungen und demokratischer Partizipation.

Außerdem assoziiert Dugin mit den dualistischen Antagonismen auch Himmelsrichtungen, die prägend sind für seine geopolitische Aufteilung der Welt in einen Kampf von Osten und Norden auf der einen gegen Westen und Süden auf der anderen

Seite – „a Russian version of Anti-Globalism" (Laruelle 2006, S. 5). In Dugins spiritueller Weltdurchdringung stehen sich diese beiden Seiten geopolitisch gegenüber, in *Misterii Evrazii* (Die Mysterien Eurasiens) (1991, Kap. I, III, IV) betont er die zentrale Bedeutung des geografischen Nordens als heilig und Ursprung von bedeutenden Menschen und Kulturen. In Anlehnung an die griechische Mythologie begreift Dugin den Norden als „Hyperborea", in der griechischen Mythologie der Ort jenseits des Nördlichen, benannt nach Boreas, dem Gott des (winterlichen) Nordwindes, dem eine intensive Verbindung mit dem Gott des Lichts, Apollo zugeschrieben wurde, und in Anlehnung an die Nazi-Ideologie, nach der der Nordpol der Ursprung der „arischen Rasse" sei (vgl. Clowes 2011, S. 55). Selbst Dugins Website arctogaia.com schließt daran symbolisch an: an das mythologische „nordische Land". Der Osten ist für Dugin als Ort des Sonnenaufgangs der Ursprung ewiger Weisheit, wohingegen der Westen – in dem bekanntlich die Sonne untergeht – Ort der Dekadenz und Täuschung, kurzum: des Unterganges ist. Im Bild der Sonne bleibend verkörpert der Süden für Dugin demgemäß die Vergänglichkeit.

Den gegenwärtigen geopolitischen Zustand sieht Dugin geprägt von Universalismus und Unipolarität, gegen die er Partikularismus und eine „antiglobalistische und antiimperialistische Front" stellt, in der sich alle „Traditionalisten" gegen „den Westen und die Globalisierung" wie gegen „die imperialistische Politik der Vereinigten Staaten" stellen sollten, da die Globalisierung „seelisch" das „Reich des Antichristen" sei (Dugin 2013, S. 212 f.):

„Die heutige Welt ist unipolar, mit dem globalen Westen in seinem Zentrum und den USA in seinem Kern. […] Wenn es nur eine Macht gibt, die entscheidet wer das Richtig und wer das Falsche tut, wer bestraft werden sollte und wer nicht, haben wir eine Form der globalen Diktatur. Das ist unerträglich. Wir sollten also dagegen kämpfen. […] Das amerikanische Imperium gehört vernichtet." (Ebd., S. 212, Fehler im Original)

Mit dem Wahlsieg von Donald Trump im November 2016 sieht Dugin dieses Ziel allerdings vorerst als erreicht an: „This means that the unipolar world is liquidated not only under the pressure of other countries, but from within America itself" (Dugin 2016a). Für ihn ist Trump so etwas wie der „amerikanische Putin" (zit. n. Ahmari 2016), der den Untergang von Freiheit, Demokratie, Aufklärung und Moderne einleiten soll.

8.3 Das „neue geopolitische Evangelium" und der messianische Erlösungsglaube

Dugin argumentiert gegen den „Terror der Vernunft" und gegen die „klassische Rationalität", die die Grundlage für die Suche des Westens bzw. des Atlantismus für einen liberalen Holismus sei, gegen den Dugin die Resakralisierung stellt (Dugin 2005, S. 425):

„Es ist Zeit, zum Mythos zurückzukehren. Und das meint eine Rückkehr zu dem magischen, heiligen und wundervollen Ort – dem leuchtende Rus." (Dugin, zit.n. Clowes 2011, S. 53)

Um diese geopolitische Vision, die die mythologische Vergangenheit als utopische Zukunft preist, zu kontextualisieren, ist ein Verständnis der spezifischen Ordnungsvorstellungen von Dugin bedeutsam, da die umstandslose Anwendung von Kategorien wie Nation oder Staat mit Blick auf Russland genauso irreführend wäre, wie mit Blick auf Dugin, denn das westliche Begriffsverständnis weicht von dem russischen deutlich ab. So fokussiert der russische Nationenbegriff auf eine doppelte Nationalisierung, die des Raumes und die der Religion, verknüpft also landschaftliche mit spirituellen Momenten, wobei das typische Vergemeinschaftungsmotiv des westlichen Rechtsextremismus (die „Rasse" oder die „Ethnie") sekundär sind, es geht zwar um eine mythische Bodenverbundenheit und eine Verwurzelung im sakralen Raum, das allerdings den Mythos einer russischen Dominanz und eines russischen Sendungsbewusstseins nicht aus der Biologie, sondern aus der Religion ableitet, also sich noch originär in einem voraufgeklärten Stadium befindet.

Man darf allerdings trotzdem nicht den Fehler machen zu

denken, dass Dugin deshalb kein Rassist sei. In *Misterii Evrazii* bedient Dugin (1991, Teil 2) das gesamte rassistische Arsenal, wenn er über „Rassen, Runen und Kulte" schreibt und ausgehend von einer „sakralen Lehre von Rassen" die „Rassen Russlands" und die „Rassen Europas" herbeiphantasiert und von einer „weißen Esoterik" schwärmt. Der Unterschied zur neonazistischen Rechten in Westeuropa ist aber, dass Dugins Rassismus nicht das konstitutive Element seines Weltbildes ist, er aber – wie die gesamte extreme Rechte – trotzdem an eine Existenz von menschlichen Rassen glaubt und auch der Idee einer „ethnischen Identität der Russen" als „synthetische Ethnie" als einer „Synthese der weißen (slavo-indoeuropäischen) und gelben (turko-ugrischen) Rasse" das Wort redet (Dugin 2002a, Teil 1).

Die neurechte Szene in Europa streitet darüber, ob sie rassistischen oder kulturalistischen Prämissen bei der „ethnopluralistischen" Segmentierung der Weltordnung der Vorzug gibt. Sie reagiert insofern in ihrem Weltbild auf die Aufklärung, die mit ihrem Postulat der Säkularisierung wissenschaftsgeschichtlich den Siegeszug der Naturwissenschaften und damit, als „Dialektik der Aufklärung" (Horkheimer/Adorno 1947), auch des Wandels im Glauben von einem Glauben an Gott in einen Glauben an Natur und Technik den Weg geebnet hat (vgl. Salzborn 2013). Im Unterschied dazu ist das russische Weltbild Dugins noch – in Ermangelung einer Aufklärung – traditionell mythologisch und intellektuell dadurch limitiert, dass das imperiale und omnipotente Sendungsbewusstsein nicht auf Erkenntnis, sondern auf Schicksal rekrutiert (vgl. Salzborn 2015d).

Die russische Reichsidee fokussiert insofern in ihren imperialen Ansprüchen auf ein sakrales Weltbild, das der westlichen Rezeption deshalb so verschlossen bleibt, weil es – unter dem Bruch von rund sieben Jahrzehnten Bolschewismus – in einer antiwissenschaftlichen Hermeneutik gefangen ist, die mit der des 17. Jahrhunderts in Westeuropa verglichen werden kann (vgl. Scherrer 1987, S. 203 ff.). Aber genau das macht die Politikvorstellungen von Dugin für die extreme Rechte Westeuropas so attraktiv: er argumentiert, aus westeuropäischer Perspektive betrachtet, in einem intellektuellen Kokon, ist selbst Teil einer voraufgeklärten und vorliberalen Welt, die sich die neurechte Szene Europas zurücksehnt, die Realität von Dugin ist die reaktionäre Utopie der Gegenaufklärer in Europa. Dass dies aus aufgeklärter, westlicher Sicht absurd und aberwitzig erscheinen muss, ist das eine – dass sich aus diesem sakralen Sendungsbewusstsein nicht nur ein Herrschaftsanspruch, sondern auch eine tatsächliche weltpolitischen Machtposition *par excellence* ableitet, ist das andere.

Insofern ist es auch nur konsequent, dass Dugin sich selbst als „orthodoxen Christen" (vgl. Holm 2014; Dugin 2014a) sieht und in seinen (vor dem Hintergrund eines durch die Aufklärung und die bürgerlichen Revolutionen in Westeuropa säkularisierten Christentums offensichtlich als Widerspruch wahrzunehmenden) intellektuellen Verwebungen von Christentum, mythischen Phantasien und spirituellen Erfindungen selbst gar keinen Widerspruch sieht, obwohl sie von einem aufgeklärten Standpunkt aus erscheinen wie die Wahnvorstellungen eines Psychotikers. In seinem politischen-kulturellen Kontext ist dieser Wahn aber so dominant und wirklich, dass er die Norm darstellt und genau deshalb nicht im Konflikt mit der ebenfalls stark mythologischen und ikonischen Vorstellungswelt der christlichen Orthodoxie Russlands steht (vgl. Bluhm 2016b, S. 46 ff.). Dugins Ziel ist eine „vollwertige Metaphysik" als „Kern der christlichen Metaphysik" (Dugin 1999, S. 208 f.):

„Nur die Eigenart des Katholizismus ist jene, dass – angefangen mit der Entfernung der Westlichen von der Östlichen Kirche – er seine dogmatische und intellektuelle Grundlage ausgerechnet auf der bewussten Absage an den metaphysischen Inhalt des Christentums baute; dabei waren eigentlich alle scholastischen Konstruktionen bestrebt, eine logische theologische Doktrin zu entwickeln, doch dabei wurden ontologische und metaphysische Elemente völlig ignoriert, die in Wirklichkeit nicht nur *vor* dem Schisma in der christlichen Tradition bestanden haben, sondern auch nach der Spaltung in ihr bewahrt blieben. Tatsächlich wurden sie ausschließlich in der Östlichen Kirche, d.h. im Schoße der Orthodoxie, bewahrt. Dies haben aber die Katholiken, sogar die Tiefgläubigsten unter ihnen, scheinbar nicht geahnt.

Ihrerseits konnte die Orthodoxie, die die ontologische und metaphysische Vollwertigkeit behalten hatte, ihren metaphysischen Inhalt (d.h. christliche Metaphysik im eigentlichen Sinne) seit diesem bestimmten Moment nicht in konkreten Kategorien behaupten, und bald nach der Beendigung der ,Palamismus-Dispute', während derer die orthodoxe Esoterik ihren letzten blendenden Aufschwung in der Geschichte erleben durfte, wurde diese Linie um Einiges marginalisiert und ,eingefroren', den Vorrang erhielten nämlich die exoterischen Seiten der Kirche." (Ebd.)

Insofern argumentiert Dugin auch offen bekennend vom „Standpunkt der geopolitischen Konspirologie" und zeichnet die Geschichte des 20. Jahrhunderts als die Geschichte des „okkulten Kampfes zweier Geheimorden", einem eurasischen und einem atlantischen, wobei sich aber die Geheimdienste CIA und KGB (!) gemeinsam gegen den eurasischen Orden verbündet hätten – was eine einfältige, aber eben auch einfache Verschwörungsphantasie ist, um mit einem Federstrich die Geschichte des Bolschewismus als Geschichte des Atlantismus zu unterstellen und damit zu exterritorialisieren. Vor dieser Folie der mythologischen Geschichtserfindung steuert für Dugin alles auf einen „Endkampf" zu (vgl. Hielscher 1995, S. 469).

In diesem „Endkampf" stehen sich getreu Dugins dualistischem Antagonismus eurasischer Partikularismus und atlantischem Universalismus gegenüber, sprich: Russland und Amerika. Der Westen ist für ihn das „Reich des Antichristen", der „verfluchte Ort", die USA sind das „Reich des Bösen", ein „neues Karthago", das zerstört werden müsse, während Russland eine „Nation kosmischer Dimension" sei, die sich „im Einklang mit den Kräften der Transzendenz" befinde: „Russland und das Universum – das sind Synonyme." (Dugin, zit. n. Luks 2004, S. 75 f.) Allerdings nimmt der glühende Antiamerikanismus von Dugin mit der Wahl von Trump nun eine zentrale Wendung, da Trump eben aus Dugins Sicht alles zerstören wird, was er selbst an Amerika hasst – und damit letztlich auch antiamerikanisch agiert:

„The other point is that anti-Americanism is over. Not because it was wrong, but exactly the opposite: because the American people themselves have started the revolution against precisely this aspect of the US that we all hated. Now the European ruling elite, as well as part of the Russian elite (that is still liberal), cannot be blamed as before for being too pro-American. They should now be blamed for being what they are: a corrupt, perverted, greedy gang of banksters and destroyers of cultures, traditions, and identities." (Dugin 2016b)

8.4 Dugins antiaufklärerische Theorie als neurechte Vision einer heilig-heilen Welt

Um die Theorie von Aleksandr Dugin zu verstehen, muss man sie im Kontext seiner politischen Kultur und damit in ihrer Funktion innerhalb und außerhalb von dieser lesen. Dugin ist ein einerseits typischer (und hierbei: wenig origineller) Vertreter des Eurasismus, der in dessen neoeurasischer Zuspitzung allerdings wesentlichen Anteil daran hat, dass die geopolitische Orientierung des gegenwärtigen Eurasismus nicht nur partikularistisch, sondern zugleich auch imperialistisch ausgerichtet ist. Andererseits besteht die Spezifik von Dugin darin, faschistische, nazistische und rechtsextreme Schlüsseldenker in seine Theoriebildung integriert und insofern das Konzept des Eurasismus zu einem totalitären Ansatz gemacht zu haben, der seine Feinde wie den Liberalismus, den Universalismus und die Aufklärung mit messianischem Eifer bekämpft und in seiner Phantasie des Atlantismus in Amerika und von *den Juden* die Konkretisierung seines Feindbildes sucht.

Insofern erfüllt Dugin innerhalb seiner politischen Kultur eine andere Funktion, als außerhalb: Innerhalb Russlands ist Dugin ein wesentlicher Stichwortgeber für imperiale Ansätze russischer Weltmachtpolitik, deren Agieren er nicht nur geopolitisch, sondern auch mythologisch mit einem innerhalb seiner Hermeneutik konsistenten Weltbild zu rechtfertigen versucht. Dugins spezifische Amalgamierung aus christlicher Orthodoxie und mythologischem Hokuspokus vermag dabei eine Sinnstiftungs- und Projektionsfläche zu eröffnen, die deshalb für weitere Teile der russischen Gesellschaft anschlussfähig ist, weil diese bis heute

nicht wirklich mit ihrer feudalen Tradition und ihrer Verankerung in der Orthodoxie des Christentums gebrochen hat. Außerhalb Russlands kommt Dugin hingegen eine gänzlich andere
Funktion zu – die Rolle des im Sinne eines Magiers faszinierenden Mystikers, der auf der einen Seite mit seinem Weltbild hoff-
nungslos antiquiert erscheint, weil die Verwissenschaftlichung
des Denkens seit der Aufklärung doch zumindest soweit in den
politischen Kulturen Westeuropas verankert ist, dass offensichtliche Erfindungen und Phantastereien von der Mehrheit der Menschen auch als solche erkannt werden. Wie der Magier im Kin-
dertheater spielt Dugin seine Rolle aber so überzeugend, eben
weil sie für ihn keine Rolle, sondern sein Weltbild ist, dass sie mit
einer Ernsthaftigkeit und Überzeugungskraft dargeboten wird,
die seine Argumente mit einem emphatischen Gewicht versehen,
das ihr Fehlen von Wahrheit kompensiert. Überdies erfüllt Dugin
außerhalb seines gesellschaftlichen Kontextes auch die Funktion
des mythologischen Apokalyptikers, der den gegenaufkläreri-
schen Phantasien und reaktionären Utopien der rechtsextremen,
insbesondere neurechten Szene die ambitionierte Hoffnung auf
Macht verleiht – einerseits, weil Dugin selbst in einem sozialen
Kontext agiert, dessen Realität der Utopie vieler seiner Anhä-
nger/innen in Westeuropa entspricht, andererseits, weil Dugin
faktisch Stichwortgeber einer Weltmacht ist, deren Imperialität
aufgrund ihrer omnipotenten Machtinszenierungen neurechte
Utopien fasziniert.

9 Hass auf Gleichheit, Hass auf Gleichberechtigung: Der parteipolitische Arm der völkischen Rebellion

Ende des Jahres 2016 hat die Baden-Württembergische Landtagsabgeordnete der AfD Claudia Martin ihre Fraktion und Partei verlassen, nachdem sie im März 2016 für die Partei in den Stuttgarter Landtag eingezogen war. Gegenüber der *Frankfurter Allgemeinen Zeitung* begründete sie ihre Entscheidung mit Verweis auf den

„systemfeindlichen Oppositionskurs, das Desinteresse an Sachpolitik in ihrer Fraktion, die starke Tendenz zu rechtsextremen Auffassungen innerhalb der Fraktion, den Verzicht auf politische Sacharbeit sowie die ständige und einseitige Skandalisierung des Flüchtlingsthemas". (Soldt 2016b)

Martin erklärte, dass es interne AfD-Papiere gebe, deren politische Forderungen „krasser" seien als das, was die neonazistische NPD fordere – so etwa der Plan, „Asylbewerber in Sonderlagern zu kasernieren", diese in „ethnisch homogene" Gruppen zu unterteilen und den „Einwohnern" lediglich „eingeschränkte Grundrechte" zuzubilligen (zit. n. ebd.). Dass gerade die Landtagsfraktion der AfD in Baden-Württemberg einen strammen Rechtsaußenkurs verfolgt und dabei auch offen antisemitische und neonazistische Positionen formuliert werden, hatte bereits der Fall Gedeon gezeigt – zahlreiche weitere Beispiele belegen diese Offenheit in weltanschaulicher und personeller Hinsicht umfangreich (vgl. Henkel-Waidhofer 2016). So wundert es auch nicht, dass bei AfD-Veranstaltungen durchaus der sogenannte Hitlergruß gezeigt wird, wie von einem Teilnehmer beim AfD-Neujahrsempfang 2017 im baden-württembergischen Reutlingen (vgl. red/jbr 2017).

Selbst der vormalige AfD-Funktionär Hans-Olaf Henkel, seines Zeichens dezidiert nationalkonservativer Ökonom, betonte nach seinem Austritt aus der AfD selbstkritisch, dass eine Entwicklung der AfD als Gesamtpartei „in Richtung einer NPD" absehbar war (vgl. Henkel 2016) und dass es ihm Sorgen bereite, selbst dabei mitgeholfen zu haben, ein „richtiges Monster zu erschaffen", eine „NPD light" (zit. n. o. V. 2015). Die Fälle, in denen sich AfD-Funktionär/innen von der Partei wegen deren rasanter Rechtsentwicklung abwenden, häufen sich. Anfang Januar 2017 bezeichnete der Ex-Vorsitzende des AfD-Kreisverbandes Lauenburg, Nico Gallandt, die AfD-Führung in Schleswig-Holstein als „braune Rattenfänger, nur in anderem Gewand" und räumte ein, dass das, was „Alternative heißt, sich in undemokratischem parteiinternen Umgang erschöpft, keinerlei politische Programmatik erzeugt und offenbar nur dazu dient, Extreme in Parlamentarier-Versorgung zu bringen" (zit. n. dpa 2017). Und wenige Wochen später erklärte Oskar Helmerich, ehemaliges Mitglied des Landesvorstands der AfD in Thüringen: „Die AfD ist so stark von Rechtsextremen unterwandert, dass sie nicht mehr zu retten ist." (zit. n. Kiesel 2017)

Neben den unzähligen Fällen von personellen Verbindungen in die gesamte rechtsextreme Szene von AfD-Politiker(inne)n und die enge Bindung von AfD-Anhänger(inne)n an rechtsextreme Medien und Organisationen (vgl. Amann/Baumgärtner 2017; Feldmann 2016; Ringler u. a. 2016), zeigt eine Analyse der programmatischen Grundlagen der AfD ebenfalls ihre weltanschauliche Verankerung als antidemokratische und demokratiefeindliche Partei, die aufgrund ihrer programmatischen Ausrichtung auf die gesamte rechtsextreme Szene wie ein Magnet wirkt:

„In der Anfangszeit bemühte sich die AfD-Führung um eine deutliche Abgrenzung zum verfassungsfeindlichen Rechtsextremismus. Dies hat sich inzwischen geändert. Momentan, so der Gesamteindruck, steht die AfD auf der Schwelle zur ‚Nationalen Opposition'. Es hat den Anschein, dass ein Großteil der Partei darauf drängt, einen Schritt weiter zu gehen." (Kopke/Lorenz 2016, S. 24)

Die programmatischen Positionierungen der AfD sind dabei zwar alles andere als kohärent oder stimmig – doch gerade darin liegt ihr Potenzial nach Rechtsaußen, in zweierlei Hinsicht: Zum einen, indem sie mit zahlreichen Positionen, die teilweise konservative und marktradikale Formeln umfassen, aber auch Anleihen an explizit antidemokratische und demokratiefeindliche Argumentationen nehmen, selbst Teil der sich radikalisierenden Rechten ist; zum anderen, weil sie unter dem Postulat einer faktisch inexistenten Ideologiefreiheit weltanschauliche Positionen in die gesellschaftliche Debatte einbringt, die ihrerseits wiederum das gesamte konservative Lager weiter nach Rechts radikalisieren. So oder so liefert die AfD eine unsolidarische und antiemanzipatorische Programmatik, von der ausgehend soziale Ungleichheiten in der Gesellschaft und Politik verschärft werden sollen und das universelle Gleichheitspostulat der Aufklärung, das auch rechtliche Basisnormen wie das Grundgesetz oder die Allgemeine Erklärung der Menschenrechte prägt, infrage stellt. Nimmt man die programmatischen Äußerungen in Verbindung mit Äußerungen von AfD-Politiker(inn)en, dann zeigt sich seit der Spaltung der Partei Mitte 2015 ein Profil, das geprägt ist von einem rassistischen Weltbild, einer daran anschließenden völkisch-nationalistischen Gesellschaftsvorstellung und einem Glauben an die Ungleichheit des Menschen, der auch in antifeministische und patriarchale Grundüberzeugungen mündet. Aus der Ablehnung der AfD gegenüber den demokratischen Verfahren der Repräsentation folgt ein völkisch-autoritärer Nationalgallismus, der antiparlamentarische Affekte mit einer direktdemokratischen Rhetorik verbindet, bei der die AfD suggeriert, selbst am besten zu wissen, was „das Volk" wolle – und damit tatsächlich eine zutiefst autoritäre Politikkonzeption formuliert.

9.1 Hass auf die Gleichheit: Der völkisch-autoritäre Nationalgallismus

Ohne dies *expressis verbis* zu artikulieren, argumentiert die AfD in ihrem Grundsatzprogramm, das beim Bundesparteitag am 30. April und 1. Mai 2016 in Stuttgart beschlossen wurde, aus der Grundüberzeugung einer selbstgewählten und herbeiphantasierten Opferideologie: sie selbst bzw. diejenigen Menschen, die sie zu vertreten vorgibt, seien Opfer von Mächten, die sie in ihrem Potenzial und ihren Möglichkeiten, aber auch mit Blick auf Rechtsansprüche einschränke. Werden zwar die politischen Feinde von der AfD in der medialen Auseinandersetzung auch personifiziert und persönlich angegriffen, geht es programmatisch vor allem darum, sich in einem identitären Ohnmachtsgefühl suhlen zu können – und damit jede Form von Verantwortlichkeit für das eigene Handeln generell zu projizieren. Dabei ist die AfD keine Partei für den sprichwörtlichen „kleinen Mann" (für die „kleine Frau" sowieso nicht) und formiert sich in ihren programmatischen Grundaussagen gleichermaßen gegen soziale Schwache, wie gegen diejenigen, die politisch und wirtschaftlich tatsächlich Verantwortung tragen – denn die programmatischen Positionen sind nicht nur gegen alle Menschen formuliert, die in Politik, Justiz und Verwaltung Verantwortung tragen, sondern auch gegen diejenigen im Bereich der Wirtschaft, da die Umsetzung dessen, was die AfD wirtschaftspolitisch fordert, dem Wirtschaftsstandort Deutschland massiven Schaden zufügen würde.

Das Paradoxe an der selbstgefälligen Opferhaltung, die sich gleichermaßen gegen die tatsächlich sozial Schwachen, wie diejenigen richtet, die politisch und ökonomisch Verantwortung tragen, ist: die AfD formuliert eine Programmatik, die den deutschen Opfermythos nährt und sich an den völkischen Wahn, selbst Opfer des Nationalsozialismus gewesen zu sein, anschließt – wenn niemand für etwas verantwortlich sein will, immer sind es „die anderen" oder „die da oben", die Flüchtlinge oder wer auch immer, wobei die objektive historische Verantwortung der Deutschen für den Nationalsozialismus und die Shoah von der AfD auch explizit kleingeredet werden soll:

„Die aktuelle Verengung der deutschen Erinnerungskultur auf die Zeit des Nationalsozialismus ist zugunsten einer erweiterten Geschichtsbetrachtung aufzubrechen, die auch die positiven, identitätsstiftenden Aspekte deutscher Geschichte mit umfasst." (AfD 2016b, S. 48)

Die AfD kultiviert mit ihrem Opfermythos eine Haltung, die auf einer infantil-regressiven Grundhaltung basiert: wie das kleine Kind (tatsächlich und wirklich) nicht in der Lage ist, die Verantwortung für sein Handeln zu tragen, bietet sich die AfD denjenigen mit ihrem Programm an, die (nun allerdings als Erwachsene) nicht emanzipiert und selbstbewusst genug sind, um zuzugeben, dass die Verantwortung für ihre soziale und politische Situation vor allem sie selbst tragen. Damit erhebt die AfD die politische Faulheit zur Tugend: die eigenen Anhänger/innen können sich ihrem mangelnden Selbstbewusstsein und ihrer fehlenden Selbstkritikfähigkeit hemmungslos hingeben und ihren ganzen Hass, der sich eigentlich gegen sie selbst richtet, auf andere projizieren – und es damit vermeiden, erkennen zu müssen, dass man eben letztlich selbst ernsthaft dafür arbeiten müsste, um sozial und ökonomisch in Wohlstand zu leben. Man will aber unbedingt Opfer sein – und sich zugleich als mythischer Heilsbringer anbieten, der alles Elend (das in der Realität gar nicht besteht, denn Deutschland ist nach wie vor ein ökonomisch extrem wohlhabendes Land) beseitigen können. Diese rebellierende, letztlich infantile Haltung wird umfangreich in der Präambel des Grundsatzprogrammes ausbuchstabiert, in der ein geradezu apokalyptisches Krisenszenario gezeichnet wird:

„Dem Bruch von Recht und Gesetz, der Zerstörung des Rechtsstaats und verantwortungslosem politischen Handeln gegen die Prinzipien wirtschaftlicher Vernunft konnten und wollten wir nicht länger tatenlos zusehen." (Ebd., S. 6)

Nichts davon wird belegt – und, was noch wichtiger ist: nichts davon ist belegbar. Diese apodiktisch gesetzte Behauptung, die ungeachtet ihres fehlenden Wahrheitsgehaltes postuliert wird, ist aber unverzichtbar für die weiteren Überlegungen, denn nur wer diese gegen die bundesdeutsche Demokratie und gegen die marktwirtschaftliche Ordnung formulierte Unterstellung *glaubt*, kann sich überhaupt auf die auf 95 Seiten niedergelegten Forderungen der AfD einlassen. Das macht die Präambel für die AfD auch so wichtig: hier steht das, woran die AfD glaubt – wenn man auf diesen wahrheitswidrigen Glauben verzichtet, zerfällt das gesamte Grundsatzprogramm in sich selbst, weil es nur auf Basis dieser Wahrnehmungsphantasie funktioniert. In der aggressiven Wendung gegen die Demokratie und gegen die Marktwirtschaft (denn offenbar agiert ja für die AfD, wie der Satz zeigt, nicht nur „die" Politik gegen „Recht und Gesetz", sondern auch „die" Wirtschaft gegen die „wirtschaftliche Vernunft") verknüpft die AfD eine völkisch-nationalistische Grundhaltung, bei der man sich der staatlichen Institutionen bemächtigen will, um diese anschließend gegen ihre demokratischen Intentionen zu wenden:

„Wir setzen uns mit ganzer Kraft dafür ein, unser Land im Geist von Freiheit und Demokratie grundlegend zu erneuern und eben diesen Prinzipien wieder Geltung zu verschaffen. Wir sind offen gegenüber der Welt, wollen aber Deutsche sein und bleiben. Wir wollen die Würde des Menschen, die Familie mit Kindern, unsere abendländische christliche Kultur, unsere Sprache und Tradition in einem friedlichen, demokratischen und souveränen Nationalstaat des deutschen Volkes dauerhaft erhalten. Unsere Ziele werden Wirklichkeit, indem wir den Staat und seine Organe wieder in den Dienst der Bürger stellen, [...]." (Ebd., S. 6)

In dem an die Präambel anschließenden Abschnitt „Demokratie und Grundwerte" entwickelt die AfD dann das Begründungsmuster, das suggeriert, dass das politische System der Bundesrepublik nicht mehr funktioniere. Rhetorisch wichtig in diesem Abschnitt ist, dass auf der textuellen Ebene behauptet wird, es gebe Funktionsdefizite der bundesdeutschen Demokratie. Da diese aber sämtliche Kernbestandteile des genuinen Wesens der Demokratie betreffen (wie die Regierung, die Parteien, den Parlamentarismus, das Wahlrecht usw.), wird tatsächlich die Demokratie als Herrschaftsform angegriffen: der Subtext ist deshalb ein antidemokratischer, weil die Umsetzung der Forderungen der AfD nicht das Funktionieren der Demokratie verbessern, sondern die Demokratie als solche zerstören würde. Der Angriff der Antidemokraten richtet sich hier gegen die Wesenskerne der Demokratie, die entkernt und gegen ihre verfassungsgemäße Funktion interpretiert werden sollen – um vordergründig zu behaupten, sie würden ihren Aufgaben nicht gerecht werden.

Strategisch folgt dieser antidemokratische Hass dem Geist von Carl Schmitt, der mit seinen argumentationslogisch identisch funktionierenden Angriffen gegen die Weimarer Demokratie den Nationalsozialismus vorbereitet hat (vgl. Kap. 3): Der „heimliche Souverän" in Deutschland sei „eine kleine, machtvolle politische Führungsgruppe innerhalb der Parteien", es habe sich „eine politische Klasse von Berufspolitikern herausgebildet", die „ein politisches Kartell" bilde, das „die Schalthebel der staatlichen Macht, soweit diese nicht an die EU übertragen worden ist, die gesamte politische Bildung und große Teile der Versorgung der Bevölkerung mit politischen Informationen in Händen" halte (AfD 2016b, S. 8). Dieser Zustand wird, analog des Duktus von Schmitt, als „illegitimer Zustand" beschrieben, den „nur das Staatsvolk" beenden könne (ebd.).

Die objektive Funktion von Regierungen in einer parlamentarischen Demokratie wird abgelehnt, wenn es heißt, dass die „Verantwortung" für „elementare politische Weichenstellungen" keine „Regierung ohne eine unmittelbare Befragung der Bürger übernehmen" könne und dürfe (ebd., S. 9) – was, wenngleich auch stark verklausuliert formuliert, faktisch ein Aufruf zum Umsturz ist: denn der *legalen und legitimen* Bundesregierung wird abgesprochen, politische Entscheidungen treffen zu dürfen. Nicht nur die Regierung wird als demokratische Schlüsselinstitution infrage gestellt, sondern auch die Parteien, da deren „Allmacht" und deren „Ausbeutung des Staates" die Demokratie gefährden würden. Diese „Allmacht" sei die „Wurzel der gesellschaftsschädigenden Politischen Korrektheit und des Meinungsdiktats in allen öffentlichen Diskursen" (ebd., S. 11). Überdies wird auch der gesamten politischen Verwaltung in verschwörungsphantastischer Manier unterstellt, dass sie „das Wahlrecht und die Wahlverfahren im Laufe der Zeit immer trickreicher ausgenutzt und angepasst" habe, um „den Einfluss des Volkes zu minimieren" (ebd., S. 12). Die AfD wolle dagegen das Wahlsystem neu gestalten, das Staatsoberhaupt direkt wählen lassen und überdies den „Straftatbestandes der Haushaltsuntreue" (ebd., S. 14) einführen. Von der großen antieuropäischen Rhetorik, mit der die AfD noch unter Bernd Lucke gestartet war, sind zwar einige Fragmente im Grundsatzprogramm enthalten geblieben, insbesondere zur Forderung des Austritts aus dem Euro als gemeinsamer Währung, im Kern ist aber auch die antieuropäische Haltung zusammengeschmolzen auf eine Agitation gegen die „politischen Eliten" und gegen „fremde Bevormundung" (ebd., S. 17).

Was die AfD in den gegen die Demokratie und gegen Europa formulierten Passagen ihres Grundsatzprogrammes tatsächlich meint, wenn sie davon fabuliert, dass Recht und Gesetz nicht mehr gelten würden, zeigt sich im Abschnitt zur „Inneren Sicherheit und Justiz", in dem das Ziel proklamiert wird, „dem Recht wieder zur Durchsetzung verhelfen" zu wollen (ebd., S. 24). Die Schlüsselpassage hier lautet:

„Ein liberaler Rechtsstaat muss seinen Bürgern vertrauen. Er muss es nicht nur ertragen können, dass Bürger legal Waffen erwerben und besitzen, sondern muss die Handlungsfreiheit seiner Bürger bewahren und freiheitsbeschränkende Eingriffe minimieren." (Ebd., S. 26)

Es geht der AfD also um die Militarisierung der Gesellschaft, die Bewaffnung der Bürger/innen und damit die Phantasie der Ermächtigung zur Selbstjustiz, was nichts Anderes wäre als die vollumfängliche Aufkündigung *aller* Grundlagen des modernen europäischen Nationalstaates: dieser ist in der Epoche der Aufklärung gerade als Souverän entstanden, der seinen Bürger(inne)n Sicherheit gewährt und Freiheit verspricht, weil sie auf ihn das Gewaltmonopol übertragen. Wer, wie die AfD fordert, „legal Waffen erwerben und besitzen" können zu sollen in einer Gesellschaft, in der dies in *keinerlei* Verbindung mit einer liberalen Tradition steht und die Verabschiedung dieser Forderung zudem in einem gesellschaftlichen Klima erfolgt, in der sich deutsche Bürger/innen illegal bewaffnen und diese Bewaffnung für rassistische und rechtsterroristische Taten nutzen, dann zeigt diese kurze Passage aus dem AfD-Grundsatzprogramm, dass es faktisch um eine Mobilmachungsforderung gegen die Demokratie geht.

Denn die Folgen von (illegaler) Bewaffnung in Deutschland

zeigt nicht nur die Geschichte des Rechtsterrorismus in Deutschland, in der es seit 1971 zu (mindestens) zwölf Entführungen, 174 bewaffneten Überfällen, 123 Sprengstoffanschlägen, 2.173 Brandanschlägen und 229 Morden mit rechtsextremen Motiven gekommen ist (vgl. Schnee 2017). Dies zeigt auch die rassistische und rechtsterroristische Realität um das Jahr 2016, in dem die Forderung in das AfD-Grundsatzprogramm geschrieben wurde – eine Realität, in der es allein im Jahr 2015 nach Angaben des Bundeskriminalamtes 1.031 Anschläge gegen Unterkünfte gab, in denen Flüchtlinge untergebracht waren oder werden sollten, im Jahr 2016 waren es 921 Anschläge (vgl. Kuhn 2016; siehe hierzu auch Röpke 2017). Und auch die ersten rechtsterroristischen Gruppierungen nach dem NSU sind bereits festgenommen worden: im Mai 2015 vier Personen, die unter dem Label Oldschool Society terroristische Aktionen vorbereitet haben sollen; im Oktober 2015 drei Personen im Raum Bamberg, wobei unmittelbar vor dem Zugriff eine Postsendung mit Sprengstoff abgefangen worden war; im April 2016 im sächsischen Freital fünf Personen, hier erfolgte die Festnahme sogar durch die GSG 9, einer Spezialeinheit der Bundespolizei; im Januar 2017 bundesweit sieben Personen wegen des Verdachts der Bildung einer rechtsterroristischen Vereinigung unter Federführung eines Nazi-„Druidens", die Anschläge auf Polizist(inn)en, Flüchtlinge und Jüdinnen und Juden vorbereitet haben soll. Und was man auch nicht vergessen darf: Der Attentäter, der im Juli 2016 die Morde in dem Münchner Einkaufszentrum begangen hat, war auch ein Rechtsextremist. Allesamt Fälle, in denen deutsche Bürger/innen der Auffassung waren, sich *gegen das staatliche Gewaltmonopol bewaffnen* zu müssen, also Politik zu militarisieren und vom Grundsatz des gleichen Rechts für alle zum Grundsatz der Durchsetzung von Ungleichheit durch völkische Gewalt zu modifizieren.

In dieselbe Richtung der gesellschaftlichen Militarisierung weisen auch in die Forderungen der AfD zur „Außen- und Sicherheitspolitik", wenn „das Wohl des deutschen Volkes" (AfD 2016b, S. 29) verbunden wird mit dem Rekurs auf „unverzichtbare nationale wehrtechnische Fähigkeiten" (ebd., S. 31). Hierfür will man die „Wehrpflicht wieder einsetzen" und sieht „den

Wehrdienst junger Männer aus allen gesellschaftlichen Schichten in den Streitkräften als Regelfall an" (ebd., S. 32). Dass das außenpolitische Ziel dabei nicht weit von NS-Ambitionen entfernt ist, zeigt sich auch, wenn in diesem Abschnitt des Grundsatzprogrammes – der vergleichsweise kurz ausfällt – zwei Aspekte unmittelbar miteinander verknüpft werden. Hierbei geht es um die Forderung eines ständigen Sitzes im UN-Sicherheitsrat (ebd., S. 30) als vergangenheitspolitischer Affront, der nonchalant darüber hinweggeht, dass die UN eben *wegen* Deutschlands NS-Politik gegründet wurden, die verbunden wird mit einem Satz, der an diese Forderung unmittelbar anschließt: „Die AfD bejaht eine Fürsorgepflicht Deutschlands für die im Ausland lebenden deutschen Minderheiten." (Ebd.)

Dieser Satz hat nicht nur eine immense vergangenheitspolitische Sprengkraft, sondern ist auch ein verheerendes außenpolitisches Signal, denn die Rhetorik zugunsten der sogenannten deutschen Minderheiten im Ausland war nicht nur ein zentraler Hebel gegen die Versailler Friedensordnung der 1920er Jahre, sondern die Kehrseite der NS-Politik der Massenvernichtung der europäischen Jüdinnen und Juden: Schließlich hatten die sogenannten deutschen Minderheiten (bzw. wie es damals hieß: Volksdeutschen) in Osteuropa während des Nationalsozialismus soziale und politische Konflikte geschürt. Diese Politik bildete die Grundlage der NS-Außenpolitik, zumindest so lange, wie diese ihre Interessen nicht auf kriegerisch-militärischem Weg verfolgte (vgl. Komjathy/Stockwell 1980, S. 6 ff.; Leuschner 1958). Die Volks(gruppen)politik war letztlich ein zentraler Aspekt der Vorbereitung und Umsetzung der deutschen Eroberungs- und Vernichtungspolitik. Forschungen im Bereich der Sozialgeschichte belegen überdies sogar einen strukturellen Zusammenhang zwischen deutscher Volkstums- und Minderheitenpolitik in Osteuropa und der Massenvernichtung der europäischen Jüdinnen und Juden (vgl. Haar 2000a), denn die Umsiedlungsvorgänge im Kontext der verwaltungsmäßigen Eingliederung der Ostgebiete einschließlich der Segregation der ansässigen Bevölkerung und der Umsiedlung der „Volksdeutschen" dorthin sowie die Massenvernichtung der europäischen Jüdinnen und Juden waren „Handlungsfelder einer arbeitsteilig angelegten Politik" (Haar 2000b, S. 337). Wer nun heute die Forderung nach einem ständigen Sitz Deutschlands im UN-Sicherheitsrat in einem parteipolitischen Grundsatzprogramm unmittelbar mit der Erklärung einer Politik zugunsten „deutscher Minderheiten" im Ausland verknüpft, fixiert damit die eigene außenpolitische Stoßrichtung unzweifelhaft als völkisch und hegemonial und gegen die internationale Friedensordnung gerichtet, für die die UN eintreten sollen.

Dass die weltanschauliche Grundierung der AfD dabei eine völkische und eine rassistische ist, zeigen besonders die beiden Abschnitte „Kultur, Sprache und Identität" und „Einwanderung, Integration und Asyl" im Grundsatzprogramm. Die völkische Dimension bezieht sich primär auf die essentialistische und kollektivistische Selbstdeutung der deutschen Nation als völkische Schicksalsgemeinschaft, die allerdings auch als rassistische Bluts- und Abstammungsgemeinschaft verstanden wird, wenn es heißt, dass man das „Territorialprinzip [...] wieder aus dem Gesetz streichen" (AfD 2016b, S. 65) wolle. Hier zeigt sich mit Blick auf die unterstellte Kollektividentität des Eigenen auch bereits die rassistische Fundierung des völkischen Weltbildes. Allerdings drückt sich die rassistische Dimension vor allem in der Frage der Ablehnung von Zuwanderung aus. Dabei geht die AfD sogar so weit zu behaupten, dass die infolge von Krieg und Verfolgung, oftmals nur temporär, nach Deutschland kommenden Menschen gar keine Flüchtlinge seien, wenn man den Begriff Flüchtling für eine „unzutreffende Bezeichnung [...] für fast alle Menschen, die irregulär nach Deutschland einreisen", hält (ebd., S. 59). Für die AfD ist „unser aller Identität [...] vorrangig kulturell determiniert" (ebd., S. 46); man bekennt sich zur „deutschen Leitkultur" und sieht die „Ideologie des Multikulturalismus, die importierte kulturelle Strömungen auf geschichtsblinde Weise der einheimischen Kultur gleichstellt und deren Werte damit zutiefst relativiert", als „ernste Bedrohung für den sozialen Frieden und für den Fortbestand der Nation als kulturelle Einheit" (ebd., S. 47) an. Die panische Furcht der AfD richtet sich dabei gegen fast jede Zuwanderung, da Deutschland „kein klassisches Einwanderungsland" sei (ebd., S. 58). Das ist allein mit Blick auf die mehreren

Millionen Flüchtlinge, die nach dem Zweiten Weltkrieg aus den ehemaligen deutschen Ostgebieten nach Deutschland kamen historisch eine dreiste Lüge. Denn deren Integration war im Übrigen, obwohl sie sich ja selbst als „Deutsche" verstanden, historisch aufgrund ihrer mangelnden Integrationsbereitschaft tatsächlich schwer, aber letztlich doch erfolgreich (vgl. Salzborn 2009).

Auch und gerade beim Thema Zuwanderung sieht man „Sprachverbote und Sprachregelungen" am Werke, die „zu gesellschaftlicher Stigmatisierung, teilweise sogar zu beruflichen Nachteilen" führen würden, wenn man gegen sie verstoße (ebd., S. 58) – wobei abgesehen von Einzelfällen, in denen öffentlich formulierte rassistische Diskriminierung auch strafrechtliche Konsequenzen hatte, unklar ist, worauf die AfD hier überhaupt anspielt, wenn man das reine Suggestivpotenzial ignoriert, das bewusst die Differenz von Meinungsfreiheit und Diskriminierungsverbot verschweigt und unterstellt, jede Form von menschenverachtender Diskriminierung sei legal möglich. Das apokalyptische Szenario aus der Präambel wird hier fortgesetzt und völkisch-rassistisch zugespitzt, wenn von einer „Völkerwanderung historischen Ausmaßes", einer „Bevölkerungsexplosion [...] bislang unvorstellbarer Wanderungsbewegungen" (ebd., S. 59), von „Kampagnen der Einwanderungslobby und Medien" (ebd., S. 61) und einer „kartellähnlichen Migrationsindustrie" (ebd., S. 64) die Rede ist:

„Die überkommene Politik der großzügigen Asylgewährung im Wissen um massenhaften Missbrauch führt nicht nur zu einer rasanten, unaufhaltsamen Besiedelung Europas, insbesondere Deutschlands, durch Menschen aus anderen Kulturen und Weltteilen. [...] Die AfD will diese zynisch hingenommene Folge eines irregeleiteten Humanitarismus vermeiden und die daraus entstehende Gefahr [...] eines schleichenden Erlöschens der europäischen Kulturen abwenden." (Ebd., S. 59)

Probleme, die bei der (vorübergehenden) Aufnahme von Flüchtlingen tatsächlich entstehen, etwa wenn patriarchale Männlichkeitsvorstellungen aus arabisch-islamischen Kontexten zu gewaltförmigen Übergriffen und Vergewaltigungen führen oder vor-bürgerliche Racket-Systeme innerhalb von einzelnen Flüchtlings-gruppen die Grundlage für organisierte Kriminalität bilden, wer-den von der AfD nicht sozial interpretiert (was auch heißen würde: Vergewaltigungen sind ein Problem mit Männern und von bestimmten Männlichkeits- und Gewaltvorstellungen, die gerade in der rechten Szene Deutschlands nicht weit von denen im islamistischen Kontext entfernt sind), sondern essentialisiert und in völkischer Weise dramatisiert, um sich nicht auf den Kern des Problems und dessen Lösung orientieren zu müssen: denn die sozialen Ursachen einer essentialisierten, männlich-patriarchalen, gewaltaffinen und antibürgerlichen Attitüde verbindet ja gerade die rechte Szene mit islamistischen Gruppen.

Wenn dann im AfD-Grundsatzprogramm polemisiert wird über das Asylrecht als Vehikel, um „in das deutsche Sozialsystem einzuwandern" (ebd., S. 60), gefordert wird, „Sozialhilfe dauerhaft auf ein rechtlich zulässiges Minimum in Sachleistungen zurückzu-führen" (ebd., S. 61) und postuliert wird, dass „jeder Einwanderer […] eine unabdingbare Bringschuld" habe, sich zu integrieren und sich „seiner neuen Heimat anpassen" müsse, „nicht umgekehrt" (ebd., S. 63) bzw. gefordert wird, dass „wer sich der Integration" verweigere, „sanktioniert werden" und „letztendlich auch sein Aufenthaltsrecht verlieren" müsse (ebd., S. 63), dann liest sich das fast als groteske Darstellung der gesellschaftlichen Realität in Deutschland, in der sich tatsächlich die Rassist(inn)en genau so verhalten, wie die AfD es hier Flüchtlingen unterstellt. Denn ein Großteil dieser Passagen trifft in ihrem Kerngehalt nicht auf die Flüchtlinge zu, die in ihrer Mehrheit gar nicht dauerhaft in Deutschland bleiben wollen und wenn, dann oftmals aufgrund ihres hohen (Aus-)Bildungsniveaus mit großem aktiven Integrati-onswillen ausgestattet sind, sondern tatsächlich auf eine ganz ande-re Gruppe: auf die Anhänger/innen der völkischen Rebellion.

Die asozialen Formen der Proteste, wie sie in Sachsen gegen den Tag der deutschen Einheit 2016 stattgefunden haben (vgl. Pontius/Steffen 2016), zeigen überdeutlich, dass diejenigen, die völkische Parolen wie „Volksverräter" oder „Lügenpresse" grölen oder die, wie der AfD-Funktionär Marcus Pretzell nach dem islamistischen Terroranschlag auf den Berliner Weihnachtsmarkt Ende 2016, Angela Merkel aufgrund ihrer Flüchtlingspolitik eine Mitschuld für den Terrorismus geben (vgl. spol 2016), eigentlich diejenigen sind, die sich der Realintegration in die bundesdeutsche Gesellschaft und ihr Wert- und Normsystem verweigern. Denn mit Ausnahme eines völlig zufälligen Geburtsortes innerhalb von Deutschland und der ebenso zufälligen Tatsache der Staatsbürgerschaft ihrer Eltern – und selbst das trifft auf so manchen AfD-Funktionär nicht zu: Markus Frohnmaier, Bundesvorsitzender der „Jungen Alternativen" und Pressesprecher von Frauke Petry, ist selbst rumänischer Zuwanderer – zeigen zahlreiche der AfD-Politiker/innen nicht, dass sie wirklich integrationsgewillt mit Blick auf die bundesdeutsche Gesellschaft und ihre Werte und Normen sind.

9.2 Hass auf die Gleichberechtigung: Der patriarchale Antifeminismus

Das zweite große Thema, das neben dem völkischen Autoritarismus das AfD-Grundsatzprogramm durchzieht, ist das Thema Geschlecht. Der dominante Zug ist dabei eine bevormundende Grundhaltung, die Frauen eindimensional in ihrer Rolle als Mütter sieht, ihnen eine ernsthafte Selbst- und Eigenständigkeit abspricht und zugleich Geschlechterdifferenzen zu naturalisieren versucht, um so eine grundsätzliche und irreversible Bipolarität der Geschlechter zu konstruieren. Dabei beruft sich die AfD auf wissenschaftliche Erkenntnisse, die allerdings ausnahmslos einer soziobiologischen Perspektive entstammen, die ihrerseits selbst in den Naturwissenschaften im Allgemeinen und in der Biologie im Besonderen nicht nur umstritten ist, sondern die ihre fachlichen Kompetenzen grundsätzlich übersteigt, da biologische Forschung aufgrund ihres fachlichen Zuschnitts methodisch weitgehend außerstande ist, soziale Sachverhalte zu erklären oder zu verstehen, weil sie eben gesellschaftlichen und nicht natürlichen Ursprungs sind (vgl. Zuber 2015).

Wenn man sich aber wie die AfD proklamatorisch auf die

„Ergebnisse der Naturwissenschaft, der Entwicklungspsychologie und der Lebenserfahrung" (AfD 2016b, S. 55) beruft und suggeriert, wissenschaftliche Geschlechterforschung erfülle „nicht den Anspruch, der an seriöse Forschung gestellt" werde (ebd., S. 52), dann verleiht man dem eigenen *politischen* Hass auf die Gleichberechtigung, der zu einer Ablehnung von Gender Mainstreaming und Geschlechterforschung führt, einen pseudowissenschaftlichen Anstrich. Denn Naturwissenschaften sind in der öffentlichen Wahrnehmung immer noch mit einem gefühlten Unfehlbarkeitsparadigma ausgestattet, obgleich sie bis heute in nur sehr geringem Maße die zentrale Fertigkeit wissenschaftlicher Reflexion praktisch umsetzen: die Erkenntnis, dass das forschende Subjekt Teil der Forschung ist und insofern Wissenschaft niemals neutral sein kann, sondern vielmehr diese subjektive Involviertheit reflektieren muss (vgl. Salzborn 2013).

Verlagert man aber soziale und politische Forderungen in den Bereich angeblicher Natürlichkeit, entzieht man sie damit auch der Diskussionsfähigkeit: bediente man sich nicht der Lüge, dass naturwissenschaftliche Forschung eine Ungleichheit der Geschlechter (die über relativ triviale anatomische Differenzen hinausgeht) „beweisen" könnte, dann müsste die AfD viel deutlicher formulieren, dass sie für eine Ungleichheit der Geschlechter politisch kämpft. Und das würde bedeuten, offen zu formulieren, dass man Frauen benachteiligen *will* – nicht, weil es einer unterstellten „Natur" entspricht, sondern weil es eben dem patriarchalen Herrschaftsanspruch der AfD entspricht, die ja selbst auch – trotz weniger Frauen an der Spitze – faktisch männerbündisch vermachtet ist und gerade den zentralen Sozialisationsagenturen des patriarchalen Antifeminismus, den Burschenschaften, neue Hoffnungen auf politische Macht verschafft hat.

Die AfD proklamiert an zahlreichen Stellen (auch, wenn es systematisch wenig passend ist, wie im Abschnitt „Arbeitsmarkt und Sozialpolitik" des Grundsatzprogramms), dass das „Leitbild für uns" die Familie sei (AfD 2016b, S. 36), dass man „Familienarbeit in der Pflege als Beitrag für das Gemeinwohl gesellschaftlich anerkennen" müsse (ebd., S. 38) und dass man bei der „Rente die Kinderzahl und die Erziehungsleistung stärker als bisher berücksichtigen" solle, u.a. durch „eine spezielle Förderung von Mehrkindfamilien" (ebd., S. 37). Zentrale sozialstaatliche Aufgaben wie etwa im Bereich der Pflege sollen somit als individuelle Last reorganisiert werden, was auch ein erheblicher Rückschritt mit Blick auf Professionalität und damit kompetente Betreuungen von Pflegebedürftigen wäre.

Die Last hierfür wird im Weltbild der AfD nicht einfach nur den Individuen auferlegt, sondern konkret den Frauen – die durch die Programmatik der AfD systematisch aus dem öffentlichen und politischen Leben herausgedrängt, auf eine sozialkaritative Funktion als Mütter und Pflegerinnen reduziert und insofern ihres Subjektstatus beraubt werden. So heißt es im Abschnitt „Familien und Kinder":

„Der AfD ist es ein wichtiges Anliegen, gewachsene kulturelle und regionale Traditionen und bewährte Institutionen zu schützen. […] Insbesondere Ehe und Familie garantieren als Keimzellen der bürgerlichen Gesellschaft den über Generationen gewachsenen gesellschaftlichen Zusammenhalt […]." (Ebd., S. 40)

Die „Wertschätzung für die traditionelle Familie" gehe in Deutschland verloren, die Familie als „wertegebende gesellschaftliche Grundeinheit" werde untergraben, wohingegen sich die AfD zur „traditionellen Familie als Leitbild" bekenne, deren Ziel in der Familienpolitik nicht nur ein frauenfeindliches, sondern auch ein rassistisches ist, wenn es heißt: „Mehr Kinder statt Masseneinwanderung." (Ebd., S. 41) Das weibliche Idealbild der AfD sind dabei „Vollzeit-Mütter", deren „Diskriminierung" gestoppt werden müsse (ebd., S. 43), wobei man durch eine „spezielle Förderung von Mehrkindfamilien" dazu motivieren wolle, „sich für mehr Kinder zu entscheiden." (Ebd., S. 42)

In traditionell rechtsextremer Weise verknüpft die AfD ihre familienpolitischen Positionen mit einer bevölkerungspolitischen Dimension, die einerseits ein völkisches Volk als Idealbild proklamiert, die aber andererseits auch gerade in ihrer offensiven Bevölkerungspolitik tiefe Eingriffe in ausschließlich private Fragen (wie die des zwischenmenschlichen Zusammenlebens und die nach dem Wunsch, ein oder mehrere Kinder zu haben – oder auch nicht) vornehmen möchte, also Privatangelegenheiten zu öffentlichen erklären, zugleich aber Frauen aus der Sphäre des Öffentlichen systematisch und dauerhaft herausdrängen möchte. Diese Form pränataler Bevölkerungspolitik, in der die AfD Schwangerschaftsabbrüche ablehnt und damit auch hier das Selbstbestimmungsrecht der Frauen massiv beschneiden will, wird am deutlichsten in der Forderung auf den Punkt gebracht, steuerlich ein „Familiensplittung" einführen zu wollen, nach dem „die Gesamtfamilie als Erwerbsgemeinschaft" zu verstehen sei, was zur Folge habe, dass „die Summe der erzielten Einkünfte aller Familienmitglieder durch die Zahl der Familienmitglieder geteilt" werde (ebd., S. 74). Auf diese Weise wird der völkische Ansatz der Bevölkerungspolitik mit einem staatlich-steuernden Aspekt verknüpft, der die Privatsphäre als höchstes Gut jeder liberalen Gesellschaft verachtet und die Frage nach Elternschaft nicht mehr als persönliche und zutiefst private ansehen will, sondern durch steuerliche Anreize öffentlich verfügbar und damit politisch planbar für eine völkische Bevölkerungspolitik machen will.

Birgit Sauer (2017) hat präzise auf den Punkt gebracht, auf welche Weise die völkische mit der antifeministischen Perspektive nicht nur verschmilzt, sondern geradezu amalgamiert – und zwar in zwei Dimensionen:

„*Zum ersten* lässt sich unter Rückgriff auf eine biologisch-natürliche heterosexuelle Zweigeschlechtlichkeit die Natürlichkeit und Homogenität des Volkes symbolisieren. […] Das rechtspopulistische Konzept des Volkes ist so an ethnopluralistische Konstrukte der Reinheit und der Ablehnung von Vermischungen anschließbar und bildet damit einen Baustein rassistisch-exkludierender Strategien. […] Zudem wird das natürlich gedachte Volk als vorpolitisch konstruiert, so dass soziale Konflikte um Klassenwidersprüche in natürliche Ungleichheiten umgedeutet oder besser negiert werden können. In jedem Fall können sie auch als entsolidarisierende Geschlechterwidersprüche thematisiert und diskursiv bearbeitet werden. […]
Zweitens ist das über die Geschlechterfigur konstruierte Volk ein schwaches, passives und handlungsunfähiges Gebilde, ein betrogenes Opfer.

Das Volk, gleichsam im Naturzustand, muss vor der Verführung durch korrumpierte politische Eliten oder Medien gerettet werden. [...] Aus der natürlich-familiären und patriarchalen Vorstellung des Volkes folgt ein anti-demokratischer Gestus gegen die Selbstbestimmung des Volkes. Repräsentativ-demokratische Verfahren, Normen und Regeln stehen einem exklusiven politischen Projekt nicht nur diametral gegenüber, sondern im Wege." (Sauer 2017, S. 13)

Mit Blick auf das Themenfeld „Schule, Hochschule und Forschung" verknüpft die AfD den antisozialen Naturalisierungsglauben an „Begabungen" (AfD 2016b, S. 54) mit einem Plädoyer gegen Gleichheit und Gleichberechtigung, wenn zwar „uneingeschränkt das Leistungsprinzip" (ebd., S. 53) befürwortet wird, dann aber gegen die „Gender-Ideologie" (ebd., S. 55), die „naturgegebene Unterschiede zwischen den Geschlechtern" marginalisiere und damit „traditionellen Wertvorstellungen und spezifischen Geschlechterrollen in den Familien entgegen" wirke (ebd.), gewettert wird – obgleich eine *tatsächliche* Orientierung an einem Leistungsprinzip ja bedeuten würde, dass in aller Regel Frauen bevorzugt werden müssten, nicht, weil es eine „Ideologie" so will, sondern weil sie so lange, wie sie nicht von kleinauf in männlich-geschlechterstereotype Rollen- und Verhaltensmuster gezwängt werden, faktisch in der überwältigenden Mehrheit beim Leistungsprinzip gewinnen würden. Und das ist das Paradoxe und zugleich Perfide in der AfD-Geschlechterideologie: sie verklärt soziale Ungleichheit zu biologischer Differenz, glorifiziert die realen Benachteiligungen von Mädchen und Frauen, die durch geschlechtersensible und geschlechtergerechte Programme langsam aufzuheben versucht werden und hält diese auf Gleichberechtigung zielenden Ansätze für ungerecht, weil sie dazu beitragen, die männlich-patriarchale Vorherrschaft, die sich nicht auf Leistung und Kompetenz, sondern allein auf Herrschaft und Gewalt gründet, infrage zu stellen. Dabei werden Frauen stereotyp auf ihre biologische Funktion als Mutter reduziert und unterstellt, dass die (überhaupt erst sozial durch männliche Hegemonie hergestellte) Ungleichheit gerecht sei, wohingegen die zaghaften Bemühungen zur Durchsetzung der tatsächlichen na-

türlichen Gleichheit aller Menschen das „Leistungsprinzip" konterkarieren würden – wobei diese Durchsetzung menschlicher
Gleichheit in Wirklichkeit nur dazu führt, dass eben dieser von
der AfD in den Mittelpunkt gerückte, oftmals leistungsschwache
und allein auf männerbündische Protektion orientierende Sozial-
typ, den idealtypisch vor allem die Burschenschaften repräsentie-
ren, sich nicht mehr auf durch nichts gerechtfertigten Privilegien
ausruhen kann:

> „Die AfD lehnt Geschlechterquoten im Studium oder in der Arbeitswelt
> generell ab, da Quoten leistungsfeindlich und ungerecht sind und andere
> Benachteiligungen schaffen." (Ebd., S. 56)

9.3 Hass auf die Gerechtigkeit:
Der kleinbürgerliche Klientelismus

Während die bevölkerungspolitischen Positionen den frauen-
feindlichen Charakter der AfD zeigen, betonen ihre ökonomischen Auffassungen eine extrem polarisierte Fokussierung auf
einen spezifischen Teil der unteren und mittleren Mittelschicht,
womit sich die AfD dezidiert gegen die Mehrheit der Bevölkerung wendet: ihr Konzept der Wirtschaftspolitik ist antisozial
und macht die AfD sozioökonomisch zu einer Klientelpartei, die
ihren Fokus auf patriarchal orientierte, rassistisch gesinnte und in
der „Idiotie des Landlebens" (Adorno 1951b, S. 29) schwelgende
Mittelständler – und damit eben gerade nicht auf den gesamten
Mittelstand – richtet. So sieht die AfD steuerlich eine „übermäßi-
ge Belastung vor allem der Mittelschicht" (AfD 2016b, S. 74), will
die „Erbschaftssteuer abschaffen", weil diese „besonders mittel-
standsfeindlich" sei (ebd., S. 75) und erklärt „unsere Mittel-
standspolitik" zur „Ordnungspolitik" (ebd., S. 68): „Unser Ziel ist
ein schlanker, aber starker Staat." (Ebd., S. 69)

Dass dieser „starke Staat" vor allem als autoritärer, weniger
aber als steuernder Staat oder gar als Sozialstaat verstanden wird,
zeigt sich an einer zentralen wirtschaftspolitischen Forderung der
AfD, nach der man „selbständige und starke Gebietskörperschaf-

ten" schaffen wolle – was deshalb nur Rhetorik ist, weil man zwar getreu eines völkisch-heimatlichen Ansatzes „regionale und lokale Selbstverwaltung" ermöglichen möchte, um „regionale Eigen- und Besonderheiten" zu pflegen, dies aber mit der drastischen Forderung verbindet, die jede kommunale oder lokale Politik- bemühung faktisch handlungsunfähig machen würde:

> „Wir fordern eigenverantwortliche Länder und Kommunen, die auch für sich genommen insolvenzfähig sein müssen." (Ebd., S. 76)

Damit würde der Staat zum Markt degradiert, also die Ordnungs- funktion des Staates durch die marktförmige Anarchie ersetzt, da dann hoheitliche Akteurinnen und Akteure plötzlich Finanzie- rungswege außerhalb von Steuereinnahmen requirieren müssten und insofern nicht nur Korruption Tür und Tor geöffnet würde, sondern öffentliche Aufgaben plötzlich vom Sponsoring privater, ausschließlich an Profit orientierter Akteurinnen und Akteure abhängig gemacht würden. Objektiv liegt in dieser Forderung damit eine strukturierte Maßnahme *gegen jede Form von Sozial- politik*, weil sämtliche öffentliche Angebote nicht mehr der grundsätzlichen Sinnerwägung von (Aus-)Bildung und sozialer Gerechtigkeit dienen würden und damit nicht mehr elementarer Kern demokratischer Staatsorganisation wären, sondern sich dem anarchischen Paradigma des Marktes unterwerfen müssten, da sich die Kommunen bei einem solchen Risiko – in Verbin- dung mit der AfD-Forderung der Einführung eines „Straftatbe- standes der Haushaltsuntreue" (ebd., S. 14) – viele sozialpoliti- sche und auf Gerechtigkeit hin orientierte Strukturmaßnahmen nicht mehr leisten könnten.

Im wirtschaftspolitischen Weltbild der AfD finden sich massive Verschwörungsängste, die mit völkischem Protektionismus gekop- pelt werden, etwa wenn man den Einsatz von „Computern mit Betriebssystemen und Software ausländischer Hersteller" (ebd., S. 69) beklagt und stattdessen eine „im Inland erfolgte Montage geprüfter Hardwarekomponenten" (ebd., S. 70) vorschlägt und „nationalen Software-Entwicklungen" herbeisehnt; oder wenn man den Ausbau von Windenergie ablehnt (ebd., S. 86), die Subventionierung von Biogasanlagen beenden möchte (ebd., S. 82) und generell „Klimaschutz-Organisationen [...] nicht mehr unterstützt" (ebd., S. 79) werden sollen, da man „die Energiewende" ablehnt (ebd., S. 95), wobei aber auch der „Import von Strom aus unsichereren ausländischen Kernkraftwerken" gefürchtet wird; oder in der wirtschaftspolitisch naiven Vorstellung, nach der Geld die Rolle als „unantastbarer Wertspeicher" (ebd., S. 76) erfülle und die Bundesbank deshalb ihr „Gold heimholen" solle, damit dieses „ausschließlich in Deutschland gelagert" werden könne (ebd., S. 77). Dass antiaufklärerische Verschwörungsphantasien den Kern der AfD-Wirtschaftspolitik ausmachen, kann man an dem kuriosen Satz: „Kohlendioxid (CO_2) ist kein Schadstoff, sondern ein unverzichtbarer Bestandteil allen Lebens" (ebd., S. 79) sehen.

Der wirtschaftliche Gegenentwurf der AfD ist mit Blick auf die Geschichte der völkischen Bewegungen zwar nicht originell – aber doch hervorhebenswert, weil in der antiurbanen Dimension des völkischen Denkens noch eine wesentliche fortschrittsfeindliche und antiemanzipative Stoßrichtung zum Ausdruck kommt, wenn die AfD „Perspektiven für den ländlichen Raum" fordert:

„Die Landbevölkerung nimmt immer schneller ab. [...] Das zieht weitere Verluste an Attraktivität nach sich und schwächt die ländlichen Regionen. [...] fortschreitenden Entvölkerung ländlicher Gebiete vor allem in der Mitte und im Osten Deutschlands. Die AfD will die ländlichen Regionen stärken." (Ebd., S. 93)

Während Städte die Orte von Bildung, Austausch, Intellektualität, Vergnügen und damit Freiheit sind, zeichnen sich Dörfer in ihrer kleinräumigen Sozialstruktur durch unmittelbare Formen von Sozialkontrolle und Überwachung aus, in der Entfaltungsmöglichkeiten für individuelle Freiheiten nur sehr eingeschränkt existieren. Ist die Stadt der Inbegriff der modernen, aufgeklärten Welt mit ihrem Versprechen auf die Freiheit des Individuums als Subjekt, ist das Dorf Ausdruck einer antigesellschaftlichen Vergemeinschaftung, in der der Zwang familiärer Abhängigkeit die Idee von Individualität und daraus resultierendem Befreiungsanspruch als politisches Subjekt oft schon im Keim erstickt. Die

AfD glorifiziert aber genau jene regressive Seite des Landlebens, wenn – unter Nutzung einer sozialhygienischen Metaphorik – von den „gesunden Strukturen in den Dörfern" (ebd., S. 93) die Rede ist und „familiengerechte Wohnformen" gerade in „Stadtrandlagen und in ländlichen Gebieten" geschaffen werden sollen, da auf diese Weise „Heimatbindung" geschaffen werde (ebd., S. 94):

„Zu einem lebenswerten ländlichen Raum zählen für uns eine intakte bäuerliche Landwirtschaft, eine funktionsfähige mittelständische Wirtschaft und eine ausreichende Infrastruktur." (Ebd., S. 93)

Damit wird der Bauer zum Ideal eines vergemeinschafteten Lokalwirtschaftszusammenhanges, in dem selbst den in diesen Branchen tätigen Menschen ihre Freiheit genommen werden soll – nämlich die Freiheit, sich *gegen* diese Tätigkeit zu entscheiden, gerade für Kinder, die die Betriebe der Eltern nicht übernehmen und sich so von ihnen emanzipieren wollen. Mit Blick auf das Themenfeld Fischerei formuliert die AfD dies explizit:

„Fischerei ist Kulturgut. […] Die Bindung der Fangquote an den Kutter verhindert einen Generationswechsel in der Fischerei und macht Nachwuchsarbeit unmöglich." (Ebd., S. 88)

So wird der sozioökonomische Zwang zur intergenerativen Fortsetzung eines bestimmten Berufes und die damit infrage stehende Freiheit der Berufswahl als „Generationswechsel" idealisiert und eine Berufsausübung zum „Kulturgut" verklärt. Eine berufliche Tätigkeit wird also in völkischer Weise mit einer bestimmten Menschengruppe verbunden.

10 Was tun?
Strategien gegen die Feinde der Demokratie

Es ist unbestreitbar, dass die Bundesrepublik und Europa vor großen Herausforderungen stehen, dass wir gerade erhebliche politische und soziale Krisen erleben und dass viele Menschen sich Sorgen um ihre Zukunft machen. Das ist aber zum einen nichts Neues – jeder Mensch hat nur ein Leben und insofern immer in der Zeit, in der er lebt, Sorgen um seine Zukunft; zum anderen kann man Krisen auf unterschiedlichen Wegen bearbeiten – der eine Weg ist solidarisch, der andere, für den die völkischen Rebell(inn)en seit geraumer Zeit kämpfen, ist rassistisch.

Die überwältigende Mehrheit der bundesdeutschen Bevölkerung ist gegen die völkische Rebellion und gegen die AfD – wenngleich auch manchmal nicht laut und offensiv genug: „Denn letztlich ist die offene Gesellschaft nicht gefährdet, weil sie zu viele Feinde hat, sondern zu wenige entschlossene Verfechter." (Münchrath 2016) Seit gut 15 Jahren ist die Bundesrepublik geprägt von der Grundüberzeugung, dass – im Übrigen: zum ersten Mal in der gesamten deutschen Geschichte – Gesellschaft und Politik *grundsätzlich* auf sozialen und auf Gleichberechtigung zielenden Grundüberzeugungen basieren sollen, bei der Ausgrenzung und Diskriminierung abgelehnt werden, wofür der wesentliche Schritt die Staatsbürgerschaftsrechtsreform im Jahr 2000 und damit der beginnende Abschied vom völkischen Staatsangehörigkeitsverständnis war. Ausgrenzung und Diskriminierung abzulehnen ist zudem auch die zentrale verfassungsgemäße Vorgabe von Art. 1 des Grundgesetzes: „Die Würde des Menschen ist unantastbar. Sie zu achten und zu schützen ist Verpflichtung aller staatlichen Gewalt." Anders gesagt: Rassismus, Antisemitismus, Homophobie und Sexismus stehen im Widerspruch zum Grundgesetz und zum Grundverständnis der bundesdeutschen Demokratie.

Die extreme Rechte will das nicht anerkennen, sie kämpft dagegen, mal offen als Nazis, mal verdeckt als „besorgte Bürger". Egal, wie die völkischen Rebell(inn)en auftreten, sie verschieben eigene Verantwortung auf Menschen, die nach Deutschland kommen, weil sie in ihren Herkunftsländern verfolgt werden, weil sie von Krieg betroffen sind, weil sie Angst um ihre Kinder haben – es sind wirkliche, reale Ängste, die alle Menschen als universelles Element ihres Menschseins miteinander teilen. Die besorgten Rassist(inn)en haben für eine Lösung dieser Probleme aber tatsächlich nichts beizutragen – das zeigt auch eine vergleichende Analyse der bisherigen parlamentarischen Tätigkeit der AfD, die bundesweit in ihren Grundzügen dadurch gekennzeichnet ist, dass sie nicht konstruktiv agiert, sondern die Parlamente als Bühne nutzt, um gegen sie zu agitieren (vgl. Gensing 2016). Das ist im Übrigen auch schon vor der AfD von der NPD, der DVU und den REP in den Landtagen, in denen sie vertreten waren, genauso praktiziert worden. Wer AfD wählt, will also – das kann man heute wissen, weil die Realität gezeigt hat, dass diese Partei (wie alle anderen rechten Parteien vor ihr) aufgrund antiparlamentarischer Affekte nicht an konstruktiver Arbeit interessiert ist – offensichtlich nicht, dass wirkliche Probleme gelöst werden, sondern nur seinen eigenen Hass ausdrücken.

Um die tatsächlichen Herausforderungen lösen zu können und die Erfolge der völkischen Rebell(inn)en zu beenden, sind vor allem *drei* Strategien für alle demokratischen Akteurinnen und Akteure zu erwägen: Es geht den völkischen Rebell(inn)en darum, die Demokratie mit ihren eigenen Mitteln zu zerstören und hierbei jedes denkbare Instrument zu nutzen, um bei ihrem Kampf um eine völkische „kulturelle Hegemonie" erfolgreich zu sein. Die drei Schlüsselinstrumente dieses Angriffs der Antidemokraten sind einerseits die Schaffung von (hochemotionaler) Daueröffentlichkeit für die eigenen Positionen, andererseits die Suggestion einer ungerechtfertigten Ausgrenzung von völkischen und rassistischen Positionen aus der öffentlichen Debatte unter dem Propagandalabel eines angeblichen Kampfes für Meinungsfreiheit und schließlich die Stilisierung der eigenen Positionen als ein Kampf gegen *alle* anderen, die dann als „Etablierte", „Systemparteien" o. ä. tituliert werden. Die hier formulierten Vorschläge wollen begründen, warum es eine demokratiepolitische Notwendigkeit ist, rassistische, antisemitische und völkisch-nationalistische Positionen aus der öffentlichen Debatte wieder auszugrenzen; sie sollen zeigen, dass der demokratische Pluralismus Meinungsfreiheit gerade nicht als Beliebigkeit versteht, sondern ganz im Gegenteil demokratische Herrschaft der Freiheit von Meinungsäußerungen immer (politische, aber auch juristische) Grenzen setzen muss, wenn es um Denunzierung, Diffamierung und Diskriminierung von Menschen geht; und schließlich plädieren sie dafür, der deutschen Sehnsucht nach Harmonie bei gleichzeitiger Aversion gegen eine unterstellt widerspruchsfreie Mitte mit einer deutlichen politischen Re-Polarisierung zu begegnen. Hierbei sollten sich die demokratischen Parteien im Kampf um die Demokratie und für den Pluralismus von ihrer undifferenzierten Orientierung auf „mittige" Positionen verabschieden, um durch echte, aber eben demokratische Polarisierung den völkischen Homogenitätsphantasien entgegenzutreten – wobei es hier wichtig ist, dass man im Anspruch der Aufklärung gegen den aggressiven Affekt der Antidemokraten konsequent für die Vernunft und den Verstand argumentiert, da Emotionalisierung das Rationale in der Politik suspendiert.

Während die erste Strategie vor allem an die Medien adressiert, ihren samtweichen Umgang mit den völkischen Rebell(inn)en aufzugeben und sich nicht zum Instrument in deren antidemokratischem Kampf machen zu lassen, fokussiert die zweite Strategie auf den gesamten öffentlichen Raum und damit alle Bürgerinnen und Bürger, die aufgefordert sind, sich gegen die antidemokratischen Artikulationen, gerade in den sozialen Medien, argumentativ und juristisch zu wehren, nimmt die dritte Strategie vor allem auf die demokratischen Parteien und sozialen Bewegungen Bezug. Diese sollten durch eine prinzipielle Abwendung von den durch die extreme Rechte vorgegebenen Themen das Ziel der „Dethematisierung" (Habermas 2016, S. 38) verfolgen, gleichzeitig aber reale Probleme und Herausforderungen bezogen auf ihr jeweiliges Profil wieder deutlicher thematisieren und sich dabei durch „klare Abgrenzung" (Lochocki 2016) jenseits eines mittigen Einheitskonsensus positionieren, um so tatsächliche, also sozialökonomische Interessengegensätze wieder realistisch zu thematisieren.

10.1 Demokratieschutz durch Ausgrenzung rechter Parolen

Angesichts der maßgeblich durch die Digitalisierung bedingten Beschleunigung des Alltags in Demokratien am Beginn des 21. Jahrhunderts stehen politische Akteurinnen und Akteure in der Öffentlichkeit unter einem gefühlten Druck, schnell und pointiert auf Ereignisse reagieren zu müssen – und zwar Akteurinnen und Akteure aller politischen Parteien. Insofern ist nicht die Form der damit verbundenen Artikulation (der Populismus) zentral, sondern der auf diesem Weg transportierte Inhalt, nämlich die Frage danach, welche Ziele angestrebt werden und ob diese demokratisch oder antidemokratisch sind. Das Verständnis von Demokratie sollte dabei nicht auf eine rein formale Dimension verkürzt werden, der zufolge ein System als demokratisch gilt, allein weil es Wahlen gibt. Bei der Beurteilung, ob politische Inhalte demokratisch oder antidemokratisch sind, ist die Frage nach dem Wesenskern von Demokratie bedeutsam. Der verfassungsrechtliche Minimalkonsens basiert auf dem Verständnis des Verhältnisses von *Dēmos* (griech.; Staatsvolk) und *kratein* (griech.; herrschen). Deutschland beantwortet beide Elemente so, dass mittlerweile ein völkisches Volksverständnis abgelehnt wird und dass die Herrschaft auf repräsentativem Weg erfolgt. Das heißt aber auch, dass eine Demokratie, die sich wie die bundesdeutsche als „wehrhaft" versteht, nicht so naiv sein darf zu glauben, man müsste rechte Forderungen allein, weil sie existieren, Gehör schenken – geschweige denn ihnen folgen. Denn nicht, wer am lautesten schreit, darf sich durchsetzen, sondern nur, wer auf repräsentativem Weg Mehrheiten erlangt. Genau deshalb muss eine wehrhafte Demokratie antidemokratische Positionen ausgrenzen, weil diese gegen den substanziellen Kern der Demokratie verstoßen und sie faktisch abschaffen wollen – in ihrer Substanz (vgl. Nierth/ Streich 2016).

Damit verbunden ist die Schlüsselfrage, ob rechtsextremer Populismus auf Demokratiedefizite – seien es formale und/oder inhaltliche – hinweist. Mit Blick auf formale Defizite, also etwa in Verfahrensfragen, ist festzuhalten, dass es allein noch kein prozeduraler Mangel ist, wenn Menschen nicht Willens oder in der Lage sind, im demokratischen Rahmen zu partizipieren. Es zeigt nur, dass bei denen, die nicht wissen, wie sie umfangreich partizipieren könnten, ein zu geringes Maß an politischer Kompetenz und damit an politischer Bildung zu attestieren ist. Wenn es aber tatsächlich prozedurale Mängel in der bundesdeutschen Demokratie geben sollte (was ja sein kann), dann müsste man sie klar und rational benennen können – die rechten Agitatorinnen und Agitatoren haben dies noch nie getan. Auch wenn rechte Parteien mittlerweile wieder Wahlerfolge erzielen, geht es ihnen im Kern nicht darum, durch konstruktive Arbeit Mehrheiten zu erzielen, sondern darum, Wege zu finden, um ihre egoistischen Partikularinteressen durchzusetzen. Es geht ihnen eben nicht um den realen Willen des Volkes, sondern um den unterstellten und erlogenen Volkswillen – nicht um das, was empirisch prüfbar und wirklich vorhanden ist, sondern um das, was Rechte zum „Volkswillen" erklären: ihre eigene völkische Weltsicht. Diese steht im Fundamentalwiderspruch nicht nur zur Verfassung, sondern auch zum Willen der überwältigenden Mehrheit der Bürger/innen der Bundesrepublik, wie es die Wahlergebnisse nach wie vor eindrücklich dokumentieren. Im Kern geht es bei dem antiparlamentarischen Affekt der populistisch agierenden extremen Rechten um das, was in der Weimarer Republik schon Carl Schmitt – als einer der zentralen Wegbereiter des Nationalsozialismus – forderte: eine gelenkte Demokratie auf der Basis eines erfühlten (das heißt von den Rechten diktierten) „Volkswillens", der auf ethnischer Homogenität und einem kategorialen und militarisierten Freund-Feind-Denken basiert.

Im Gegensatz dazu wird über Fragen nach inhaltlichen Defiziten in einer parlamentarischen, repräsentativen Demokratie pluralistisch (mit immer wieder wechselnden Mehrheiten) gestritten. Es gibt einen pluralistischen Grundkonsens in Deutschland, den die extreme Rechte fundamental infrage stellt; deshalb sind deren Forderungen auch inhaltlich antidemokratisch und formal demokratiefern. Als Demokrat/in, der/die die Verfassung als Minimalkonsens und das Prinzip des Pluralismus mit seinen Facetten der Ablehnung völkischen Denkens und jeder Form von Essentialismus vertritt, muss man deshalb klar sagen, dass die völkischen Rebell(inn)en auch nicht auf inhaltliche Defizite hinweisen, sondern vielmehr diesen demokratischen Grundkonsens zerstören wollen, der da lautet: Man darf uneinig sein – aber eben nicht auf einer beliebigen Grundlage, da Demokratie eine Herrschaftsform ist, die darüber entscheiden muss, wer ihre Grundregeln verletzt. Uneinigkeit basiert auf dem Prinzip des politischen und gesellschaftlichen Pluralismus. Wer diesen nicht anerkennt, dazu gehört jede Form völkischer Homogenitätsfantasien, wie sie im völkischen Nationalismus, Rassismus, Antisemitismus oder Antifeminismus zum Ausdruck kommen, verlässt diese Grundlage von Freiheit und Gleichheit. Deshalb sind die Forderungen der völkischen Rebell(inn)en weder formal noch inhaltlich geeignet, tatsächliche Demokratiedefizite zu benennen oder gar zu beheben; die Demokratie muss, um ihrer selbst willen, diese Forderungen konsequent ausgrenzen und – mehr noch – die völkischen Rebell(inn)en als das bekämpfen, was sie sind: nicht einfach Gegner, sondern Feinde der Demokratie. Wer aber solche Positionen auf öffentliche Podien wie Fernseh-Talkshows hebt, trägt nicht zu mehr Pluralismus bei, sondern dazu, dass diejenigen, die diesen Pluralismus abschaffen wollen, auch noch mit seinen Mitteln gegen ihn kämpfen können.

10.2 Demokratische Gleichheit statt völkischer Pseudo-Meinungsfreiheit

Diesen Kampf gegen die Demokratie führen die völkischen Rebell(inn)en als fanatische Dauerwahlkämpfer/innen. Sie leben von einem selbstinszenierten und hoch emotionalisierten Dauerwahlkampf – der nur in seiner Unsachlichkeit, Unseriosität und Emotionalität erfolgreich sein kann, weil die Beschleunigung, die der Wahlkampfmodus bietet, Verstand und Vernunft suspendiert und Fakten und Wissen alleinig dem affektiven Willen zur Macht untergeordnet werden. Dieser Modus des Dauerwahlkampfes, der auch und gerade in den Arenen des Internet geführt wird, ist ein Kampf um kulturelle Hegemonie für völkische Positionen, der als Kampf um Meinungsfreiheit getarnt wird – aufgrund des Verschwörungsglaubens in der rechten Szene bisweilen auch in dem tatsächlichen Glauben, es würde eine ungerechtfertigte Einschränkung von Meinungsfreiheit in Deutschland geben, wie es etwa der rechte Kampfbegriff der *Political Correctness* dokumentiert. Dass es sich dabei, wie eingangs bereits skizziert (vgl. Einleitung), um ein falsches, weil ausschließlich instrumentelles Verständnis von Meinungsfreiheit handelt, bei dem lediglich antidemokratische und antipluralistische Positionen wieder salonfähig gemacht werden sollen, ignoriert, dass es Kern einer Demokratie ist, die politischen und rechtlichen Grenzen des Sagbaren zu definieren, um ihren eigenen Bestand zu garantieren.

Denn Rechtsextremismus steht in grundsätzlicher – nicht nur in selbsterklärter – Gegnerschaft zum Grundgesetz für die Bundesrepublik Deutschland, insbesondere mit Blick auf Art. 1 (Menschenwürde/Menschenrechte), Art. 2 (persönliche Freiheitsrechte), Art. 3 (Gleichheit vor dem Gesetz), Art. 4 (Glaubens- und Gewissensfreiheit), Art. 5 (Freiheit der Meinung, Kunst und Wissenschaft), Art. 16/16a (Staatsangehörigkeit/Asylrecht), Art. 20 (Verfassungsgrundsätze) und Art. 21 (Parteien). Das Selbstverständnis der Bunderepublik basiert dabei auf dem mit den Termini *streitbare Demokratie* (BVErfGE 5, 85 [139 f.]) oder *Militant Democracy* (so der von Karl Loewenstein 1937 geprägte politikwissenschaftliche Terminus) umrissenen Demokratiebegriff, der sich von einem bedingungslos liberalen, aber damit auch bedingungslos wehr- und hilflosen Demokratieverständnis dadurch deutlich abhebt, dass man den Feinden der Demokratie nicht die Möglichkeiten geben will, diese „legal" zu zerstören. Zum Kontext des Verständnisses der wehrhaften Demokratie gehört nicht nur die Unaufhebbarkeit des bundesdeutschen Verfassungskerns (Art. 1 u. 20 GG) durch die sogenannte Ewigkeitsklausel (Art. 79 Abs. 3 GG), sondern auch die Möglichkeit der Freiheitseinschränkung zum Schutz des Grundgesetzes. Hierzu zählen Verbotsmöglichkeiten von Vereinen und Parteien, Einschränkung bzw. Verwirkung von Grundrechten oder die Bindung der Lehrfreiheit an die Normen der Verfassung. Genauso gehören einfachgesetzliche Regelungen dazu, die etwa die „Volksverhetzung" einschließlich NS-Verherrlichung und Holocaust-Leugnung (§ 130 StGB), die „Fortführung einer für verfassungswidrig erklärten Partei" (§ 84 StGB), den „Verstoß gegen ein Vereinigungsverbot" (§ 85 StGB), die Verbreitung von „Propagandamitteln verfassungswidriger Organisationen" (§ 86 StGB) oder das „Verwenden von Kennzeichen verfassungswidriger Organisationen" (§ 86a StGB) unter Strafe stellen.

Für die öffentliche Auseinandersetzung ist im Kontext der *Militant Democracy* der Bundesrepublik wichtig, dass das von Rechtsextremist(inn)en in propagandistischer Absicht zur Imprägnierung ihrer eigenen Äußerungen vorgebrachte Argument der Meinungsfreiheit die demokratische Wehrhaftigkeit keineswegs zum stumpfen Schwert macht, sondern im Gegenteil auch Bestandteil des Kampfes gegen Rechtsextremismus ist. Denn im bundesdeutschen Verfassungsverständnis gibt es keine Meinungsfreiheit für die Feinde der Freiheit, die jede (antidemokratische) Äußerung decken würde (vgl. Michel 2000): Art. 18 des Grundgesetzes regelt eindeutig, dass derjenige, der „die Freiheit der Meinungsäußerung, insbesondere die Pressefreiheit (Art. 5 Abs. 1), die Lehrfreiheit (Art. 5 Abs. 3), die Versammlungsfreiheit (Art. 8), die Vereinigungsfreiheit (Art. 9), das Brief-, Post- und Fernmeldegeheimnis (Art. 10), das Eigentum (Art. 14) oder das Asylrecht (Art. 16a) zum Kampfe gegen die freiheitliche demokratische Grundordnung mißbraucht", diese Grundrechte verwirke, wobei die „Verwirkung und ihr Ausmaß [...] durch das Bundesverfassungsgericht ausgesprochen" werden; in der Geschichte der Bundesrepublik wurden entsprechende Verfahren mit dem Ziel der Grundrechtsverwirkung aber erst vier Mal (immer gegen Rechtsextremisten) eingeleitet und waren keinmal erfolgreich, was auch zeigt, wie tolerant die Demokratie letztlich doch gegenüber ihren Feinden ist. Bei der gegenwärtigen Debatte über die Grenzen von Meinungsfreiheit im Kontext von diskriminierenden Äußerungen in der realen und der virtuellen Welt geht es insofern um einen wesentlichen Kern des bundesdeutschen Verfassungsverständnisses: freilich nicht in dem weitreichenden Sinn, dass hier über das Verwirken von Grundrechten gesprochen würde, wohl aber dergestalt, dass ein hochrangiges Verfassungsprinzip tangiert ist und auf politischer und ggf. strafrechtlicher Ebene die verfassungsrechtliche Grundidee der Limitierung von Meinungsfreiheit im Falle eines „Kampfes gegen die freiheitliche demokratische Grundordnung" geboten ist. Überdies ist zentral, unterhalb der Verfassungsebene und damit niedrigschwelliger betrachtet, dass *Meinungen* zu unterscheiden sind von *Fakten*. Man kann beispielsweise über die Massenvernichtung der europäischen Jüdinnen und Juden nicht geteilter Meinung sein – sie ist ein historisches Faktum, dessen Leugnung ein Straftatbestand ist und damit ist sie eindeutig nicht von der Meinungsfreiheit gedeckt, sondern im materiellen Sinn gar keine Meinung: Da es nicht um unterschiedliche Ansichten geht, sondern um das Leugnen von Fakten, ist die Holocaust-Leugnung keine Meinung, sondern eine Lüge.

Während diese, die Meinungsfreiheit in der wehrhaften Demokratie tangierenden, Sachverhalte in den mehreren Jahrzehnten der Geschichte der Bundesrepublik oft mühsam, aber dennoch nach und nach erfolgreich in der Alltagspraxis der sozialen Interaktion von vielen Menschen als demokratischer Konsens verinnerlicht und damit handlungspraktisch umgesetzt wurden, verhält es sich mit den demokratischen Umgangsformen im Zeitalter sozialer Medien noch anders (vgl. Kemper u. a. 2012; Kneuer 2013; Kneuer/Salzborn 2016): An der rechtlichen Situation hat sich zwar nichts Grundsätzliches geändert, das Strafrecht gilt gleichermaßen offline wie online, allerdings sind zahlreiche der etablierte Mechanismen von Öffentlichkeit in der repräsentativen Demokratie in der Welt der sozialen Netzwerke noch nicht vollumfänglich situiert (vgl. Salzborn/Maegerle 2016). Während z. B. viele Jahre lang Redakteur(inn)en von Tageszeitungen rassistische, antisemitische oder völkisch-nationalistische Leser(inn)enbriefe, statt sie im Blatt abzudrucken, in den Mülleimer befördert haben und damit die politische Kultur und das Klima der Meinungsfreiheit davor geschützt haben, Feind(inn)en der Freiheit und damit Feind(inn)en der Demokratie Raum für ihre Parolen zu geben, haben die Entstehung und Verbreitung des Internet und die in der Bundesrepublik intensiv genutzten sozialen Medien die Möglichkeit geschaffen, einen virtuellen Raum entstehen zu lassen, in dem jede/r jenseits von sachlicher oder fachlicher Kompetenz und auch jenseits einer Prüfung, ob die verbreiteten „Meinungen" faktenbasiert sind oder frei erfunden bzw. auf vorsätzlichen Lügen basieren, veröffentlichen und für Dritte zugänglich machen kann.

Bemerkenswert ist, dass nach bisherigem Forschungsstand nicht einmal davon ausgegangen werden muss, dass wir es mit einer tatsächlichen Zunahme von rassistischen, antisemitischen und völkisch-nationalistischen Einstellungen in Deutschland zu tun haben (die in Einstellungsuntersuchungen ermittelten Werte sind über längere Zeiträume hin relativ konstant), wohl aber ohne Frage mit einer deutlich umfangreicheren Sichtbarkeit, einer deutlich erhöhten Resonanz (weil viele Medien diesen Stimmen, statt sie weiterhin zu ignorieren, einen sehr großen und oft sogar deutlich überproportionalen Raum geben) und einer deutlich besseren Vernetzung von Personen zu tun haben, die im Kern gegen fundamentale Grundüberzeugungen der bundesdeutschen Demokratie eingestellt sind. Kurz gesagt: die Feinde der Demokratie sind nicht unbedingt mehr geworden, sie sind aber deutlich selbstbewusster, deutlich lauter, deutlich wahrnehmbarer und deutlich besser vernetzt – am Beispiel des Antisemitismus haben dies Monika Schwarz-Friesel und Jehuda Reinharz (2013) eindrucksvoll gezeigt.

Dass die wehrhafte Demokratie der Bundesrepublik die gegen diese Feinde der Demokratie gerichteten rechtlichen Möglichkeiten nicht nur offline, sondern seit kurzem auch zunehmend online umsetzen will, war überfällig und ist ein wichtiger Schritt in eine Richtung, in der gerade die hasserfüllten Menschen, die sich an die Spielregeln der Demokratie nicht halten wollen, auch und gerade in diesem „Neuland" (Angela Merkel, zit. n. Schramm 2016, S. 193) dazu gebracht werden, sich in die streitbare und pluralistische Ordnung der Bundesrepublik einzufügen. Denn, das sollte man zu keinem Zeitpunkt vergessen: Demokratie ist eine Herrschaftsform (vgl. Salzborn 2012a), die Regeln vorgibt, an die man sich halten muss, will man nicht mit strafrechtlichen Sanktionen belegt werden. Da gerade im Bereich der sozialen Medien keine staatlichen, sondern marktwirtschaftliche Akteurinnen und Akteure agieren (Facebook, Google, Twitter usw. sind profitorientierte Unternehmen, deren Interesse zunächst in der Maximierung ihrer Marktanteile und Gewinne besteht und die von staatlichen Regularien dazu gebracht werden müssen, die Spielregeln der Demokratie auch zu Spielregeln ihres Marktes zu machen), war und ist es deutlich schwieriger, auch mit Blick auf die internationale Rechtslage und das für unterschiedliche Online-Unternehmen differente, jeweils gültige nationale Recht und die damit markierte Diskrepanz von nationalem Rechtsgeltungsanspruch und virtueller Rechtssuspendierungspraxis, also die Differenzen zwischen Rechtsnorm und Rechtswirklichkeit auf dem Feld des Internetrechts (vgl. Arndt u.a. 2011; Craig 2012; Mardsen 2011; Rustad 2014), die Erfordernisse des Umgangs in der politischen Kultur der Bundesrepublik auch online schrittweise anzupassen und umzusetzen.

Dazu gehört, dass zunehmend mehr Medien darauf verzichten, „Trollen" ein Forum zu bieten, deren Kommentare löschen, Kommentarspalten nur kurz öffnen oder bei bestimmten Themen gar keine Kommentare ermöglichen – das setzt letztlich nur den Standard um, den es bei Medien im Zeitalter vor dem Internet auch gab, wobei die Möglichkeiten für Nutzer/innen trotzdem noch deutlich erweitert sind, weil nach wie vor prinzipiell jede/r Kommentare abgeben kann. Dazu gehört, dass in sozialen Netzwerken strafrechtlich relevante Beiträge nicht nur gelöscht, sondern auch juristisch verfolgt werden, was noch völlig unzureichend geschieht. Und dazu gehört auch, Grundhaltungen, die gegen die Grundprinzipien der bundesdeutschen Demokratie verstoßen, kein Forum zu geben – durch Löschung von Kommentaren oder auch durch (vorübergehende oder dauerhafte) Sperrung von Nutzerprofilen. In der Online-Welt hat sich der zwar durchaus treffende und der internationalen Debatte entlehnte, aber doch etwas unscharfe Begriff des Engagements gegen Hass-Reden bzw. Hass-Kommentare (*Hate Speech*) durchgesetzt.

Verkürzt deshalb, weil im Wort „Hass" nicht explizit angesprochen wird, dass es um ein Engagement gegen Haltungen geht, die die Grundüberzeugungen der bundesdeutschen Demokratie bekämpfen und ihre rassistischen, antisemitischen oder völkisch-nationalistischen Haltungen hinter dem Schutzschild der Meinungsfreiheit verstecken wollen:

„Meinungsfreiheit heißt nicht Rechtsfreiheit. […] Mancherorts ist aus Politikverdrossenheit […] politische Verachtung geworden. Eine nicht zu unterschätzende Zahl ist vom Mitbürger zum fanatischen Wutbürger mutiert. Dieser missbraucht teils anonym, teils mit seinem Namen die Online-Medien als Resonanzraum zur Verbreitung von Hass- und Hetztiraden. Auf diese Weise wird das Internet immer mehr zum Stammtisch des 21. Jahrhunderts, einem Platz für dumpfe Parolen und aggressive Attacken." (Connemann 2016, S. 15)

Ein Monitoring-Projekt von jugendschutz.net hat den praktischen Umgang von Online-Anbieter sozialer Netzwerke bei der Meldung von rechtswidrigen Hassbotschaften ermittelt und gezeigt, dass in zahlreichen Fällen rechtwidrige Kommentare nach wie vor nicht entfernt werden (vgl. BMJV 2016), was zeigt, dass der (straf-)rechtliche Rahmen, um effektiv gegen (Online-)Diskriminierung vorgehen zu können, durchaus aktualisierungsbedürftig ist – ein Großteil der bundesdeutschen Strafrechtsordnung basiert noch auf den Erfordernissen einer Gesellschaft, die die Formen von Online-Diskriminierung mit Blick auf Rassismus, Antisemitismus und völkischen Nationalismus noch nicht kannte und damit auch nicht die Veränderungen, die sich in diesen strafrechtlich zu bewehrenden Bereichen der Diskriminierung mit Blick auf das Internet ergeben. Hier wäre zu überdenken, ob die grundsätzliche Orientierung gegen *Hate Speech* durch die Konkretisierung der problematischen rassistischen, antisemitischen und völkisch-nationalistischen Inhalte dieses *Hate Speech* nicht auch zu einer Erweiterung des Strafrechts um einen Straftatbestand der „Wiederbetätigung" (was eine Ergänzung von StGB § 130 wäre, bei dem nur ein bestimmtes weltanschauliches Element des NS unter Strafe gestellt wird: die Leugnung der Shoah) führen sollte. Im Vergleich zu Österreich, das einen solchen Straftatbestand dem Wort nach kennt, müsste es freilich anders akzentuierend und deutlich geschärft werden, so dass man *jede Form* von Rassismus, Antisemitismus und völkischem Nationalismus *als Wiederbetätigung* verstehen und strafrechtlich bewehren müsste.

10.3 Pluralismus und Polarisierung

Der Sozialphilosoph Jürgen Habermas hat im Interview mit den *Blättern für deutsche und internationale Politik* die vielleicht zentrale Erkenntnis auf den Punkt gebracht, wie Demokratinnen und Demokraten auf die völkische Rebellion regieren sollten:

„Man müsste [...] politische Gegensätze wieder kenntlich machen, auch den Gegensatz zwischen der – im politischen und kulturellen Sinne ‚liberalen‘ – Weltoffenheit der linken und dem ethnonationalen Mief der rechten Globalisierungskritik. Kurzum: Die politische Polarisierung müsste sich wieder *zwischen* den etablierten Parteien um sachliche Gegensätze kristallisieren. Parteien, die dem Rechtspopulismus Aufmerksamkeit statt Verachtung widmen, dürfen von der Zivilgesellschaft nicht erwarten, dass sie rechte Parolen und rechte Gewalt ächtet. [...]
Daraus dürften demokratische Parteien für den Umgang mit Leuten, die solchen Parolen nachlaufen, eigentlich nur eine Lehre ziehen: Sie sollten diese Art von ‚besorgten Bürgern‘, statt um sie herumzutanzen, kurz und trocken als das abtun, was sie sind – der Saatboden für einen neuen Faschismus." (Habermas 2016, S. 38 f., Herv. i. Orig.)

Das soziologisch Paradoxe an der Konstellation der Sehnsüchte derjenigen Klientel, die für die Parolen der völkischen Rebellion gegen die Demokratie empfänglich sind, ist, das sie einerseits reale Polarisierung und Pluralismus ablehnen und damit eine extrem hohe Affinität zu Harmonie- und Konsensvorstellungen haben, zugleich aber den realen, auf Mehrheiten der demokratischen Mitte basierenden Konsens, der tagtäglich im Parlamentarismus ausgehandelt wird und in seinem dialogorientierten Verfahren fast jedes Gesetzgebungsprojekt prägt, also Wesenskern der bundesdeutschen Demokratie ist, verachten und zum Hauptfeind erklärt haben.

Die deutsche Paradoxie der Mitte ist ein wesentlicher Ansatzpunkt, um zu verstehen, welche Reaktionen von den demokratischen Parteien erfolgversprechend gegen die AfD sein können: das AfD-Klientel, also mehrheitlich derjenige Teil der unteren und mittleren Mittelschicht, der Affinitäten zu völkischen und rassistischen Positionen hat, will sich einerseits in der affektiven Harmonie der gefühlten Mitte „des Volkes" suhlen, zugleich aber auf keinen Fall Differenzen oder Widersprüche aushalten müssen. Hier den polarisierenden Kern des demokratischen Streits wieder in allen Politikfeldern zu reaktivieren, also eine echte „politische Polarisierung" (Habermas 2016, S. 38) zu verfolgen, ist der Anfang vom Ende der AfD – und der Weg um zu zeigen, dass demokratischer Pluralismus im Unterschied zu völkischen Homogenitätsschwärmereien nicht nur sozioökonomischen Wohlstand verspricht, sondern tatsächlich ermöglicht.

Um das zu verstehen, ist ein tieferer Blick in die Irrungen und Wirrungen um die politische Fiktion der „Mitte" notwendig. Der Begriff der politischen Mitte ist aus dem politischen Alltagsgeschäft nicht wegzudenken. In unterschiedlicher Intensität bemühen sich nahezu alle Parteien darum, die Mitte anzusprechen, die Mitte rhetorisch zu besetzen und damit gegenwärtig eben gerade jenseits der dringend notwendigen Polarisierungen Politik zu machen, die die gesellschaftliche Mitte politisch erreichen sollen. Manfred G. Schmidt (2007) hat diese Tendenz parteipolitisch als Nivellierung zur Mitte beschrieben, in der sich Politikkonzepte zunehmend angleichen, Nuancen der Differenz entscheidend geworden sind, wo vormals Widersprüche das Bild der Parteienlandschaft prägten. War die Auseinandersetzung thematisch in der Frühgeschichte der Bundesrepublik von grundsätzlichen Differenzen geprägt, lösen sich Fundamentalwidersprüche zunehmend in einer diffusen Mitte auf.

Der Begriff ist, wie Stine Marg (2014, S. 11) in einer umfangreichen empirischen Studie über die „Mitte" gezeigt hat, geradezu Ausdruck von „Mystik", weil er durch seine Offenheit eine Reihe

von Assoziationen motiviert, die abzurufen im politischen Tages-
geschäft prozentualen Mehrwert verspricht. Denn der Rekurs auf
die Mitte suggeriert Ausgeglichenheit und damit keine Diskontinuitäten, Normalität und insofern keine Verrücktheiten, Moderatheit
und damit keinen Radikalismus, Tugendhaftigkeit und damit den
Abstand vom Laster (vgl. ebd., S. 11 ff.). Kurzum: die Mitte depola-
risiert eine ökonomisch polarisierte Gesellschaft symbolisch, sie
harmonisiert pluralistische Differenzen als ideologisches Konstrukt, sie stiftet ein Gefühl von Frieden und geradezu himmli-
schem Wohlgefallen in einer Welt, die den Glauben an Harmonie
sich alltäglich selbst austreibt. Genau an diese Assoziationen
schließt die völkische Rebellion an, weil sie eben durch ihre völkischen Homogenisierungpraktiken die Hoffnung weckt, reale Probleme durch surreale Versprechen aus der Welt zaubern zu können.
Es ist die Sehnsucht nach der Besonderheit im Belanglosen, als Teil
des völkischen Kollektivs bedeutsam sein zu können, ohne dabei
für seinen Erfolg konstruktive Arbeit leisten zu müssen.

In ihrer Wahrnehmung sehen sich die „Mitte"-Angehörigen
selbst als Teil der Mittelschicht – und grenzen sich dabei vehement
von „oben" und „unten", also von den wirklich Armen oder den
wirklich Reichen ab (vgl. Marg 2014, S. 194 ff.). In dieser Ideologie
des „kleinen Mannes" wird ein erhebliches Potenzial der beken-
nenden Durchschnittlichkeit ersichtlich, in dem man aber nicht
zufrieden ist mit seiner Situation, sondern sich immer benachteiligt
fühlt. Vor diesem Hintergrund versteht man auch die verbreitete
Servicementalität gegenüber der politischen Ordnung, bei der man
das Selbstbild hat, immer mehr (auch für Dritte) leisten zu müssen,
dafür aber immer weniger wohlfahrtsstaatliche Versorgung zu
erhalten. Diese Selbstwahrnehmung verbindet sich mit einer gene-
rellen Skepsis oder sogar Ablehnung des politischen Systems, der
Sehnsucht nach echten Expert(inn)en (die nur eine Sehnsucht
danach ist, dass der/die „echte" Expert/in ja das sagen müsste, was
man selbst denkt), zugleich wird Politik als nicht volksnah genug
verstanden (vgl. ebd., S. 213 ff.). So sind dann auch die Sehnsüchte
zwischen, wie Marg sie nennt, „Expertokratie" und „direkter Demokratie" (ebd., S. 222) letztlich nur zwei Seiten desselben Wun-
sches nach einer autoritären Formierung von Politik, die man

letztlich als *(Klein-)Bürgertum ohne Bürgerlichkeit* fassen kann, also einem Selbstbild als (Klein-)Bürger/in, dem aber die charakteristischen Grundhaltungen der Bürgerlichkeit, insbesondere in der Betonung als verantwortungsvollen und verantwortungsbewussten *Citoyen*, weitgehend abgehen.

Die besorgten Rassist(inn)en wollen sich dabei prinzipiell mit einer Grundregel der Demokratie nicht arrangieren, nämlich Niederlagen zu akzeptieren, und stellen ihre eigene völkische Weltsicht moralisch verklärt über den Mehrheitswillen. Die Forderung nach direkter Demokratie ist nur ein schäbiges Vehikel, um die eigenen Herrschaftsgelüste durchsetzen zu können (siehe hierzu auch: Decker 2016). Nein, man kämpfe nicht für die eigenen (materiellen) Interessen, sondern man kämpfe für „höhere Ziele". Man repräsentiere den Mehrheitswillen, da man moralisch auf der richtigen Seite stehe – wobei Moral eines der hinterhältigsten Herrschaftsinstrumente ist: Was will man gegen Moral einwenden? Wer traut sich denn, gegen das angebliche Gemeinwohl „des Volkes" seine Stimme zu erheben? Wer moralisch argumentiert, will aber damit, wie bereits im Kontext von Carl Schmitt dargestellt (Kap. 3.4), unter der Hand das härteste Interesse durchsetzen, das es überhaupt gibt: das eigene, kaschiert als Gemeinwohl. Und, was dabei antidemokratisch ist: er will alle, die eine andere Meinung oder ein anderes Interesse haben, bevormunden. Es gibt keine Letztinstanz in einer Demokratie, die dazu befugt wäre zu sagen, was in der Politik „richtig", was „falsch" ist – es geht um Mehrheiten und darum, verlieren zu können, um beim nächsten Mal vielleicht wieder zu gewinnen. Der elementare Kern der Demokratie ist der Konflikt – nicht der Konsens. Und zum Konflikt gehört ganz zentral, verlieren zu können und seine Niederlage zu akzeptieren.

Um dies wieder kenntlicher werden zu lassen, müssen alle demokratischen Parteien sich von der falschen Fiktion einer politischen Mitte verabschieden und wieder klar und deutlich sehen und artikulieren, welche sozialen, ökonomischen und politischen Interessen sie vertreten. Dabei geht es vor allem um die politische Rhetorik, also die öffentliche Artikulation von pluralistischen Differenzen zwischen den demokratischen Parteien, denn: in den Parteiprogrammen wie auch in der Regierungspraxis bestehen nach wie vor erhebliche Differenzen, nur werden die von nicht allen Wähler(inne)n auch wahrgenommen, weil sich eben kaum jemand die Mühe macht, Parteiprogramme zu lesen oder tatsächliches Regierungshandeln zu analysieren.

In der öffentlichen Artikulation sollten deswegen die demokratischen Parteien wieder sehr viel deutlicher spürbar werden lassen, dass es kein abstrakt oder gar kollektiv zu definierendes „Gemeinwohl" gibt, sondern „Gemeinwohl" immer nur das ist, was im demokratisch-pluralistischen Prozess durch repräsentative Mehrheiten ausgehandelt wird – und sich dementsprechend fortlaufend ändert. Ein wesentlicher Schlüssel muss die konsequente Orientierung am freien und sich selbst bestimmenden Individuum als genuinem Subjekt der Politik sein, dessen „Gemeinwohl" im gesellschaftlichen Kontext niemals *a priori*, sondern ausschließlich *a posteriori* bestimmbar ist, da die ihm zugrunde liegende Vorstellung von Gerechtigkeit „kein absoluter, sondern ein relativer Begriff" (Walzer 1992, S. 440) ist. Das Gemeinwohl ist dabei nicht abstrakt definierbar, sondern muss in konkreten Interessenauseinandersetzungen ausgehandelt werden. Auf der Basis der Anerkennung konkurrierender sozialer Lebensformen muss ein kontroverser Prozess der Willensbildung angestrebt werden, dem jedoch zwingend ein gemeinsam anerkannter Wertkodex zugrunde liegt, den man mit Ernst Fraenkel als „autonom legitimierten, heterogen strukturierten, pluralistisch organisierten Rechtsstaat" (1991, S. 326) beschreiben kann.

Dies ist der nicht hintergehbare und damit auch nicht der verhandelbare Grundkonsens der bundesdeutschen Demokratie, auf dem als Fundament fußend ebenfalls wieder in Erinnerung gerufen werden muss, das Rassismus, Antisemitismus und völkischer Nationalismus nicht diskutierbare Optionen sind, sondern *grundsätzlich* antidemokratisch. Genau deshalb darf man Themen der Rechten auch nicht aufgreifen, weil die neurechte Strategie eben darin besteht, kulturelle Hegemonie für ihre völkische Weltsicht allein durch die Schaffung einer antidemokratischen Öffentlichkeit zu erlangen. Dem begegnet man am besten dadurch, dass man die Themen der Rechten ignoriert – und Gegenerzählungen stark macht, die sich mit Politikfeldern jenseits rechter Kampagnenstrategien befassen: Sachlich, argumentativ, faktenbasiert, pluralistisch, streitbar, kontrovers – und ohne Preisgabe der demokratischen Substanz.

Literatur

Adorno, Theodor W. (1951a): Freudian Theory and the Pattern of Fascist Propaganda, in: Ders.: Gesammelte Schriften, Bd. 8, Frankfurt 1997, S. 408–433.

Adorno, Theodor W. (1951b): Minima Moralia. Reflexionen aus dem beschädigten Leben, in: Ders.: Gesammelte Schriften, Bd. 4, Frankfurt 1997.

Adorno, Theodor W. (1959): Was bedeutet: Aufarbeitung der Vergangenheit, in: Ders.: Eingriffe. Neun kritische Modelle. Gesammelte Schriften, Bd. 10.2, Frankfurt 1997, S. 553–572.

Adorno, Theodor W. (1973): Typen und Syndrome, in: Ders./Else Frenkel-Brunswik/Daniel J. Levinson/R. Nevitt Sanford: Studien zum autoritären Charakter, Frankfurt, S. 303–359.

Adorno, Theodor W./Else Frenkel-Brunswik/Daniel J. Levinson/R. Nevitt Sanford (1973): Studien zum autoritären Charakter, Frankfurt.

Ahmari, Sohrab (2016): How the Kremlin Sees Trump's Re-Reset With Moscow, in: The Wall Street Journal, 20.11.

Almond, Gabriel A./Sidney Verba (1963): The Civic Culture. Political Attitudes and Democracy in five Nations, Princeton/New Jersey.

AfD/Alternative für Deutschland (2014a): Politische Leitlinien der Alternative für Deutschland, Erfurt.

AfD/Alternative für Deutschland (2014b): Mut zu Deutschland. Für ein Europa der Vielfalt. Programm für die Wahl zum Europäischen Parlament am 25. Mai 2014, o. O.

AfD/Alternative für Deutschland (2014c): Die AfD in den Medien, Teil 3: Political Correctness. www.alternativefuer.de/programm-hintergrund/mut-zur-wahr heit/die-afd-in-den-medien/ (Abfrage: 25. Mai 2014).

AfD/Alternative für Deutschland (2016a): AfD-Manifest 2017. Die Strategie der AfD für das Wahljahr 2017, o. O.

AfD/Alternative für Deutschland (2016b): Programm für Deutschland. Das Grundsatzprogramm der Alternative für Deutschland, Stuttgart.

AfD BW/Alternative für Deutschland Landtagsfraktion Baden-Württemberg (2017): Pressemitteilung „Gedenkstätte Gurs", 23.01.

Amann, Melanie/Maik Baumgärtner (2017): Die große Umvolkung, in: Der Spiegel, H. 4, 21.01., S. 46–47.

Anderson, Benedict (1983): Imagined Communities. Reflections on the Origin and Spread of Nationalism, London.

Archiv der Jugendkulturen (Hrsg.) (2001): Reaktionäre Rebellen. Rechtsextreme Musik in Deutschland, Berlin, S. 9–98.

Arndt, Hans-Wolfgang/Thomas Fetzer/Markus Köhler (2011): Recht des Internet, 7., völlig neu bearb. und erw. Aufl., Heidelberg.

Arzheimer, Kai (2015): The AfD: Finally a Successful Right-Wing Populist Eurosceptic Party for Germany?, in: West European Politics 38, H. 3, S. 535–556.

Assheuer, Thomas/Hans Sarkowicz (1990): Rechtsradikale in Deutschland. Die alte und die neue Recht, München.

Bachmann, Lutz (2014): „Wir haben einen Nerv getroffen". Interview von Moritz Schwarz, in: Junge Freiheit, 12.12., S. 3.

Bachmann, Lutz (2015): Der lange Atem der PEGIDA. Interview in: Sezession, Special Issue „Pegida", März, S. 18.

Bade, Klaus J./Jochen Oltmer (2004): Normalfall Migration. Deutschland im 20. und frühen 21. Jahrhundert, Bonn.

Balzli, Beat/Matthias Kamann (2016): Petry will den Begriff „völkisch" positiv besetzen, in: Die Welt Online, 11.09.

Bar-On, Tamir (2008): Fascim to the Nouvelle Droite: The Dream of Pan-European Empire, in: Journal of Contemporary European Studies, H. 3, S. 327–345.

Bar-On, Tamir (2013): Rethinking the French New Right. Alternatives to modernity, London/New York.

Bärsch, Claus-Ekkehard (2002): Die politische Religion des Nationalsozialismus, 2. Aufl., Paderborn.

Bauer, Thomas K. (2010): „Einwanderung ist kein Minusgeschäft". Interview von Alexandra Endres, in: Die Zeit Online, 21.10.

Bebnowski, David (2013): Populismus der Expertokraten. Eine Auseinandersetzung mit der Alternative für Deutschland, in: Indes. Zeitschrift für Politik und Gesellschaft, H. 4, S. 151–159.

Bebnowski, David (2015): Die Alternative für Deutschland. Aufstieg und gesellschaftliche Repräsentanz einer rechten populistischen Partei, Wiesbaden.

Bender, Justus/Rüdiger Soldt (2016): Im Eiferer-Modus gegen Juden, in: Frankfurter Allgemeine Zeitung, 04.06., S. 4.

Bender, Justus/Stefan Locke (2017): Im Wutschaumbad, in: Frankfurter Allgemeine Zeitung, 14.02., S. 3.

Bergmann, Werner/Wilhelm Heitmeyer (2005): Communicating Antisemitism. Are the 'Boundaries of the Speakable' Shifting?, in: Tel Aviv Yearbook of German History, Bd. 33, S. 72–89.

Beyer, Heiko (2014): Soziologie des Antiamerikanismus. Zur Theorie und Wirkmächtigkeit spätmodernen Unbehagens, Frankfurt/New York.

Blau, Joachim (1980): Sozialdemokratische Staatslehre in der Weimarer Republik. Darstellung und Untersuchung der staatstheoretischen Konzeptionen von Hermann Heller, Ernst Fraenkel und Otto Kirchheimer, Marburg.

Bluhm, Katharina (2016a): Machtgedanken. Ideologische Schlüsselkonzepte der neuen russischen Konservativen, in: Mittelweg 36. Zeitschrift des Hamburger Instituts für Sozialforschung 25, H. 6, S. 56–75.

Bluhm, Katharina (2016b): Modernisierung, Geopolitik und die neuen russischen Konservativen, in: Leviathan. Berliner Zeitschrift für Sozialwissenschaft, 44. Jg., H. 1, S. 36–64.

Blum, Alice (2015): Neue Rechte als Herausforderung für Politische (Jugend-)Bildungsarbeit am Beispiel der Identitären Bewegung in Deutschland, in: Journal für Politische Bildung, H. 4, S. 44–52.

BMJV/Bundesministerium der Justiz und für Verbraucherschutz (2016): Gemeinsam gegen Hasskriminalität im Netz – Wo stehen wir? www.bmjv.de/Shared Docs/Artikel/DE/2016/09262016_Gemeinsam_gegen_Hasskriminalltaet.html (Abfrage: 26.09.2016).

Boehm, Max Hildebert (1923): Europa Irredenta. Eine Einführung in das Nationalitätenproblem der Gegenwart, Berlin.

Boehm, Max Hildebert (1932): Das eigenständige Volk. Volkstheoretischen Grundlagen der Ethnopolitik und Geisteswissenschaften, Göttingen.

Boehm, Max Hildebert (1958): Die Reorganisation der Deutschtumsarbeit nach dem ersten Weltkrieg, in: Ders./Fritz Valjavec/Wilhelm Weizsäcker (Hrsg.): Ostdeutsche Wissenschaft. Jahrbuch des Ostdeutschen Kulturrates, Bd. 5, München, S. 9 ff.

Bohleber, Werner (1992): Nationalismus, Fremdenhaß und Antisemitismus. Psychoanalytische Überlegungen, in: Psyche, H. 8, S. 689 –709.

Böhm, Michael (2007): Die Geburt des Antisemitismus aus dem Memento der Shoah, in Sezession, H. 21 (Dezember), S. 40–41.

Bombosch, Frederik (2016): Auschwitz-Vergleich: Berliner AfD-Vize Hugh Bronson relativiert Shoah, in: Berliner Zeitung, 16.09.

Böss, Otto (1961): Die Lehre der Eurasier. Ein Beitrag zur russischen Ideengeschichte des 20. Jahrhunderts, Wiesbaden.

Brainin, Elisabeth/Vera Ligeti/Samy Teicher (1993): Vom Gedanken zur Tat. Zur Psychoanalyse des Antisemitismus, Frankfurt.

Braun, Stephan/Ute Vogt (Hrsg.) (2007): Die Wochenzeitung „Junge Freiheit". Kritische Analysen zu Programmatik, Inhalten, Autoren und Kunden, Wiesbaden.

Brauner-Orthen, Alice (2001): Die Neue Rechte in Deutschland. Antidemokratische und rassistische Tendenzen, Opladen.

Braunthal, Gerhard (2009): Right-wing extremism in contemporary Germany, Basingstoke.

Breuer, Stefan (1993): Anatomie der Konservativen Revolution, Darmstadt.

Breuer, Stefan (2001): Ordnungen der Ungleichheit – die deutsche Rechte im Widerstreit ihrer Ideen 1871–1945, Darmstadt.

Breuer, Stefan (2010): Die radikale Rechte in Deutschland 1871–1945. Eine politische Ideengeschichte, Stuttgart.

Bröckling, Ulrich (2016): Man will Angst haben, in: Mittelweg 36. Zeitschrift des Hamburger Instituts für Sozialforschung 25, H. 6, S. 3–7.

Broszat, Martin (1958): Die völkische Ideologie und der Nationalsozialismus, in: Deutsche Rundschau, H. 1, S. 53–68.

Brunner, Markus/Jan Lohl/Rolf Pohl/Sebastian Winter (Hrsg.) (2011): Volksgemeinschaft, Täterschaft und Antisemitismus. Beiträge zur psychoanalytischen Sozialpsychologie des Nationalsozialismus und seiner Nachwirkungen, Gießen.

Büdenbender, Marie/Nils Uhlemann/Lukas Drögemeier/Stefan Eisen/Simon Weiss (2014): Verschwörungstheoretisches Denken auf Mahnwachen für den Frieden. Mechanismen der Wirklichkeitskonstruktion? Ergebnispräsentation des FoLL-Projekts aus dem Wintersemester 2013/14, Göttingen.

Bukow, Wolf-Dietrich (1990): Soziogenese ethnischer Minoritäten, in: Das Argument, H. 181, S. 422–426.

Butterwegge, Christoph/Gudrun Hentges (Hrsg.) (1999): Alte und Neue Rechte an den Hochschulen, Münster.

Butterwegge, Christoph/Janine Cremer/Alexander Häusler/Gudrun Hentges/Thomas Pfeiffer/Carolin Reißlandt/Samuel Salzborn (2002): Themen der Rechten – Themen der Mitte. Zuwanderung, demografischer Wandel und Nationalbewusstsein, Opladen.

BVerfG/Bundesverfassungsgericht (2017): Urteil des Zweiten Senats vom 17. Januar 2017. 2 BvB 1/13 – Rn. (1-1010).
www.bverfg.de/e/bs20170117_2bvb000113.html (Abfrage: 20.01.2017).

Camus, Jean-Yves/Nicolas Lebourg (2015): Les Droites Extrêmes en Europe, Paris.

Clemenz, Manfred (1998): Aspekte einer Theorie des aktuellen Rechtsextremismus in Deutschland. Eine sozialpsychologische Kritik, in: Hans-Dieter König (Hrsg.): Sozialpsychologie des Rechtsextremismus, Frankfurt, S. 126–176.

Clowes, Edith W. (2011): Russia on the Edge. Imagined Geographies and Post-Soviet Identity, Ithaca.

Connemann, Gitta (2016): Bedrohte Demokratie – Innenpolitische Herausforderungen, in: Ursula Männle (Hrsg.): Bedrohte Demokratie. Aktionisten, Autokraten, Aggressoren – Welche Antworten haben die Demokraten?, Berlin, S. 13–16.

Craig, Brian (2012): Cyberlaw. The Law of the Internet and Information Technology, New Jersey.

Cremet, Jean (1999): Für eine Allianz der „Roten" und der „Weißen". Zwischen Metapolitik und Geopolitik: Zur Durchdringung Osteuropas durch die „Neue" Rechte, in: Ders./Felix Krebs/Andreas Speit: Jenseits des Nationalismus. Ideologische Grenzgänger der „Neuen Rechten" – Ein Zwischenbericht, Münster, S. 91–120.

Cremet, Jean/Felix Krebs/Andreas Speit (1999): Jenseits des Nationalismus. Ideologische Grenzgänger der „Neuen Rechten". Ein Zwischenbericht, Hamburg.

Dahrendorf, Ralf (1961): Gesellschaft und Freiheit. Zur soziologischen Analyse der Gegenwart, München.

Decker, Frank (2016): Der Irrweg der Volksgesetzgebung. Eine Streitschrift, Bonn.

Decker, Frank/Bernd Henningsen/Kjetil Jakobsen (Hrsg.) (2015): Rechtspopulismus und Rechtsextremismus in Europa. Die Herausforderung der Zivilgesellschaft durch alte Ideologien und neue Medien, Baden-Baden.

Döhn, Lothar (1996): Nationalismus – Volk und Nation als ideologisches Konstrukt, in: Franz Neumann (Hrsg.): Handbuch Politische Theorien und Ideologien, Bd. 2, Opladen.

Dornbusch, Christian/Hans-Peter Killguss (2006): Unheilige Allianzen. Black Metal zwischen Satanismus, Heidentum und Neonazismus, 2. Aufl., Münster.

Dornbusch, Christian/Jan Raabe (Hrsg.) (2002): RechtsRock. Bestandsaufnahme und Gegenstrategien, Münster.

dpa (2017): „Braune Rättenfänger": Ex-Kreisvorsitzender beschimpft AfD-Spitze, in: shz.de, 10.01.

Dugin, Aleksandr (1991): Мистерии Евразии (Misterii Evrazii; Die Mysterien Eurasiens) Moskau.

Dugin, Aleksandr (1993): Конспирология (Konspirologija; Verschwörungstheorie), Moskau.

Dugin, Aleksandr (1994): Консервативная революция (Konservativnaja revoljucija; Die konservative Revolution), Moskau.

Dugin, Aleksandr (1997a): Основы геополитики. Геополитическое будущее России (Osnovy geopolitiki. Geopolitičeskoe buduščee Rossii; Grundlagen der Geopolitik. Die geopolitische Zukunft Russlands), Moskau.

Dugin, Aleksandr (1997b): Тамплеры Пролетариата (Tamplery Proletariata; Tempelorden des Proletariats), Moskau.

Dugin, Aleksandr (1999): Абсолютная Родина. Пути Абсолюта Метафизика Благой Вести (Absoljutnaja rodina. Puti Absoljuta. Metafizika Blagoj Vesti; Die absolute Heimat. Wege des Absoluten. Die Metaphysik des Evangeliums), Moskau.

Dugin, Aleksandr (2002a): Евразийский путь как национальная идея (Evrazijskij put' kak nacional'naja ideja; Der eurasische Weg als nationale Idee), Moskau.

Dugin, Aleksandr (2002b): Философия традиционализма. Лекции «Нового Университета» (Filosofija tradicionalizma. Lekcii Novogo Universiteta; Philosophie des Traditionalismus. Vorlesungen der „Neuen Universität"), Moskau.

Dugin, Aleksandr (2005): Поп-культура и знаки времени (Pop-kul'tura i znaki vremeni; Popkultur und Zeichen der Zeiten), Sankt Peterburg.

Dugin, Aleksandr (2009): Четвёртая политическая теория (četvertaja političeskaja teorija; Die Vierte Politische Theorie), Moskau.

Dugin, Aleksandr (2012a): Геополитика России. Учебное пособие для вузов (Geopolitika Rossii. Učebnoe posobie dlja vuzov; Die russländische Geopolitik. Lehrbuch für Hochschulen), Moskau.

Dugin, Aleksandr (2012b): Теория многополярного мира (Teorija mnogopoljarnogo mira; Theorie einer multipolaren Welt), Moskau.

Dugin, Aleksandr (2013): Die Vierte Politische Theorie, London.

Dugin, Alexander (2014a): „Jeder Westler ist ein Rassist". Interview von Christian Neef, in: Der Spiegel, H. 29, S. 120–125.

Dugin, Alexander (2014b): „Vereint im Haß", Interview in: Zuerst!, H. 4, S. 38–42.

Dugin, Aleksandr (2016a): Donald Trump's Victory. www.4pt.su/en/content/donald-trumps-victory (Abfrage: 05.12.2016)

Dugin, Aleksandr (2016b): Donald Trump: The Swamp and Fire, www.4pt.su/en/content/donald-trump-swamp-and-fire (Abfrage: 05.12.2016)

Dupeux, Louis (1985): Nationalbolschewismus in Deutschland 1919–1933. Kommunistische Strategie und konservative Dynamik, München.

Dvorak-Stocker, Wolfgang (2009): Mythen – Das emotionale Fundament der Nationen, in: Sezession, H. 31 (August), S. 18–21.

Eco, Umberto (1993): Das Denken ist ständige Wachsamkeit. Interview in: Die Zeit, 05.11.

Eurasien über Alles (2001): Das Manifest der eurasischen Bewegung (Januar 2001). evrazia.org/modules.php?name=News&sid=307 (Abfrage: 05.12.2016).

Feit, Margret (1987): Die „Neue Rechte" in der Bundesrepublik. Organisation, Ideologie, Strategie, Frankfurt.

Feldmann, Julian (2016): Rechtsextreme Vorfälle in der AfD 2016. daserste.ndr. de/panorama/aktuell/Chronik-Rechtsextreme-Vorfaelle-in-der-AfD-2016, afd892.html (Abfrage: 27. Dezember 2016).

Fenske, Wolfgang (2014): Ziel ist eine Denkfabrik, in: Junge Freiheit, 10.10., S. 5.

Fetscher, Iring (Hrsg.) (1983): Neokonservative und „Neue Rechte". Der Angriff gegen Sozialstaat und liberale Demokratie in den Vereinigten Staaten, Westeuropa und der Bundesrepublik, München.

Feustel, Robert/Nacy Grochol/Tobias Prüwer/Franziska Reif (Hrsg.) (2016): Wörterbuch des besorgten Bürgers, Mainz.

Fisahn, Andreas (1993): Eine Kritische Theorie des Rechts – Zur Diskussion der Staats- und Rechtstheorie von Franz L. Neumann, Aachen.

Fraenkel, Ernst (1941): The Dual State. A contribution to the theory of dictatorship, New York.

Fraenkel, Ernst (1964): Der Pluralismus als Strukturelement der freiheitlich-rechtsstaatlichen Demokratie, in: Ders.: Deutschland und die westlichen Demokratie (EA 1964), 7. Aufl., Stuttgart 1979, S. 197–221.

Fraenkel, Ernst (1991): Deutschland und die westlichen Demokratien (EA 1964), Frankfurt.

Frei, Norbert (1997): Von deutscher Erfindungskraft oder: Die Kollektivschuldthese in der Nachkriegszeit, in: Rechtshistorisches Journal, Jg. 16, S. 621–634.

Freud, Sigmund (1921): Massenpsychologie und Ich-Analyse, in: Ders.: Gesammelte Werke, Bd. XIII, Frankfurt 1999, S. 71–161.

Friedrich, Sebastian (2015): Der Aufstieg der AfD. Neokonservative Mobilmachung in Deutschland, Berlin.

Frohnmaier, Markus (2016): „Unumkehrbarer Zustand". Interview in: Zuerst!, H. 12, S. 15–17.

Fromm, Erich (1936): Sozialpsychologischer Teil, in: Institut für Sozialforschung (Hrsg.): Studien über Autorität und Familie, Paris, S. 77–135.

Fromm, Erich (1973): Anatomie der menschlichen Destruktivität, in: Ders.: Gesamtausgabe, Bd. VII, München 1989.

Fromm, Erich (1980): Arbeiter und Angestellte am Vorabend des Dritten Reiches. Eine sozialpsychologische Untersuchung. Bearb. und hg. v. Wolfgang Bonß, Stuttgart.

Fuhl, Wolfgang (2016): „Verheerend für die Partei". Interview von Moritz Schwarz, in: Junge Freiheit, 08.07., S. 3.

Funck, Marcus (2016): Wolfgang Gedeon: Wie antisemitisch ist dieser AfD-Politiker?, in: Die Zeit, Nr. 34, 11.08., S. 6.

Gailus, Manfred/Armin Nolzen (Hrsg.) (2011): Zerstrittene „Volksgemeinschaft". Glaube, Konfession und Religion im Nationalsozialismus, Göttingen.

Gauland, Alexander (2014): Neues Gleichgewicht, in: Junge Freiheit, 15.08., S. 2.

Gauland, Alexander (2015): „Es geht um die Zukunft der Partei". Interview von Moritz Schwarz und Marcus Schmidt, in: Junge Freiheit, 30.01., S. 3.

Gauland, Alexander (2016a): „Hitler hat den Deutschen das Rückgrat gebrochen", Interview von Bernd Ulrich und Matthias Geis, in: Die Zeit, Nr. 17, 14.04., S. 6–7.

Gauland, Alexander (2016b): „Die CDU ist völlig charakterlos", Interview in: Zuerst!, H. 5, S. 26–28.

Geden, Oliver (1996): Rechte Ökologie. Umweltschutz zwischen Emanzipation und Faschismus, Berlin.

Gedeon, Wolfgang (2016): Zur Kritik von Marcus Funck in der Zeit. www.wolfgang-gedeon.de/2016/09/zur-kritik-von-marcus-funck-in-der-zeit/ (Abfrage: 17.09.2016).

Gellner, Ernest (1983): Nations and Nationalism, Oxford.

Gensing, Patrick (2015): Die AfD und die „Volksgemeinschaft", in: tagesschau.de, 29.12.

Gensing, Patrick (2016): AfD-Arbeit in den Landtagen: Zwischen Fundamentalopposition und Sachpolitik, in: tagesschau.de, 29.02.

Gensing, Patrick/Andrej Reisin (2016): Medien und Populisten: Welche Rolle spielen Talkshows?, ndr.de, 01.12.

Gerlich, Siegfried (2010a): Was heißt „Antisemitismus"?, in: Sezession, H. 37 (August), S. 16–20.

Gerlich, Siegfried (2010b): Zur Stellung der jüdischen Frage, in: Sezession, H. 39 (Dezember), S. 16–20.

Gerlich, Siegfried (2011): Zur Politischen Theologie Carl Schmitts, in: Sezession, H. 42 (Juni), S. 28–31.

Gessenharter, Wolfgang (1994): Kippt die Republik? Die Neue Rechte und ihre Unterstützung durch Politik und Medien, München.

Gessenharter, Wolfgang/Helmut Fröchling (Hrsg.) (1998): Rechtsextremismus und Neue Reche in Deutschland. Neuvermessung eines politisch-ideologischen Raumes?, Opladen.

Gessenharter, Wolfgang/Thomas Pfeiffer (Hrsg.) (2004): Die Neue Rechte – eine Gefahr für die Demokratie?, Wiesbaden.

Gießelmann, Bente (2016): Political Correctness, in: Bente Gießelmann/Robin Heun/Benjamin Kerst/Lenard Suermann/Fabian Virchow (Hrsg.): Handwörterbuch rechtsextremer Kampfbegriffe, Schwalbach/Ts., S. 229–241.

Göhler, Gerhard/Mattias Iser/Ina Kerner (Hrsg.) (2004): Politische Theorie. 22 umkämpfte Begriffe zur Einführung, Wiesbaden.

Grabner-Haider, Anton (2007): Hitlers mythische Religion. Theologische Denklinien und NS-Ideologie, Wien.

Greiffenhagen, Martin (1971): Das Dilemma des Konservatismus in Deutschland, München.

Greß, Franz/Hans-Gerd Jaschke/Klaus Schönekäs (1990): Neue Rechte und Rechtsextremismus in Europa. Bundesrepublik, Frankreich, Großbritannien, Opladen.

Griffin, Roger (2000): Between metapolitics and apoliteia: the Nouvelle Droite's strategy for conserving the fascist vision in the 'interregnum', in: Modern & Contemporary France, H. 1, S. 35–53.

Grigat, Stephan (Hrsg.) (2017): AfD & FPÖ. Antisemitismus, Nationalismus und Geschlechterbilder, Baden-Baden.

Gross, Raphael (2005): Carl Schmitt und die Juden. Eine deutsche Rechtslehre (EA 2000), durchges. u. erw. Aufl., Frankfurt.

Grunberger, Béla/Pierre Dessuant (1997): Narcissisme, Christianisme, Antisémitisme. Étude psychanalytique, Arles.

Güller, Manfred (2016): AfD lockt rechtsextreme Wähler, in: Stern, H. 40, 29.09., S. 18.

Gupta, Oliver Das (2016): AfD-Abgeordneter schmäht Flüchtlinge als „widerliches Gewürm", in: Süddeutsche Zeitung Online, 20.09.

Haar, Ingo (2000a): Deutsche „Ostforschung" und Antisemitismus, in: Zeitschrift für Geschichtswissenschaft, H. 6, S. 485–508.

Haar, Ingo (2000b): Historiker im Nationalsozialismus. Deutsche Geschichtswissenschaft und der „Volkstumskampf" im Osten, Göttingen.

Habermas, Jürgen (2016): Für eine demokratische Polarisierung. Interview in: Blätter für deutsche und internationale Politik, H. 11, S. 35–42.

Hartl, Benedikt (2000): Das nationalsozialistische Willensstrafrecht, Berlin.

Häusler, Alexander (Hrsg.) (2016): Die Alternative für Deutschland. Programmatik, Entwicklung und politische Verortung, Wiesbaden.

Häusler, Alexander (2016/17): Der Rechtsruck in der Partei ‚Alternative für Deutschland', in: Martin H.W. Möllers/Robert Chr. van Ooyen (Hrsg.): Jahrbuch Öffentliche Sicherheit 2016/17, Frankfurt, S. 155–161.

Häusler, Alexander/Rainer Roeser (2015): Die rechten „Mut"-Bürger. Entstehung, Entwicklung, Personal und Positionen der Alternative für Deutschland, Hamburg.

Heckel, Hans (2014a): Entfremdung schreitet voran, in: Preußische Allgemeine Zeitung, 06.09., S. 1.

Heckel, Hans (2014b): AfD vor dem großen Sprung, in: Preußische Allgemeine Zeitung, 13.09., S. 1.

Heckel, Hans (2014c): Faschismuskeule prallte ab, in: Preußische Allgemeine Zeitung, 20.09., S. 1.

Heckel, Hans (2014d): Bürgern platzt der Kragen, in: Preußische Allgemeine Zeitung, 29.11., S. 1.

Heckel, Hans (2014e): Die Nervosität wächst, in: Preußische Allgemeine Zeitung, 20.12., S. 1.

Heither, Dietrich/Michael Gehler/Alexandra Kurth/Gerhard Schäfer (1997): Blut und Paukboden. Eine Geschichte der Burschenschaften, Frankfurt.

Heitmeyer, Wilhelm (Hrsg.) (2002–2011): Deutsche Zustände. Folge 1–10, Frankfurt a.M.

Heller, Friedrich Paul/Anton Maegerle (2001): Die Sprache des Hasses. Rechtsextremismus und völkische Esoterik, Stuttgart.

Heni, Clemens (2007): Salonfähigkeit der Neuen Rechten. „Nationale Identität", Antisemitismus und Antiamerikanismus in der politischen Kultur der Bundesrepublik Deutschland 1970–2005: Henning Eichberg als Exempel, Marburg.

Henkel, Hans-Olaf (2016): „Die Entwicklung in Richtung einer NPD war absehbar". Interview von Christian Wermke, in: handelsblatt.com, 05.02.

Henkel-Waidhofer, Johanna (2016): Radikale dominieren, in: Kontext:Wochenzeitung, Nr. 299, 24.12., S. 4.

Hentges, Gudrun/Gürcan Kökgiran/Kristina Nottbohm (2014): Die Identitäre Bewegung Deutschland (IBD) – Bewegung oder virtuelles Phänomen?, in: Forschungsjournal Soziale Bewegungen, H. 3 (Supplement), S. 1–26.

Herf, Jeffrey (1984): Reactionary Modernism: Technology, Culture, and Politics in Weimar and the Third Reich, Cambridge.

Herrmann, Andrea/Peter Schmidt (1995): Autoritarismus, Anomie und Ethnozentrismus, in: Gerda Lederer/Peter Schmidt (Hrsg.): Autoritarismus und Gesellschaft. Trendanalysen und vergleichende Jugenduntersuchungen 1945–1993, Opladen, S. 287–319.

Herzinger, Richard/Hannes Stein (1995): Endzeit-Propheten oder Die Offensive der Antiwestler. Fundamentalismus, Antiamerikanismus und Neue Rechte, Reinbek.

Hielscher, Karla (1995): Der Eurasismus. Die neoimperiale Ideologie der russischen „Neuen Rechten", in: Neue Gesellschaft/Frankfurter Hefte, H. 5, S. 465–469

Hobsbawm, Eric J. (1990): Nations and Nationalism since 1780. Programme, Myth, Reality, Cambridge.

Höcke, Björn (2014): „Ich möchte meinem Land dienen". Interview von Moritz Schwarz, in: Junge Freiheit, 17.10., S. 3.

Höcke, Björn (2017): Vollständiges Transkript der Rede vom 17. Januar 2017 im Ballhaus Watzke, Dresden im Rahmen der Veranstaltungsreihe „Dresdner Gespräche" organisiert vom Jugendverband der Alternative für Deutschland, der „Jungen Alternative". http://pastebin.com/jQujwe89 (Zugriff: 19.01.2017).

Hoffgaard, Henning (2014): Wie eine Massenbewegung die Politik vor sich hertreibt, in· Junge Freiheit, 12.12., S. 4.

Hoffmann, Lutz (1991): Das „Volk". Zur ideologischen Struktur eines unvermeidbaren Begriffs, in: Zeitschrift für Soziologie, H. 3, S. 191–208.

Hoffmann, Lutz (1994): Einwanderungspolitik und Volksverständnis, in: Österreichische Zeitschrift für Politikwissenschaft, H. 3, S. 253–266.

Holm, Kerstin (2014): Politguru Alexander Dugin: Auf diesen Mann hört Putin, in: Frankfurter Allgemeine Zeitung, 16.06.

Holm, Leif-Erik (2016): „Das wäre ein Paukenschlag". Interview von Moritz Schwarz, in: Junge Freiheit, 26.08., S. 3.

Holz, Klaus (2000): Die Figur des Dritten in der nationalen Ordnung der Welt, in: Soziale Systeme, Jg. 6 (2), S. 269–290.

211

Holz, Klaus (2001): Nationaler Antisemitismus. Wissenssoziologie einer Weltanschauung, Hamburg.

Horkheimer, Max/Theodor W. Adorno (1947): Dialektik der Aufklärung, Philosophische Fragmente, Amsterdam.

Hövermann, Andreas/Eva Groß (2016): Menschenfeindlicher und rechtsextremer – Die Veränderung der Einstellungen unter AfD-Sympathisanten zwischen 2014 und 2016, in: Andreas Zick/Beate Küpper/Daniela Krause (Hrsg.): Gespaltene Mitte – Feindselige Zustände. Rechtsextreme Einstellungen in Deutschland 2016, hgg. für die Friedrich-Ebert-Stiftung von Ralf Melzer, Bonn, S. 167–183.

Ide, Robert (2016): Berliner AfD geht auf Distanz zu ihrem Abgeordneten Wild, in: Der Tagesspiegel, 20.11.

Inglehart, Ronald F./Pippa Norris (2016): Trump, Brexit, and the Rise of Populism: Economic Have-Nots and Cultural Backlash. Faculty Research Working Paper Series Harvard Kennedy School RWP16-026 (August), Cambridge.

Ingram, Alan (2001): Alexander Dugin: geopolitics and neo-fascism in post-Soviet Russia, in: Political Geography, Jg. 20, S. 1029–1051.

Jaecker, Tobias (2004): Antisemitische Verschwörungstheorien nach dem 11. September. Neue Varianten eines alten Deutungsmusters, Münster.

Jaecker, Tobias (2014): Hass, Neid, Wahn. Antiamerikanismus in den deutschen Medien, Frankfurt/New York.

Jaschke, Hans-Gerd (1994): Rechtsextremismus und Fremdenfeindlichkeit. Begriffe, Positionen, Praxisfelder, Opladen.

Jongen, Marc/Götz Kubitschek (2016): Der Fall Gedeon. Ein Austausch, in: Sezession, H. 73 (August), S. 42–50.

jugendschutz.net (Hrsg.) (2015): Rechtsextremismus online beobachten und nachhaltig bekämpfen. Bericht über Recherchen und Maßnahmen im Jahr 2014, Mainz.

Jung, Edgar J. (1930): Die Herrschaft der Minderwertigen. Ihr Zerfall und ihre Auflösung durch ein Neues Reich, 2. Aufl., Berlin.

Junge, Barbara/Julia Naumann/Holger Stark (1997): RechtsSchreiber. Wie ein Netzwerk in Medien und Politik an der Restauration des Nationalen arbeitet, Berlin.

Junge, Uwe (2016): „Die Vorwürfe sind absurd". Interview von Moritz Schwarz, in: Junge Freiheit, 12.02., S. 3.

Jungherr, Andreas (2009): Twitternde Politiker: Zwischen buntem Rauschen und Bürgernähe 2.0, in: Christoph Bieber/Martin Eifert/Thomas Groß/Jörn Lamla (Hrsg.): Soziale Netze in der digitalen Welt. Das Internet zwischen egalitärer Teilhabe und ökonomischer Macht, Frankfurt/New York, S. 99–127.

Jungherr, Andreas (2015): Analyzing Political Communication with Digital Trace Data. The Role of Twitter Messages in Social Science Research, Wiesbaden.

Kaiser, Benedikt (2016): Die offenen Flanken des Antiimperialismus, in: Sezession, H. 71 (April), S. 14–17.

Kamann, Matthias (2016): Die Ekel-Provokationen der AfD folgen einem Drehbuch, in: Die Welt, 20.12.

Kämper, Gabriele (2005): Die männliche Nation. Politische Rhetorik der neuen intellektuellen Rechten, Köln.

Kant, Immanuel (1797): Die Metaphysik der Sitten, in: AA, Bd. VI, Berlin 1968.

Keen, Andrew (2008): Die Stunde der Stümper. Wie wir im Internet unsere Kultur zerstören (engl. EA 2007 u. d. T. „The Cult of the Amateur"), München.

Kellershohn, Helmut (2001): Die Deutsche Gildenschaft und die Gründung des ‚Instituts für Staatspolitik', in: DISS-Journal. Zeitung des Duisburger Instituts für Sprach- und Sozialforschung, H. 8, S. 6–7.

Kellershohn, Helmut (2009): Widerstand und Provokation: Strategische Optionen im Umkreis des ‚Instituts für Staatspolitik', in: Stephan Braun/Alexander Geisler/Martin Gerster (Hrsg.): Strategien der extremen Rechen. Hintergründe – Analysen – Antworten, Wiesbaden, S. 259–289.

Kellershohn, Helmut (Hrsg.) (2013): Die „Deutsche Stimme" der „Jungen Freiheit". Lesarten des völkischen Nationalismus in zentralen Publikationen der extremen Rechten, Münster.

Kellershohn, Helmut (2014): „Konservative Volkspartei" – Über das Interesse der jungkonservativen Neuen Rechten an der AfD. www.diss-duisburg.de/2014/09/helmut-kellershohn-afd-sondierungen-3/ (Abfrage: 02.02.2015).

Kellershohn, Helmut (Hrsg.) (1994): Das Plagiat. Der Völkische Nationalismus der Jungen Freiheit, Duisburg.

Kemper, Andreas (2013): Rechte Euro-Rebellion. Alternative für Deutschland und Zivile Koalition e.V., Münster.

Kemper, Andreas (2016): Zur NS-Rhetorik des AfD-Politikers Björn Höcke, in: DISS-Journal, H. 32, S. 3–5.

Kemper, Peter/Alf Mentzer/Julika Tillmanns (Hrsg.) (2012): Wirklichkeit 2.0. Medienkultur im digitalen Zeitalter, Stuttgart.

Kiesel, Robert (2017): AfD-Aussteiger: „Die Partei ist für die Demokratie verloren", in: vorwaerts.de, 03.02.

Kinzel, Till (2005): Politische Theologie, in: Sezession, H. 11 (Oktober), S. 34–39.

Kipp, Jacob W. (2002): Aleksandr Dugin and the Ideology of National Revival: Geopolitics, Eurasianism and the Conservative Revolution, in: European Security. Jg. 11, S. 91–125.

Kirchheimer, Otto (1930): Weimar – und was dann? Entstehung und Gegenwart der Weimarer Verfassung, Berlin.

Kleine-Hartlage, Manfred (2011a): Ein Irrer? Ein Islamkritiker? Ein irrer Islamkritiker? Ein islamkritischer Irrer?, in: Sezession, H. 43 (August), S. 42–43.

Kleine-Hartlage, Manfred (2011b): Liberale Islamkritik, hart und zart, in: Sezession, H. 45 (Dezember), S. 45.

Kleine-Hartlage, Manfred (2013): Der Islam als Kampfgemeinschaft, in: Sezession, H. 52 (Februar), S. 40–42.

Klitsche-Sowitzki, Ulrike (2011): Eurasismus und „Neoeurasismus" in Russland. Historischer Abriss und Funktionsanalyse des Raumkonzeptes Eurasien, in: Gabriela Lehmann-Carli/Yvonne Drosihn/Ulrike Klitsche-Sowitzki: Russland zwischen Ost und West? Gratwanderungen nationaler Identität, Berlin, S. 89–160.

Kneuer, Marianne (Hrsg.) (2013): Das Internet: Bereicherung oder Stressfaktor für die Demokratie?, Baden-Baden.

Kneuer, Marianne/Samuel Salzborn (Hrsg.) (2016): Web 2.0 – Demokratie 3.0. Digitale Medien und ihre Wirkung auf demokratische Prozesse (= Sonderheft Nr. 7 der Zeitschrift für Vergleichende Politikwissenschaft), Wiesbaden.

Koelschtzky, Martina (1986): Die Stimme ihrer Herren. Ideologie und Strategien der Neuen Rechten in der Bundesrepublik, Köln.

Komjathy, Anthony/Rebecca Stockwell (1980): German Minorities and the Third Reich. Ethnic Germans of East Central Europe between the Wars, New York/London.

Kopke, Christoph/Alexander Lorenz (2016): Auf dem Weg in die „Nationale Opposition"?, in: vorgänge. Zeitschrift für Bürgerrechte und Gesellschaftspolitik, H. 216, S. 15–28.

Korn, Salomon (2002): Ende der Schonzeit, in: Frankfurter Allgemeine Zeitung, 06.05.

Kositza, Ellen (2011): Kopftuchmädchen, in: Sezession, H. 40 (Februar), S. 22–26.

Krauss, Martin (2016): Rechtspopulisten halbiert. AfD spaltet sich wegen Umgang mit Antisemiten, in: Jüdische Allgemeine, 06.07.

Krohn, Knut (2016): Höcke verteidigt Holocaust-Leugnerin, in: Stuttgarter Zeitung, 22.11.

Kuhn, Philip (2016): Fast 1000 Anschläge auf Flüchtlingsheime in diesem Jahr, in: Die Welt, 28.12.

Kurth, Alexandra (2004): Männer – Bünde – Rituale. Studentenverbindungen seit 1800, Frankfurt/New York.

Kurth, Alexandra/Samuel Salzborn (2014): Türöffnerin nach Rechts: Die „Alternative für Deutschland", in: Gegenblende. Das gewerkschaftliche Debattenmagazin, Nr. 28 (Juli/August).

Kuzmany, Stefan (2017): Höcke darf in der AfD bleiben: Partei für Nazis und Mitläufer, in: Spiegel Online, 23.01.

Laak, Dirk van (2002): Gespräche in der Sicherheit des Schweigens. Carl Schmitt in der politischen Geistesgeschichte der frühen Bundesrepublik, 2. Aufl., Berlin.

Laruelle, Marlene (2006): Aleksandr Dugin, A Russian Version of the European Radical Right? Kennan Institute Occasional Paper # 294, Washington D.C.

Leggewie, Claus (2016): Die Anti-Europäer. Breivik, Dugin, al-Suri & Co., Berlin.

Lehnert, Erik (2007): Kirche als Institution, in: Sezession, H. 18 (Juni), S. 8–11.

Lehnert, Erik (2009): Semitismen, in: Sezession, H. 32, S. 36.

Leif, Thomas/Patrick Gensing (2017): AfD-Strategiepapier: Provokation statt Problemlösung, in: tagesschau.de, 23.01.

Lenk, Kurt (1989): Deutscher Konservatismus, Frankfurt/New York.

Lenk, Kurt/Günter Meuter/Henrique Ricardo Otten (1997): Vordenker der Neuen Rechten, Frankfurt/New York.

Leuschner, Joachim (1958): Volk und Raum. Zum Stil der nationalsozialistischen Außenpolitik, 2., durchges. Aufl., Göttingen.

Lichtmesz, Martin (2015): Sind Religionen machbar?, in: Sezession, H. 68 (Oktober), S. 16–20.

Lipset, Seymour Martin (1959): Social Stratification and ‚Right-Wing Extremism', in: The British Journal of Sociology, Jg. 10, S. 346–382.

Lipset, Seymour Martin (1960): Political Man. The Social Bases of Politics, London.

Llanque, Marcus (2008): Politische Ideengeschichte. Ein Gewebe politischer Diskurse, München/Wien.

Lochocki, Timo (2016): Was Rechtspopulisten schwächt. Fast überall in Europa erstarken rechte Parteien. Ihr Erfolg beruht auf ähnlichen Strategien. Gegensteuern ist gar nicht so schwer, wie die Vergangenheit zeigt, in: Zeit Online, 18.11.

Loesch, Karl C. von (Hrsg.) (1925): Volk unter Völkern, Breslau.

Loesch Karl C. von (1926): Paneuropa – Völker und Staaten, in: Ders. (Hrsg.): Staat und Volkstum, Berlin.

Loewenstein, Karl (1937): Militant Democracy and Fundamental Rights (2 Teile), in: The American Political Science Review, H. 3 u. 4, S. 417–432 u. 638–658.

Lohl, Jan (2010): Gefühlserbschaft und Rechtsextremismus. Eine sozialpsychologische Studie zur Generationengeschichte des Nationalsozialismus, Gießen.

Lohr, Damian (2017): „David gegen Goliath", Interview in: Zuerst!, H. 1, S. 21–22.

Löwenthal, Leo (1990): Falsche Propheten. Studien zum Autoritarismus (= Schriften Bd. 3), Frankfurt.

Luhmann, Niklas (1998): Der Staat des politischen Systems. Geschichte und Stellung in der Weltgesellschaft, in: Ulrich Beck (Hrsg.): Perspektiven der Weltgesellschaft, Frankfurt, S. 345–380.

Luks, Leonid (2000): Der „dritte Weg" der „neo-eurasischen" „Èlementy" – Zurück ins Dritte Reich?, in: Studies in East European Thought, 52. Jg., S. 49–71.

Luks, Leonid (2002): Zum „geopolitischen" Programm Aleksandr Dugins und der Zeitschrift Èlementy – eine manichäische Versuchung?, in: Forum für osteuropäische Ideen- und Zeitgeschichte, H. 1, S. 43–58.

Luks, Leonid (2004): Eurasien aus neototalitärer Sicht – Zur Renaissance einer Ideologie im heutigen Russland, in: Totalitarismus und Demokratie, H. 1, S. 63–76.

Maas, Stefan/Christoph Richter (2016): Der AfD-Wähler – das unbekannte Wesen, Deutschlandfunk, 21.07.

Marburger Burschenschaft Germania (2015): Stellungahme der Vorsitzenden Burschenschaft der Deutschen Burschenschaft zur Asylkrise, in: Burschenschaftliche Blätter, H. 4, S. 175.

March, Ulrich (2007): Das Christentum und die Entstehung des Abendlandes, in: Sezession, H. 18 (Juni), S. 16–21.

Mardsen, Christopher T. (2011): Internet Co-Regulation. European Law, Regulatory Governance and Legitimacy in Cyberspace, Cambridge.

Marg, Stine (2014): Mitte in Deutschland. Zur Vermessung eines politischen Ortes, Bielefeld.

Markovits, Andrei S. (1997): Uncouth Nation. Why Europe Dislikes America, Princeton.

Mathyl, Markus (2002): Der „unaufhaltsame Aufstieg" des Aleksandr Dugin. Neo-Nationalbolschewismus und Neue Rechte in Rußland, in: Osteuropa, H. 7, S. 885–900.

mbr (2016): AfD: Von wegen Sammelbecken der Abgehängten, in: Zeit Online, 30.11.

Mehring, Reinhard (2009): Carl Schmitt. Aufstieg und Fall, München.

Melzer, Ralf/Sebastian Serafin (Hrsg.) (2013): Rechtsextremismus in Europa. Länderanalysen, Gegenstrategien und arbeitsmarktorientierte Ausstiegsarbeit, Berlin.

Menzel, Felix (2015): Weg mit links und rechts!, in: Blaue Narzisse, H. 17, S. 2–6

Menzel, Felix (2016): Ausnahmezustand und Machterhalt, in: Sezession, H. 70 (Februar), S. 2–3.

Meuthen, Jörg (2016): „Die Bürger sind froh, daß es uns gibt". Interview von Moritz Schwarz, in: Junge Freiheit, 26.02., S. 3.

Meyer, Carsten/Joachim F. Tornau (2016): Antisemit in der AfD, in: blick nach rechts, 25.07.

Michel, Lothar (2010): Die wehrhafte Demokratie als verfassungsimmanente Schranke der Meinungsfreiheit, in: Zeitschrift für das Juristische Studium, H. 2, S. 155–166.

Mieruch, Mario (2016): „Einfluß auf unsere Innenpolitik". Interview in: Zuerst!, H. 8/9, S. 19–20.

Minkenberg, Michael (1992): The New Right in Germany. The transformation of conservatism and the extreme right, in: European Journal of Political Research, Jg. 22, S. 55–81.

Minkenberg, Michael (1993): The New Right in Comparative Perspective: The USA and Germany, Ithaca, NY.

Minkenberg, Michael (2001): The radical right in public office: Agenda-setting and policy effects, in: West European Politics, H. 4, S. 1–21.

Mitscherlich, Alexander/Margarete Mitscherlich (1980): Die Unfähigkeit zu trauern. Grundlagen kollektiven Verhaltens, München.

Mohler, Armin (1950): Die Konservative Revolution in Deutschland 1918–1932. Grundriß ihrer Weltanschauung, Stuttgart.

Mohr, Reinhard (2011): Eine Nation verblödet. Deutschland, ein Land im permanenten medialen Ausnahmezustand, in: Cicero. Magazin für politische Kultur, H. 11. S. 128–133.

Moritz, Sabrina (2014): Bitte zusammenrücken, in: Junge Freiheit, 10.10., S. 4–5.

Mudde, Cas (Hrsg.) (2014): Political Extremism (4 Bände), London u. a.

Muhsal, Wiebke (2016): Facebook-Posting, 02.12. [18:24 Uhr].

Müller, Jost (1994): Mythen der Rechten. Nation, Ethnie, Kultur, Berlin.

Münchrath, Jens (2016): Feind 2: Notorische Vereinfacher, in: Handelsblatt, Nr. 249, 23.12., S. 46.

Muschel, Roland (2017): AfD will Fördergelder für Gurs-Gedenkstätte streichen, in: Badische Zeitung, 21.01.

Neumann, Franz L. (1932): Koalitionsfreiheit und Reichsverfassung. Die Stellung der Gewerkschaften im Verfassungssystem, Berlin.

Neumann, Franz L. (1937): Der Funktionswandel des Gesetzes im Recht der bürgerlichen Gesellschaft, in: Ders.: Demokratischer und autoritärer Staat. Studien zur politischen Theorie. Herausgegeben und mit einem Vorwort von Herbert Marcuse. Eingeleitet von Helge Pross, Frankfurt/Wien 1967, S. 31–81.

Neumann, Franz L. (1944): Behemoth. The Structure and Practice of National Socialism 1933–1944 (with new Appendix), 2. Aufl., New York.

Nierth, Markus/Juliane Streich (2016): Brandgefährlich. Wie das Schweigen der Mitte die Rechten stark macht. Erfahrungen eines zurückgetretenen Ortsbürgermeisters, Berlin.

Noelle-Neumann, Elisabeth (1980): Die Schweigespirale. Öffentliche Meinung – unsere soziale Haut, München.

Nolte, Ernst (2005): Politik und Religion. Interview von Siegfried Gerlich, in: Sezession, H. 11 (Oktober), S. 40–49.

o. V. (2015): „Ich habe geholfen, ein Monster zu schaffen", in: handelsblatt.com, 08.11.

o. V. (2016): AfD-Vizechefin will Polizei sogar auf Kinder schießen lassen, in: Frankfurter Allgemeine Zeitung, 31.01.

o. V. (2017): Nazi-Ideologie in der AfD, in: stern, H. 5, 25.01., S. 16.

O'Meara, Michael (2004): New Culture, New Right. Anti-Liberalism in Postmodern Europe, Bloomington.

Pallaver, Günther (2000): Kopfgeburt Europaregion Tirol. Genesis und Entwicklung eines politischen Projekts, in: Geschichte und Region. Jahrbuch der Arbeitsgruppe Regionalgeschichte Bozen, 9. Jg., S. 245–273.

Pariser, Eli (2011): The Filter Bubble. What the Internet is hiding from you, New York.

Parland, Thomas (2005): The Extreme Nationalist Threat in Russia. The growing influence of Western Rightist ideas, London/New York.

Paulwitz, Michael (2014): Autorenporträt Alexander Dugin, in: Sezession, H. 61 (August), S. 4–7.

Pazderski, Georg (2016): „Diese Wahl ist ein Signal". Interview von Moritz Schwarz, in: Junge Freiheit, 16.09., S. 3.

Peisker, Ingrid (2005): Vergangenheit, die nicht vergeht. Eine psychoanalytische Zeitdiagnose zur Auseinandersetzung mit dem Nationalsozialismus, Gießen.

Pelinka, Anton (2002): Die FPÖ in der vergleichenden Parteienforschung. Zur typologischen Einordnung der Freiheitlichen Partei Österreichs, in: Österreichische Zeitschrift für Politikwissenschaft 31, H. 3, S. 281–299.

Petry, Frauke (2014): „Wir wollen zweistellig werden!" Interview von Moritz Schwarz, in: Junge Freiheit, 22.08., S. 3.

Petry, Frauke (2016): „Sie können es nicht lassen!" Interview von Steffen Mack und Walter Serif, in: Mannheimer Morgen, 30.01.

Pfahl-Traughber, Armin (1998): Konservative Revolution und Neue Rechte. Rechtsextremistische Intellektuelle gegen den demokratischen Verfassungsstaat, Opladen.

Pfahl-Traughber, Armin (2016): AfD: Antisemiten finden Durchlass. Es ist kein Zufall, dass in der „Alternative für Deutschland" ständig judenfeindliche Skandale auftauchen, in: Jüdische Allgemeine, 09.06.

Pfeiffer, Thomas (2002): Für Volk und Vaterland. Das Mediennetz der Rechten – Presse, Musik, Internet, Berlin.

Philippsberg, Robert (2015): Demokratieschutz im Praxistext. Deutschlands Umgang mit extremen Vereinigungen, Baden-Baden.

Pickel, Gert (2011): Religionssoziologie. Eine Einführung in zentrale Themenbereiche, Wiesbaden.

Poensgen, Johannes Konstatin (2015): Grenzwacht PEGIDA, in: Burschenschaftliche Blätter, H. 1, S. 8–10.

Poghosyan, Vahram (2016): „Große Sorge", Interview in: Zuerst!, H. 5, S. 25.

Pontius, Jakob/Tilman Steffen (2016): Wieder kein schöner Tag für Dresden, in: Zeit Online, 03.10.

Prehn, Ulrich (2001): „Volk" und „Raum" in zwei Nachkriegszeiten. Kontinuitäten und Wandlungen in der Arbeit des Volkstumsforschers Max Hildebert Boehm, in: Habbo Knoch (Hrsg.): Das Erbe der Provinz. Heimatkultur und Geschichtspolitik nach 1945, Göttingen, S. 50–72.

Prehn, Ulrich (2013): Max Hildebert Boehm. Radikales Ordnungsdenken vom Ersten Weltkrieg bis in die Bundesrepublik, Göttingen.

Pretzell, Marcus (2016): „Kompliziert für die Eliten". Interview in: Zuerst!, H. 2, S. 16–17.

Projekt „Konservatismus und Wissenschaft" (Hrsg.) (2000): Verbindende Verbände. Ein Lesebuch zu den politischen und sozialen Funktionen von Studentenverbindungen, Marburg.

Puschner, Uwe/G. Ulrich Großmann (Hrsg.) (2009): Völkisch und national. Zur Aktualität alter Denkmuster im 21. Jahrhundert, Darmstadt.

Rapp, Tobias (2016): Der dunkle Ritter, in: Der Spiegel, H. 51, 17.12., S. 126–132.

Rathmann, Jens/Thomas Thimm (2015): Vorwurf der Volksverhetzung, in: Hannoversche Allgemeine, 13.08.

red/jbr (2017): Besucher zeigt Hitlergruß bei AfD-Veranstaltung, in: Stuttgarter Zeitung, 28.01.

Reeken, Dietmar von/Malte Thießen (Hrsg.) (2013): „Volksgemeinschaft" als soziale Praxis. Neue Forschungen zur NS-Gesellschaft vor Ort, Paderborn.

Reischl, Gerald (2008): Die Google-Falle. Die unkontrollierte Weltmacht im Internet, akt. Neuaufl., Wien.

Renner, Christoph (2016): Der Geschichtsrevisionismus der Neuen Rechten – Eine Fallstudie zur „Deutschen Geschichte für junge Leser" von Karlheinz Weißmann, in: Armin Pfahl-Traughber (Hrsg.): Jahrbuch für Extremismus- und Terrorismusforschung 2015/16, Brühl, S. 266–311.

Riasanovsky, Nicholas V. (1967): The Emergence of Eurasianism, in: California Slavic Studies, H. 4, S. 39–72.

Ridder, Helmut (1975): Die soziale Ordnung des Grundgesetzes. Leitfaden zu den Grundrechten einer demokratischen Verfassung, Opladen.

Riebe, Jan (2016): Wie antisemitisch ist die AfD?, in: Netz-gegen-Nazis.de, 10.05.

Ringler, Niels/Kira Schacht/Oliver Schnuck/Robert Schöffel (2016): Rechtes Netz. web.br.de/interaktiv/rechtes-netz/ (Abfrage: 08.12.2016).

Röpke, Andrea (2017): 2017 Jahrbuch rechte Gewalt – Chronik des Hasses. Hintergründe, Analysen und die Ereignisse 2016, München.

Rustad, Michael L. (2014): Global Internet Law, St. Paul/Minn.

Salzborn, Samuel (2000): Grenzenlose Heimat. Geschichte, Gegenwart und Zukunft der Vertriebenenverbände, Berlin.

Salzborn, Samuel (2001): Heimatrecht und Volkstumskampf. Die außenpolitische Konzepte der Vertriebenenverbände und ihre praktische Umsetzung, Hannover.

Salzborn, Samuel (2003): Opfer, Tabu, Kollektivschuld. Über Motive deutscher Obsession, in: Michael Klundt/Samuel Salzborn/Marc Schwietring/Gerd Wiegel: Erinnern, verdrängen, vergessen. Geschichtspolitische Wege ins 21. Jahrhundert, Gießen, S. 17–41.

Salzborn, Samuel (2005a): Ethnisierung der Politik. Theorie und Geschichte des Volksgruppenrechts in Europa, Frankfurt/New York.

Salzborn, Samuel (2005b): Katholischer Antisemitismus, in: Blätter für deutsche und internationale Politik, H. 8, S. 919–921.

Salzborn, Samuel (2008): Carl Schmitts völkerrechtliches Erbe. Volksgruppenrechtstheorie und europäisches Großraum-Denken vom Ende des Zweiten Weltkriegs bis in die Gegenwart, in: Rüdiger Voigt (Hrsg.): Großraum-Denken. Carl Schmitts Kategorie der Großraumordnung, Stuttgart, S. 145–166.

Salzborn, Samuel (2009): Entwurzelt im eigenen Land? Die deutschen Vertriebenenverbände zwischen sozioökonomischer Integration und politischer Integrationsverweigerung, in: Exilforschung. Ein internationales Jahrbuch, Bd. 27, S. 168–181.

Salzborn, Samuel (2010): Antisemitismus als negative Leitidee der Moderne. Sozialwissenschaftliche Theorien im Vergleich, Frankfurt/New York.

Salzborn, Samuel (Hrsg.) (2011a): Staat und Nation. Die Theorien der Nationalismusforschung in der Diskussion, Stuttgart.

Salzborn, Samuel (2011b): Der Begriff des Politischen in der Demokratie. Ein Versuch zur Demokratisierung des Freund-Feind-Konzepts, in: Rüdiger Voigt (Hrsg.): Freund-Feind-Denken. Carl Schmitts Kategorie des Politischen, Stuttgart 2011, S. 111–130.

Salzborn, Samuel (2011c): Anti-Jewish Guilt Deflection and National Self-Victimization: Antisemitism in Germany, in: Lars Rensmann/Julius H.

Schoeps (Hrsg.): Politics and Resentment. Antisemitism and Counter-Cosmopolitanism in the European Union, Leiden/Boston, S. 397–423.

Salzborn, Samuel (2012a): Demokratie. Theorien, Formen, Entwicklungen, Baden-Baden.

Salzborn, Samuel (2012b): Unter falscher Flagge. Politische Ablehnung oder wissenschaftliche Kritik?, in: Zeitschrift für Politik, H. 1, S. 103–111.

Salzborn, Samuel (2013): Sozialwissenschaften zur Einführung, Hamburg.

Salzborn, Samuel (2014a): Rechtsextremismus. Erscheinungsformen und Erklärungsansätze, Baden-Baden.

Salzborn, Samuel (2014b): Antisemitismus. Geschichte, Theorie, Empirie, Baden-Baden.

Salzborn, Samuel (2015a): Schmitt, Rousseau und das Paradox des Volkswillens, in: Rüdiger Voigt (Hrsg.): Legalität ohne Legitimität? Carl Schmitts Kategorie der Legitimität. Wiesbaden, S. 53–75.

Salzborn, Samuel (2015b): Demokratieferne Rebellionen. Pegida und die Renaissance völkischer Verschwörungsphantasien, in: Wolfgang Frindte/Daniel Geschke/Nicole Haußecker/Franziska Schmidtke (Hrsg.). Rechtsextremismus und „Nationalsozialistischer Untergrund" – Interdisziplinäre Debatten, Befunde und Bilanzen, Wiesbaden.

Salzborn, Samuel (2015c): Rechtsextremismus. Erscheinungsformen und Erklärungsansätze, 2., akt. u. erw. Aufl., Baden-Baden.

Salzborn, Samuel (2015d): Kampf der Ideen. Die Geschichte politischer Theorien im Kontext, Baden-Baden.

Salzborn, Samuel (2016): Renaissance of the New Right in Germany? A Discussion of New Right Elements in German Right-wing Extremism Today, in: German Politics and Society 34, H. 2, S. 36–63.

Salzborn, Samuel/Anton Maegerle (2016): Die dunkle Seite des WWW. Rechtsextremismus und Internet, in: Marianne Kneuer/Samuel Salzborn (Hrsg.): Web 2.0 – Demokratie 3.0. Digitale Medien und ihre Wirkung auf demokratische Prozesse (= Sonderheft Nr. 7 der Zeitschrift für Vergleichende Politikwissenschaft), Wiesbaden, S. 213–231.

Salzborn, Samuel/Marc Schwietring (2003): Antizivilisatorische Affektmobilisierung. Zur Normalisierung des sekundären Antisemitismus, in: Michael Klundt/Samuel Salzborn/Marc Schwietring/Gerd Wiegel: Erinnern, verdrängen, vergessen. Geschichtspolitische Wege ins 21. Jahrhundert, Gießen, S. 43–76.

Sander, Lalon (2017): Rassistisch, rechts außen? Ja, aber sie bleiben dabei, in: taz.die tageszeitung, 14.02.

Sauer, Birgit (2017): Gesellschaftstheoretische Überlegungen zum europäischen Rechtspopulismus. Zum Erklärungspotenzial der Kategorie Geschlecht, in: Politische Vierteljahresschrift, H. 1, S. 1–20.

Saure, Hans-W./Anton Maegerle (2016): Skandal um antisemitisches Buch von W. Gedeon, in: Bild, 01.06.

Scherrer, Jutta (1987): Politische Ideen im vorrevolutionären und revolutionären Rußland, in: Iring Fetscher/Herfried Münkler (Hrsg.): Pipers Handbuch der Politischen Ideen. Band 5 – Neuzeit: Vom Zeitalter des Imperialismus bis zu den neun sozialen Bewegungen, München/Zürich, S. 203–281.

Schiedel, Heribert (2007): Der Rechte Rand. Extremistische Gesinnungen in unserer Gesellschaft, Wien.

Schlitter, Luisa (2016): Moschee-Bomber gefasst – er war Pegida-Redner, in: Bild, 09.12.

Schmidt, Friedemann (2001a): Die Neue Rechte in Europa. Zur ideologisch-strategischen Funktion intellektueller Zirkel bei der Erneuerung der extremen Rechten in der EU, Brüssel.

Schmidt, Friedemann (2001b): Die Neue Rechte und die Berliner Republik. Parallel laufende Wege im Normalisierungsdiskurs, Wiesbaden.

Schmidt, Manfred G. (2007): Das politische System Deutschlands. Institutionen, Willensbildung und Politikfelder, München.

Schmiechen-Ackermann, Detlef (Hrsg.) (2012): „Volksgemeinschaft": Mythos, wirkungsmäichtige soziale Verheißung oder soziale Realität im Dritten Reich?, Paderborn.

Schmitt, Carl (1922): Politische Theologie. Vier Kapitel zur Lehre von der Souveränität, München/Leipzig.

Schmitt, Carl (1927): Volksentscheid und Volksbegehren. Ein Beitrag zur Auslegung der Weimarer Verfassung und zur Lehre von der unmittelbaren Demokratie, Berlin/Leipzig.

Schmitt, Carl (1932): Die geistesgeschichtliche Lage des heutigen Parlamentarismus, Berlin.

Schmitt, Carl (1932): Legalität und Legitimität, Berlin.

Schmitt, Carl (1934a): Politische Theologie. Vier Kapitel zur Lehre von der Souveränität (EA 1922), 2. Aufl., München/Leipzig.

Schmitt, Carl (1934b): Nationalsozialismus und Völkerrecht, Berlin.

Schmitt, Carl (1938): Der Leviathan in der Staatslehre des Thomas Hobbes. Sinn und Fehlschlag eines politischen Symbols, Hamburg.

Schmitt, Carl (1939): Völkerrechtliche Großraumordnung mit Interventionsverbot für raumfremde Mächte. Ein Beitrag zu Reichsbegriff im Völkerrecht, Berlin/Wien.

Schmitt, Carl (1942): Land und Meer. Eine weltgeschichtliche Betrachtung, Leipzig.

Schmitt, Carl (1963): Der Begriff des Politischen. Text von 1932 mit einem Vorwort und drei Corollarien, Berlin.

Schmitt, Carl (1996): Der Hüter der Verfassung (EA 1931), 4. Aufl., Berlin.

Schmitt, Carl (2006): Die Diktatur. Von den Anfängen des modernen Souveränitätsgedankens bis zum proletarischen Klassenkampf (EA 1921), 7. Aufl., Berlin.

Schmitt, Carl (2010a): Verfassungslehre (EA 1928), 10. Aufl., Berlin.

Schmitt, Carl (2010b): Die geistesgeschichtliche Lage des heutigen Parlamentarismus (EA 1923), 9. Aufl., Berlin.

Schmitt, Carl (2012): Legalität und Legitimität (EA 1932), 8., korr. Aufl., Berlin.

Schnee, Philipp (2017): Rechtsterrorismus in der Bundesrepublik: Verdrängte Vergangenheit?, in: Deutschlandradio Kultur (Zeitfragen: 19:30 Uhr), 11.01.

Schönwälder, Karen (1995): Right-wing extremism and racist violence in Germany, in: West European Politics, H. 2, S. 448–456.

Schramm, Julia (2016): Fifty Shades of Merkel, Hamburg.

Schrape, Jan-Felix (2010): Neue Demokratie im Netz? Eine Kritik an den Visionen der Informationsgesellschaft, Bielefeld.

Schrenck-Notzing, Caspar von (Hrsg.) (1996): Lexikon des Konservatismus, Graz.

Schumacher, Philipp (2015): Unter geistiger Besatzung, in: Junge Freiheit, 06.11., S. 2.

Schwarz-Friesel, Monika/Jehuda Reinharz (2013): Die Sprache der Judenfeindschaft im 21. Jahrhundert, Berlin/New York.

Schwietring, Marc (2014): *Holocaust-Industrie* und Vergangenheitspolitik. Norman G. Finkelstein und die Normalisierung des sekundären Antisemitismus in Deutschland, Frankfurt.

Schyga, Peter (2015): Über die Volksgemeinschaft der Deutschen. Begriff und historische Wirklichkeit jenseits historiografischer Gegenwartsmoden, Baden-Baden.

Seubert, Harald (2011): Orient und Okzident – sechs Gedanken, in: Sezession, H. 40 (Februar), S. 14–17.

Smith, Anthony D. (1991): National Identity, London.

Soldt, Rüdiger (2016a): Unangemessene Formen, in: Frankfurter Allgemeine Zeitung,, 16.11., S. 5.

Soldt, Rüdiger (2016b): „Krasser als die NPD", in: Frankfurter Allgemeine Zeitung, 16.12.

Sommer, Bernd (2010): Prekarisierung und Ressentiments. Soziale Unsicherheit und rechtsextreme Einstellungen in Deutschland, Wiesbaden.

Sommer, Bernd (2016): Prekarisierung und Ressentiments. Soziale Unsicherheit und rechtsextreme Einstellungen in Deutschland. Vortrag bei der Friedrich-Ebert-Stiftung am 23.11.2016 in Berlin (unveröffentl. Ms.), Flensburg.

Sontheimer, Kurt (1994): Antidemokratisches Denken in der Weimarer Republik. Die politischen Ideen des deutschen Nationalismus zwischen 1918 und 1933, 4. Aufl., München.

Spann, Othmar (1931): Der wahre Staat. Vorlesungen über Abbruch und Neubau der Gesellschaft (EA 1921), 3., durchgeseh. Aufl., Jena.

Speit, Andreas (Hrsg.) (2006): Ästhetische Mobilmachung. Dark Wave, Neofolk und Industrial im Spannungsfeld rechter Ideologien, 2. Aufl., Münster.

Speit, Andreas (2016a): Bürgerliche Scharfmacher. Deutschlands neue rechte Mitte -von AfD bis Pegida, Zürich.

Speit, Andreas (2016b): Entgrenzt gesprächsbereit. Die AfD will nicht rechtsextrem sein, aber Funktionäre äußern sich immer wieder in rechten Medien, in: taz.die tageszeitung, 06.10.

Speit, Andreas/Felix Krebs (2017): Verdeckte Verbindungen, in: taz.die tageszeitung, 28/29.01.

Spektorowski, Alberto (2003): The New Right: ethno-regionalism, ethno-pluralism and the emergence of a neo-fascist ‚Third Way', in: Journal of Political Ideologies, H. 1, S. 111–130.

Spengler, Oswald (1918/1922): Der Untergang des Abendlandes. Umrisse einer Morphologie der Weltgeschichte. Erster Band: Gestalt und Wirklichkeit, Wien/Leipzig 1918; Zweiter Band: Welthistorische Perspektiven, München 1922.

spol (2016): Aufreger-Tweet zu Berlin-Anschlag AfD-Mann Pretzell: „Es sind Merkels Tote", in: Express, 20.12.

Stegers, Fiete (2016): Fake-Foto bringt Stader AfD in Erklärungsnot, in: ndr.de, 06.09.

Stegherr, Marc (2007): Donoso Cortés und der katholische Blick auf das Abendland, in: Sezession, H. 18 (Juni), S. 22–25.

Stegherr, Marc (2009): 200 Jahre Juan Donoso Cortés – katholisch antimodern, in: Sezession, H. 29 (April), S. 37.

Stein, Dieter (2015a): Vor dem Kluminationspunkt, in: Junge Freiheit, 09.01., S. 1.

Stein, Dieter (2015b): Flüchtlinge als Waffe, in: Junge Freiheit, 25.09., S. 1.

Stein, Dieter (2016a): Die Demokratie lebt, in: Junge Freiheit, 18.03., S. 1.

Stein, Dieter (2016b): Der Wind dreht sich, in: Junge Freiheit, 09.09., S. 1.

Stein, Dieter (2016c): Die Demokratie lebt, in: Junge Freiheit, 18.03., S. 1.

Stein, Hannes (2016): Die Methode Trump: „Gaslighting", in: salonkolumnisten.com, 09.12.

Stein, Udo (2016): „Aufschrei der Vernunft notwendig". Interview in: Zuerst!, H. 10, S. 16–19.

Stöss, Richard (2010): Rechtsextremismus im Wandel, Berlin.

Straßenberger, Grit (2016): Linkspopulismus als Gegengift? Zur Kritik der radikal-pluralistischen Demokratietheorie, in: Mittelweg 36. Zeitschrift des Hamburger Instituts für Sozialforschung 25, H. 6, S. 36–55.

Swyngedouw, Marc/Gilles Ivaldi (2001): The Extreme Right Utopia in Belgium and France: The Ideology of the Flemish Vlaams Blok and the French Front National, in: West European Politics, H. 3, S. 1–22.

Taguieff, Pierre-André (1994): Sur la Nouvelle Droite. Jalons d'une analyse critique, Paris.

Terkessidis, Mark (1995): Kulturkampf. Volk, Nation, der Westen und die Neue Rechte, Köln.

Thöndl, Michael (2010): Oswald Spengler in Italien. Kulturexport politischer Ideen der „Konservativen Revolution", Leipzig.

Tritschler, Sven/Markus Frohnmaier (2015): „Streit? Fehlanzeige!" Interview in: Zuerst!, H. 12, S. 23–24.

Umland, Andreas (2004): Kulturelle Strategien der russischen extremen Rechten. Die Verbindung von faschistischer Ideologie und metapolitischer Taktik im „Neoeurasismus" des Aleksandr Dugin, in: Österreichische Zeitschrift für Politikwissenschaft, H. 4, S. 437–454.

Vaidhyanathan, Siva (2011): The Googlization of Everything (and why we should worry), Berkeley/Los Angeles.

Voegelin, Eric(h) (1938): Die politischen Religionen, Wien.

Voigt, Rüdiger (Hrsg.) (2011): Freund-Feind-Denken. Carl Schmitts Kategorie des Politischen, Stuttgart.

Vollradt, Christian (2015): Und nun?, in: Junge Freiheit, 30.01., S. 2.

Vorländer, Hans (2015): Wer geht warum zu PEGIDA-Demonstrationen? Präsentation der ersten empirischen Umfrage unter PEGIDA-Teilnehmern, Dresden.

Vorländer, Hans/Maik Herold/Steven Schäller (2016): PEGIDA. Entwicklung, Zusammensetzung und Deutung einer Empörungsbewegung, Wiesbaden.

Walser, Martin (1998): Die Banalität des Guten. Erfahrungen beim Verfassen einer Sonntagsrede aus Anlaß der Verleihung des Friedenspreises des Deutschen Buchhandels, in: Frankfurter Allgemeine Zeitung, 12.10.

Walter, Uwe (2014): Ohne Marmor kein Imperium, in: Frankfurter Allgemeine Zeitung, 22.08.

Walzer, Michael (1992): Sphären der Gerechtigkeit. Ein Plädoyer für Pluralität und Gleichheit. Frankfurt/New York.

Wamper, Regina/Helmut Kellershohn/Martin Dietzsch (Hrsg.) (2010): Rechte Diskurspiraterien. Strategien der Aneignung linker Codes, Symbole und Aktionsformen, Münster.

Wehler, Hans-Ulrich (2001): Nationalismus. Geschichte, Formen, Folgen, München.

Weidel, Alice (2016a): „Dieser Parteitag wird spannend!" Interview von Moritz Schwarz, in: Junge Freiheit, 29.04., S. 3.

Weidel, Alice (2016b): „Nur mit der AfD ändert sich was!" Interview von Moritz Schwarz, in: Junge Freiheit, 11.11., S. 3.

Weiß, Volker (2007): Islamisten und die NPD – Etwas mehr Kopftuch auch für deutsche Mädel, in: Frankfurter Allgemeine Zeitung, 21.08.

Weiß, Volker (2011): Deutschlands Neue Rechte. Angriff der Eliten – von Spengler bis Sarrazin, Paderborn.

Weiß, Volker (2017): Die autoritäre Revolte. Die Neue Rechte und der Untergang des Abendlandes, Stuttgart.

Weißmann, Karlheinz (1995): Der Weg in den Abgrund. Deutschland unter Hitler von 1933–1945, Berlin.

Weißmann, Karlheinz (2003): Editorial, in: Sezession, H. 1 (April), S. 1.

Weißmann, Karlheinz (2005a): Vom Nutzen der Religion, in: Sezession, H. 11 (Oktober), S. 8–12.

Weißmann, Karlheinz (2005b): Der Islam und die Rechte, in: Sezession, H. 11 (Oktober), S. 50–51.

Weißmann, Karlheinz (2006): Biblische Lektionen, in: Sezession, H. 13 (April), S. 8–14.

Weißmann, Karlheinz (2007a): Deutsche Religion?, in: Sezession, H. 16 (Februar), S. 38–40.

Weißmann, Karlheinz (2007b): Autorenporträt Kurt Hübner, in: Sezession, H. 18 (Juni), S. 2–6.

Weißmann, Karlheinz (2011a): Deutschtum und Christentum, in: Sezession, H. 44 (Oktober), S. 34–39.

Weißmann, Karlheinz (2011b): Islam als politisches Modell, in: Sezession, H. 40 (Februar), S. 6–9.

Weißmann, Karlheinz (2012): Islamkritik – Leitideen und Einwände, in: Sezession, H. 51 (Dezember), S. 24–27.

Weißmann, Karlheinz (2016): „Der Beginn des 21. Jahrhunderts". Interview von Moritz Schwarz, in: Junge Freiheit, 13.05., S. 3.

Wiegel, Gerd (2001): Die Zukunft der Vergangenheit. Konservativer Geschichtsdiskurs und kulturelle Hegemonie. Vom Historikerstreit zur Walser-Bubis-Debatte, Köln.

Wildt, Michael (2012): Hitler's Volksgemeinschaft and the Dynamics of Racial Exclusion, New York/Oxford.

Wodak, Ruth (2016): Politik mit der Angst. Zur Wirkung rechtspopulistischer Diskurse, Wien/Hamburg.

Wölk, Volkmar (1992): Natur und Mythos. Ökologiekonzeptionen der „Neuen" Rechten im Spannungsfeld zwischen Blut und Boden und New Age, Duisburg.

Woods, Roger (1996): The Conservative Revolution in the Weimar Republic, Basingstoke, Hampshire.

Woods, Roger (2007): Germany's new Right as culture and politics, New York.

Wurlitzer, Uwe (2016): „Hexenjagd auf Andersdenkende". Interview in: Zuerst!, H. 4, S. 16–18

Zuber, Johannes (2015): Gegenwärtiger Rassismus in Deutschland: Zwischen Biologie und kultureller Identität, Göttingen.